Gunther Hirschfelder / Manuel Trummer

Bier

Gunther Hirschfelder
Manuel Trummer

Bier

Eine Geschichte
von der Steinzeit
bis heute

THEISS

Die Deutsche Nationalbibliothek verzeichnet diese Publikation
in der Deutschen Nationalbibliografie;
detaillierte bibliografische Daten sind im Internet
über http://www.dnb.de abrufbar.

Der Konrad Theiss Verlag ist ein Imprint der WBG.

Die Herausgabe des Werkes wurde durch die Vereinsmitglieder
der WBG ermöglicht.
Lektorat: Claudia Weingartner, Icking
Einbandgestaltung: Stefan Schmid Design, Stuttgart
Gestaltung & Satz: SatzWeise GmbH, Trier
Gedruckt auf säurefreiem und alterungsbeständigem Papier
Printed in Germany

Besuchen Sie uns im Internet: www.wbg-wissenverbindet.de

ISBN 978-3-8062-3270-7

Elektronisch sind folgende Ausgaben erhältlich:
eBook (PDF): 978-3-8062-3334-6
eBook (epub): 978-3-8062-3335-3

Inhalt

Anhang

Vorwort

Das Jahr 2016 steht ganz im Zeichen des Bieres. Eine bayerische Bierverordnung von 1516, die sich seit dem frühen 20. Jahrhundert auch unter der Bezeichnung „Reinheitsgebot“ in Bayern und ab den 1950er-Jahren im restlichen Deutschland verbreitete, blickt in diesem Jahr auf eine 500-jährige Geschichte zurück. Das Gedenkjahr kommt durchaus gelegen: In der langen Geschichte des Bieres markiert es einen Kristallisationspunkt verschiedener, teils gegenläufiger Entwicklungen. Denn im Reinheitsgebot offenbart sich Bier sowohl als industriell hergestelltes, standardisiertes Massengetränk wie auch als Produkt jahrhundertealter Tradition und Handwerkskunst. Durch seinen Anspruch auf Reinheit, Qualität und einen traditionellen Herkunftsort erkämpft sich das Bier im 21. Jahrhundert schließlich seinen Platz in den Lebensstilen eines reflektiert konsumierenden, globalen Publikums.

All dies haben wir zum Anlass genommen, Biergeschichte neu zu interpretieren; nicht als reine Produkt- oder Braugeschichte, sondern als eine kombinierte Geschichte aus Herstellung und Konsum. Diese Darstellung nimmt das Bier und die Produzenten wie auch die Konsumenten gleichermaßen ins Visier. Dabei verschränkt sie einen klassischen kulturhistorischen mit einem neuen kulturwissenschaftlich-anthropologischen Ansatz. Sie fragt, was genau von wem zu welchen Anlässen getrunken wurde, mit welcher Symbolik und mit welchen Werten das Biertrinken aufgeladen war, was sich daraus über den Alltag der breiten Bevölkerungsmehrheit ablesen lässt und welche übergeordneten Zusammenhänge sich im Biertrinken spiegeln – Biergeschichte wird hier also gewissermaßen als Weltgeschichte verstanden. Daher spannen wir einen Bogen von der Sesshaftwerdung des Menschen über die frühen Hochkulturen bis in die globalisierte Welt des 21. Jahrhunderts.

Um diese Aufgabe bewältigen zu können, waren viel Hilfe und Zuarbeit erforderlich. Aus unserem universitären Umfeld an der Universität Regensburg (dass in Regensburg besondere Expertise in den Bereichen Brauwesen und Bierkonsum konzentriert sind, ist reiner

Zufall) sind an dieser Stelle vor allem Verena Corsetti M.A., Lina Franken M.A., Anja Geisenhof B.A., Sarah Höchstetter B.A., Franziska Mair B.A., Gerda Maiwald M.A., Ann-Kathrin Roßner B.A. und Markus Schreckhaas M.A. zu nennen, ferner Michael Brielmaier und Lucia Seebauer B.A. Ihnen sei an dieser Stelle herzlich gedankt. Einzelne Kapitel haben ausgewiesene Expertinnen und Experten geprüft; für dieses mühevolle Unterfangen danken wir an dieser Stelle Prof. Dr. Louise Gestermann (Tübingen), Prof. Dr. Franz Irsigler (Trier) und Priv.-Doz. Dr. Wolfgang Will (Bonn).

Besonderer Dank gilt schließlich Claudia Weingartner für das sorgfältige Lektorat und Regine Gamm von der Wissenschaftlichen Buchgesellschaft für ihre professionelle Beharrlichkeit, ohne die ein Erscheinen zum Jubiläum des Reinheitsgebotes kaum möglich gewesen wäre.

Regensburg, im Januar 2016

Gunther Hirschfelder und
Manuel Trummer

1. Erfolgsprodukt und Megaphänomen

Einführung in die Kulturgeschichte des Bieres

Bier ist das erfolgreichste Produkt der Konsumgeschichte. Seine Erfindung steht am Beginn der Zivilisationsgeschichte. Die ersten Brauer wirkten dort, wo der Mensch sesshaft wurde und das Städtewesen seinen Anfang nahm. Die größten Erfolge feierte das Bier aber zunächst in Europa. Von den Häfen der spätmittelalterlichen Hansestädte und Englands aus setzte es seinen weltweiten Siegeszug lange vor der großen Globalisierung des späten 20. Jahrhunderts fort. Heute ist Bier – sieht man einmal vom Tee und vom Wasser ab – das am weitesten verbreitete Getränk der Welt. Seinen ewigen Konkurrenten Wein lässt es zusammen mit allen modernen Brausegetränken weit hinter sich. Inzwischen ist das Bier sogar bis ins Weltall vorgedrungen: Im Auftrag der NASA untersuchte 2001 die Biotechnikerin Kirsten Sterrett die Brautechnik unter den Bedingungen der Schwerelosigkeit. Das Ergebnis: Weltraumbier punktet aufgrund einer effizienteren Gärung durch einen höheren Alkoholgehalt.[1]

Bier ist das kulturelle Megaphänomen der sich globalisierenden und ausdifferenzierenden Moderne schlechthin. Gab es bis weit ins 20. Jahrhundert hinein in vielen kulturellen Großräumen Bier allenfalls in den Provinzhauptstädten zu kaufen – das ländliche Indien, die Weidegebiete Tibets, die Dörfer am Amazonas und der kongolesische Regenwald sind hierfür Beispiele –, so ist das Getränk heute global verfügbar. Ausnahmen bilden nur jene Länder, die den Alkoholkonsum dogmatisch und erbitterter denn je zuvor ablehnen. Auch das ist ein bier- und kulturwissenschaftlich bemerkenswerter Befund. In der großen Mehrzahl der Kulturräume erreicht das Bier inzwischen die meisten sozialen Milieus und alle Altersschichten oberhalb der Kindheit. Sogar dort, wo die Moderne derzeit die Reste des vorindustriellen Zeitalters bedrängt, dient das Bier als Chiffre für einen globalen und konsumorientierten Lebensstil: Chinas Peripherie, das provinzielle Südamerika oder die Montanregionen Afrikas etwa zeugen von dieser Dynamik.

Die Veränderungen in der Bierkultur des mitteleuropäischen Raums gestalten sich im Vergleich dazu relativ langsam. An der Schwelle zum digitalen und globalen Zeitalter haben sich Eckkneipen, Feierabendbiere und Maßkrüge erhalten – ebenso wie einige seit Längerem bestehende Konsummuster: Der gesetzliche Rahmen der Bundesrepublik Deutschland erlaubt die Abgabe von Bier an Jugendliche ab dem 16. Lebensjahr, in Begleitung von Erziehungsberechtigten bereits ab dem 14. Lebensjahr. Das reale Einstiegsalter in den Bierkonsum dürfte mit zehn bis 14 Jahren sogar noch darunter liegen.[2]

Bier bedient dabei ein weit ausdifferenziertes Spektrum kultureller Normen und Wertzuschreibungen: Es steht im Ruf, billiges Massengetränk sowie Basis des Alkoholismus am unteren Rand der Gesellschaft zu sein. Gleichzeitig enthält Bier Nährstoffe. Ein Liter hat etwa 430 Kalorien, eine Halbliterflasche deckt ein Zehntel des täglichen Energiebedarfs. Keine Frage also: In Massen getrunken ist Bier ungesund und macht dick. Der im Bier enthaltene Alkohol kann als Suchtmittel fungieren. Aber: Bier hat in den letzten Jahren auch an Ansehen gewonnen. Fassgereifte Jahrgangsabfüllungen erreichen heute Höchstpreise. Der edle Gerstensaft krönt sogar die exklusiven Menüs von Spitzenrestaurants, wo eigens geschulte Biersommeliers ihn auf die geschmacklichen Nuancen der Speisen abstimmen. In Gestalt von „Craft Beer“ reüssiert Bier inzwischen als Lifestyle-Getränk eines jungen, urbanen Publikums. Die Produzenten spielen auch die Traditionskarte aus, die in Deutschland zu einem wichtigen Qualitätslabel geworden ist – 500 Jahre Reinheitsgebot.

Als „global player“ der modernen Ernährungskulturen hat das Bier seine regionalen und nationalen Qualitäten aber nicht eingebüßt. Das Weißbier der Bayern, das Stout der Iren oder das Maisbier der Mexikaner sind längst mehr als nur Getränke. Bier ist zum nationalen Symbol geworden, zum in seiner Komplexität und Geschichte reduzierten Stereotyp ganzer Staaten und Regionen. Eine global operierende Bierindustrie, bestehend aus transnationalen Megakonzernen und handwerklich arbeitenden Mikrobrauern, liefert den Treibstoff für die Erfolgsstory. 2014 lag die weltweite Bierproduktion bei 1,96 Milliarden Hektolitern, Tendenz steigend.[3]

Bier findet heute unter allen alkoholischen Getränken die weiteste räumliche und soziale Verbreitung. Gleichzeitig blickt es auf die längste Geschichte aller alkoholischen Getränke zurück: Die Ursprünge bierartiger Getränke reichen bis in das 10. vorchristliche Jahrtausend zurück. Bier ist älter als die frühesten Destillate, die im Zweistromland des 4. vorchristlichen Jahrtausends hergestellt wurden, und sogar älter als der Wein, der wahrscheinlich um 7500 v. Chr. im nordiranischen Zagrosgebirge gekeltert wurde. Der Getreidetrunk ist auch untrennbar mit dem Sesshaftwerden des Menschen verbunden, dem Ackerbau und den ersten stadtähnlichen Siedlungen. Und allein das Bier spiegelt alle großen Linien der Geschichte.

Dieses Buch unternimmt den zugegebenermaßen verwegenen Versuch, die gesamte Kulturgeschichte des Bieres nachzuzeichnen. Biergeschichte im Sinne von Kultur- und Konsumgeschichte wird auf diese Weise auch zu einer Geschichte der Menschheit.[4] Bier ist dabei nicht nur Produkt, sondern in seinen kulturellen Bezügen Produzent und Katalysator soziokultureller Veränderungen. Die Beziehung des Menschen zum Bier dient als Ariadnefaden, an dem sich die vorliegende Schilderung durch den gewaltigen historischen Unterbau des Getränkes tastet. Ein Unterfangen, das umso schwieriger erscheint, da sich nicht nur Herstellungsweisen, Zutaten und vor allem kulturelle Wertigkeiten des Bieres im Lauf der Jahrhunderte permanent veränderten und an herrschende gesellschaftliche Bedingungen und Bedürfnisse anpassten. Gerade innerhalb der letzten Generation durchliefen die globalen Kulturen und mit ihnen die Konsumstile weltweit einen dramatischen Wandel, der bei vielen Konsumenten zu Unsicherheit, zu einer kritischen Haltung gegenüber industriellen Produktionsverfahren und einer Neubewertung von vielen Lebens- und Genussmitteln führte.[5] Diese fundamentalen Transformationen betreffen auch das Thema Bier; denn Bier ist nicht nur das Produkt der natürlichen Bestandteile Hopfen, Wasser und Malz, sondern immer auch Symbol gesellschaftlicher Positionierungen und kulinarischer Politiken.

Das Hauptaugenmerk legt die vorliegende Betrachtung auf die Produzenten, Konsumenten und alle anderen, die mit Bier beschäftigt waren oder sind. Im Mittelpunkt stehen die Mahlzeitensituationen, die Diskussionen und Kämpfe ums Bier und seine stets neu zu verhandelnde Position innerhalb der kulturellen Normen einer Gesellschaft. Der Genuss von Bier wird dabei als sozial tradiertes Verhalten mit hoher symbolischer Qualität verstanden.

Trinkkultur verstehen wir als Kommunikation und als soziales Handeln. Bier ist damit ein symbolisch besetztes Kulturgut, in dem sich gesellschaftliche Normen, Rollen und Entwicklungen in großem Umfang spiegeln. Diese dezidiert kulturwissenschaftliche Herangehensweise unterscheidet sich von anderen mit dem Thema Ernährung befassten Disziplinen und bleibt ihnen doch stets verbunden. Während sich die Medizin mit den Inhaltsstoffen und dem Suchtfaktor von Bier beschäftigt, verhandeln Diätetik, die Ökotrophologie oder die Ernährungswissenschaft den richtigen Platz und die angemessene Menge des Konsums im Rahmen der alltäglichen Ernährung. Haltbarkeit, Geschmack und Zusatzstoffe sind das Metier der Lebensmittelchemie. Die Grundbestandteile des Bieres – Hopfen und Getreide – sowie deren Anbau und Züchtung erforschen die Agrarwissenschaften. Die technischen Fragen der Bierproduktion fallen in den Bereich der Brauwissenschaften oder des allgemeinen Ingenieurwesens. Die Geschichte der Brautechniken und der agrarischen Grundlagen der Bierproduktion sowie die Hintergründe des Handels mit Bier sind Sache der Ökonomie und der Wirtschaftsgeschichte.

Von all diesen Ansätzen, die das Getränk in den Mittelpunkt einer Technik- oder Produktgeschichte stellen, unterscheidet sich diese Kultur- und Konsumgeschichte des Bieres. Denn der Fokus liegt hier stets auf dem Menschen, den Kulturen und Gesellschaften hinter dem Bier. Sie versteht sich als kompakter Überblick, der das über zahllose Einzeldarstellungen, wissenschaftliche Aufsätze oder Statistiken verstreute Material zum Alltagsthema Bier allgemeinverständlich bündelt und vor einem kulturwissenschaftlichen Hintergrund neue Perspektiven und Deutungen eröffnet – und dies für ein wissenschaftliches, aber auch für ein eher alltagshistorisch interessiertes Publikum.

Trinken und Essen: Kultureller Akt mit Symbolkraft

Unser Interesse am Bier steht in der Fachtradition der Vergleichenden Kulturwissenschaft beziehungsweise der Europäischen Ethnologie wie auch der Geschichtswissenschaft.[6] Damit ist es einem weiten Kulturbegriff verpflichtet. Kultur in dieser Lesart umfasst nicht lediglich die Spitzenleistungen der menschlichen Schöpferkraft, die Theaterstücke Shakespeares, die Gemälde Michelangelos oder die Lyrik Hölderlins. Kultur versteht sich auch nicht als zivilisatorische Norm, als „feines Benehmen" oder als Bildung. Kultur umfasst hier vielmehr die Gesamtheit der menschlichen Lebensweisen, Wertehaltungen und Kommunikation. Dazu zählen immaterielle Formen, etwa Muster des Erzählens oder Praxen des Glaubens, ebenso wie Dinge und ihr Gebrauch, zum Beispiel Mode, Kleidung oder Möbel. Des Weiteren gehört dazu aber eben auch der kulturelle Akt der Ernährung.

Bei der Auswahl von Getränken und Speisen lässt sich der Mensch von unterschiedlichen, kulturell determinierten Faktoren leiten. Unsere Trinkkultur ist keineswegs statisch. Das Gegenwärtige lässt sich vor dem Hintergrund gewaltiger historischer Entwicklungen interpretieren. Die Art wie, wann und wo wir Bier konsumieren und wie wir den Konsum von Alkoholika bewerten, ist von außergewöhnlich widerständigen kulturellen Traditionen und Normen beeinflusst, die sich regional und national unterscheiden können. Auch Erziehung und Sozialisation prägen den Umgang mit der Trinkkultur. Ob ein Rauschmittel wie Bier als legal oder illegal gilt, hängt von den jeweiligen herrschenden Normen ab sowie von geschlechts-, alters- oder lebensstilspezifischen Konsumgewohnheiten und -regeln. Auf diese Weise wird Bier in seiner historischen, geographischen und sozialen Bewertung selbst kultural. Der Genuss von Bier – oder anderen Getränken – kommuniziert symbolisch Zugehörigkeiten, aber auch Grenzen zwischen Personen, Gruppen, Glaubensgemeinschaften oder Nationen. Noch heute verlaufen trotz allgemeiner Verfügbarkeit der Getränke deutliche Trennlinien zwischen den Weinkulturen des mediterranen Raums und den Biertrinkern nördlich der Alpen. Auch zwischen Menschen aus dem christlichen und dem islamischen Kulturraum markiert der Bierkonsum kulturelle Schranken: Er gerät zum Symbol von Zugehörigkeit oder Fremdheit.

Bier kann heute viele kommunikative Funktionen erfüllen. Es kann sogar zum Prestigeprodukt werden, dessen demonstrativer Konsum eine herausragende gesellschaftliche Stellung unterstreicht. Über den Genuss und den Besitz von Bier drücken Menschen die Zugehörigkeit zu kulturellen Eliten aus: Bier wird zum exhibitionistischen Attribut eines exklusiven Lifestyles, in dessen Rahmen Individuen ihre finanziellen Ressourcen in einer anonymer und individualistischer werdenden Gesellschaft nach außen hin sichtbar machen.[7] In der Geschichte des Bieres stößt man bereits in der römischen Republik des 2. vorchristlichen Jahrhunderts auf diesen Symbolgehalt, wenn zwischen dem edlen Weizenbier *cervesia* der reichen und adligen Gallier und dem gewöhnlichen Gerstenbier der breiten Bevölkerung unterschieden wird. Elitären Status auf exklusiven Tafeln genoss auch das Einbecker Bier des späten Mittelalters, das in Qualität und Geschmack dem faden, alltäglichen Braunbier überlegen war. Heute haben junge, urbane Eliten exklusive und teure „Craft-Beer"-Abfüllungen als Distinktionssymbol gegenüber der industriellen Bierkultur des 21. Jahrhunderts entdeckt.

Der russische Ethnologe Sergei Alexandrowitsch Tokarev (1899–1985) unterteilte in einem 1971 erschienenen Aufsatz Nahrungsmittel nach ihrer kommunikativen Leistung in einer konkreten sozialen Situation. Er unterschied dabei zwischen „Nahrung, die die Menschen vereinigt, und d[er] Nahrung, die sie trennt".[8] Natürlich grenzt auch Bier nicht nur ab; vielmehr verbindet es meistens. Gemeinsames Trinken im Brauhaus oder Stadion stiftet Gruppenidentität: Wer mittrinkt, gehört dazu. Bier wirkt dann als sozialer Kitt – und übernimmt damit eine aus frühester Zeit bekannte Funktion: Erhaltene Rechnungsbücher aus dem ptolemäischen Ägypten belegen, dass bereits damals gerade in Vereinen und sozialen Gemeinschaften regelmäßig Bier getrunken wurde. Diese Funktion zieht sich wie ein roter Faden durch die Geschichte des Bieres. In England ist Bier seit der Industrialisierung das typische Getränk der arbeitenden Klasse und in der Musikszene, etwa der des Heavy Metal. Bier genießt als Rauschmittel Nummer eins die symbolische Bedeutung eines gruppenspezifischen

Getränks. Die große zeichenhafte Kraft von Bier in kollektiven Identitäten tritt vor allem im Rahmen regionaler oder nationaler Zuschreibungen zutage. Die Bezeichnung „Bayerisches Bier“ dient heute nicht mehr lediglich dem gruppenkonformen „Mia-san-Mia“-Gefühl des Freistaates, sondern ist auch eine geschützte geographische Angabe im Rahmen von EU-Lebensmittel- und Agrarverordnungen.[9]

Bier kann auf individueller ebenso wie auf kollektiver Ebene Sicherheit und Orientierung geben. Das symbolisch überhöhte gemeinsame Feierabendbier nach einem anstrengenden Arbeitstag im Kreise von Kollegen sorgt nicht nur für den Abbau von Spannungen, sondern auch für situative Sicherheit in einer informelleren Kommunikationsumgebung. Noch weit bis ins 19. Jahrhundert hinein verfügte Bier über eine dezidierte symbolische Qualität als nahrhaftes, gesundes Produkt. Anders als das oft verunreinigte Wasser genoss Bier den Ruf eines unbedenklichen Erzeugnisses, das gerade auch von Schwangeren und Kindern getrunken werden konnte. Amtsärztliche Protokolle aus dem ostbayerischen Raum beklagen noch um 1860 den hohen Alkoholkonsum von Kindern.[10]

Biergenuss: Zwischen Luxus und der Lust am Rausch

Bier hat viele Funktionen – die wichtigste ist der Genuss. In allen Epochen und Gesellschaftsordnungen war und ist der Hedonismus eine entscheidende Triebfeder für das Biertrinken. Sein Alkoholgehalt, die Lust am Rausch und nicht zuletzt seine geschmacklichen Qualitäten sicherten ihm einen festen Platz bei öffentlichen und privaten Feiern, bei ausgelassenen Wirtshausrunden, Hochzeiten oder Studentenpartys.[11] Lieder über das Bier gibt es zahllose. Ebenso umfangreich sind die Darstellungen von Bier in der Kunst und die symbolischen Überhöhungen des Getränks in der materiellen Kultur, etwa durch spezielle Trinkgefäße oder im Rahmen von Ornamentik und Ikonographie. Auch die Werbung betont seit ihren Anfängen den Lustgewinn, den ein goldenes Bier mit perfekter Schaumkrone beschert.

Heute zählt Bier nicht mehr zu den überlebenswichtigen Grundnahrungsmitteln. Ein Leben ohne Bier ist möglich – und wäre für manchen sogar gesundheitsförderlich. Bier oszillierte über weite Phasen seiner Geschichte zwischen seinen Funktionen als Grundnahrungs- und Genussmittel. Einen Spitzenplatz unter den universellen Genussmitteln hat es sich allein schon durch die Konstanz gesichert, mit der es über weite Phasen der Geschichte produziert wurde, sowie durch seine breite Verfügbarkeit.

Die Bedeutung des Bieres als „luxury food" hat mit der aufwendigen Herstellung zu tun. Die Produktion von Qualitätsbier ist an eine Reihe teils komplizierter Arbeitsschritte gebunden, die mit langen Reife- und Ruhephasen einhergehen. Unter den schwierigen Bedingungen der vorindustriellen Arbeitswelt konnte das heimische Bierbrauen nur gemeinschaftlich bewerkstelligt werden. Außerdem erforderte es Ressourcen, die nur zu bestimmten Zeitpunkten vorhanden waren. Das Braugetreide konkurrierte mit jenen Getreidemengen, die für die Herstellung von Brot, Suppen oder Breigerichten unverzichtbar waren. Daher hatte das Brauwesen vor allem dann Konjunktur, wenn überschüssiges Getreide verfügbar war. Die zahlreichen süddeutschen Reinheitsgebote des Mittelalters zielen weniger auf den Schutz vor schädlichen Würzstoffen als vielmehr darauf, bestimmte Getreidesorten in Zeiten schlechter Ernten vom Bierbrauen auszunehmen. Der Stellenwert des Bieres als „luxury food" wird schließlich in zahlreichen Rechtsverordnungen und handelspolitischen Instrumenten manifest. Bereits aus den frühen Stadtkulturen Mesopotamiens hat sich ein breites Verwaltungsschriftgut überliefert, das Bierproduktion und -handel zum Gegenstand hat. Wenngleich diese Quellen nur spärliche Einblicke in die Herstellung und den Konsum von Bier gewähren, zeigen sie doch, dass das Produkt schon in den frühen öffentlichen Verwaltungssystemen eine Rolle spielte, denn auf die Herstellung und den Handel mit dem Gebräu wurden Steuern erhoben. Bier stand über die Jahrhunderte außerdem im Fokus der Behörden, weil sie – oft vergebens – nach Instrumenten suchten, um den Konsum der Bevölkerung zu reglementieren. Beispiel hierfür sind die skandinavischen Prohibitionen der 1910er- und 1920er-Jahre und besonders die Alkoholverbote, die im Amerika der Jahre 1920 bis 1933 galten.

Ein Jahrhundert zuvor war der Alkoholkonsum schon einmal in

den Blickpunkt der Wissenschaft und bald auch der Behörden gerückt. Anlass war ein schmales Buch mit dem Titel *Die Trunksucht und eine rationelle Heilmethode derselben* aus der Feder Carl von Brühl-Kramers. Der Moskauer Arzt führte darin den Begriff Trunksucht ein und äußerte die revolutionäre Ansicht, dass selbst gelegentlicher Konsum von Bier (oder Wein) zur Sucht führen könne. Trinken war fortan nicht mehr nur Genuss, sondern wurde auch mit dem Aspekt Krankheit in Verbindung gebracht.[12] Die Diskussionen über den vermeintlich falschen oder richtigen Bierkonsum und seine Bedeutung – je nach Position – als Droge oder als nährstoffreiches Allheilmittel halten an und werden wohl auch in Zukunft erbittert geführt werden.[13]

Die Problematik eines Lebensmittels aus der Kategorie der Genussmittel wird in diesen kontroversen Betrachtungsweisen deutlich. Je nach Zeit, Raum, Wirtschaftslage und sozioethischem Kontext wandelte sich die kulturelle Wertigkeit des Bieres. Während die Abstinenzbewegung im Europa des späten 19. Jahrhunderts das Bier als Suchtmittel dämonisierte, betonten zur gleichen Zeit Ärzte die positiven und heilsamen Effekte seines Konsums gegenüber anderen Getränken wie Kaffee oder Wasser.[14] Die Funktionen des Bieres sind vielschichtig: War es während seiner gesamten Geschichte, und insbesondere in Zeiten klimatischer Umwälzungen, Nährstofflieferant und Nahrungsmittel breiter Bevölkerungsteile, so diente es zugleich in anderer Form dem demonstrativen Konsum einzelner Eliten.

Umbruchserzählung: Die Etappen der Bier- und Kulturgeschichte

Wenn wir uns im Folgenden bezüglich der Kulturgeschichte des Bieres und seiner unterschiedlichen Wertzuschreibungen auf eine globale Spurensuche begeben, sind wir uns mehrerer Gefahren bewusst: Zum einen soll trotz des generalistischen Anspruchs der Darstellung nicht der Eindruck einer linearen, kontinuierlichen Entwicklungsgeschichte von Bier und Gesellschaft vermittelt werden. Weder lässt sich das Verhältnis von Mensch und Bier auf einen singulär zu verortenden Ursprung festmachen, noch verläuft die Geschichte bruchlos in die Moderne. Je nach Route hat es das Bier mit zahlreichen Sackgassen und Umwegen zu tun, außerdem liegen weitreichende Innovationen und Veränderungen auf seinem Weg in die Gegenwart. Generell ist die Kulturgeschichte des Bieres ein Mosaik aus zahlreichen geographisch, sozial und historisch teils gravierend divergierenden Strängen. Die im Folgenden präsentierten Kapitel verstehen sich damit in erster Linie als Umbruchserzählungen. Sie dokumentieren besonders dynamische Innovationsetappen der Bier- und Kulturgeschichte.

Die zweite Hauptschwierigkeit besteht darin, innerhalb all dieser kulturell spezifischen Bewertungen des Bieres eine dem globalen Rahmen angemessen gleichwertige Perspektivierung zu finden. Wir sind uns dabei bewusst, wie stark die Kulturgeschichte des Bieres zwangsläufig auch von unserer eigenen europäischen Sichtweise gelenkt wird. Tatsächlich beleuchten die Kapitel vor allem den europäischen, vorderasiatischen und anglo-amerikanischen Raum. Andere Kulturräume werden nur kurz angeschnitten, wenngleich mancherorts beachtliche Bierinventionen gemacht wurden. Zu berücksichtigen ist hier allerdings, dass die Entwicklungslinie der Kulturgeschichte des Bieres mit ihren großen Umbrüchen und Innovationen in weiten Zügen zweifellos auch in realiter von Europa – und hier besonders vom Europa nördlich der Alpen – ausgehend in die Welt verlief. Erst ab dem 18. Jahrhundert gewinnen Amerika und ab dem 19. Jahrhundert der asiatische Raum einen wirtschaftlich und kulturell ähnlich prägenden Einfluss auf die Geschichte des Bieres wie zuvor Europa und auch der Vordere Orient.

Eine Kulturgeschichte, die der wechselhaften Beziehung von Mensch und Bier auf die Spur kommen will, hat es zwangsläufig auch mit den verschiedenen sozialen Milieus zu tun – und genau deren Untersuchung gestaltete sich schwierig: Das von frühester mesopotamischer und altägyptischer Zeit an breit vorhandene Verwaltungsschriftgut dokumentiert in erster Linie den Elitenkonsum sowie den öffentlichen Handel und die professionelle Produktion. Über den tatsächlichen Konsum in den privaten Haushalten der breiten Bevölkerung erfahren wir meist wenig. Auch Gesetzestexte oder religiöse Vorschriften geben uns bis in die jüngste Vergangenheit hinein lediglich fragmentarisch Auskunft über die Mahlzeiten der Bevölkerungsmehrheit und lassen allenfalls Deutungen über Hierarchien, Geschlechterrollen und Konsummengen zu. Allerdings unterscheiden sich Normen, Wissensbestände und Konsumpraxen erheblich. Biergeschichte ist vor diesem Hintergrund vor allem eine Annäherung an ein in mehrfacher Hinsicht fluides Sujet. Und dennoch: Gerade in diesen Lücken und Widersprüchen, Konflikten zwischen öffentlicher Ordnung und individuellem Gebrauch liegt die Spannung, aus der Ernährungsgeschichte ihre Energie gewinnt. Der „global player" Bier ist ein optimales Brennglas, in dem sich die großen kulturellen Entwicklungen der Geschichte bündeln.

2. Rituelles Nahrungsmittel und Kulturgetränk

Die Biergeschichte als Zivilisationsgeschichte

Am Anfang stand das Bier. Seine Bedeutung für die menschliche Zivilisation spiegelt sich bereits im babylonischen Gilgamesch-Epos, einer der ältesten schriftlichen Quellen der Menschheitsgeschichte. Das Werk entstand wohl um die Mitte des 3. vorchristlichen Jahrtausends im Vorderen Orient. Es erzählt von den Abenteuern König Gilgameschs, des großen Herrschers von Uruk. Die zuerst in sumerischer Sprache verfassten Keilschrifttafeln fanden weite Verbreitung in den frühen Gesellschaften Mesopotamiens. Unzählige Male abgeschrieben, überdauerten sie so den Untergang der sumerischen Sprache und gingen in die Literatur und Sprachen der nachfolgenden Zivilisationen des Zweistromlandes ein.[1]

Im Epos von Gilgamesch begegnet uns auch Enkidu, die Symbolfigur eines Naturmenschen. Durch den Konsum des Kulturgetränkes Bier entfremdet er sich von der Sphäre der Natur und wird zum zivilisierten Menschen. Mit Gazellen und Löwen in der Steppe aufgewachsen, gerät der wilde Enkidu ins Visier des Königs Gilgamesch. Der schickt die Priesterin und Dirne Schamchat. Sie verführt Enkidu und leitet ihn in ein Hirtenlager. Hier, an der Schwelle von Natur und Zivilisation, von nomadischen Lebensformen und sesshafter Kultur, vollzieht sich die zweite Menschwerdung Enkidus: Mit sieben Krügen Bier und gebackenem Brot tritt er in die zivilisatorische Gemeinschaft ein.[2]

> „Brot legten sie ihm vor.
> Bier stellten sie ihm hin.
> Nicht aß Enkidu das Brot, ratlos schaut er in die Runde.
> (Denn) Brot zu essen hatte er nie erlernt,
> und Bier zu trinken blieb ihm unbekannt.
> Die Dirne sagt zu ihm, zu Enkidu:

‚Iß doch, Enkidu, vom Brot, das zu dem Menschen gehört!
Trink doch, Enkidu, vom Bier, das dem Kulturland bestimmt!'"[3]

Nicht nur der Mythos, auch die moderne Archäologie verfügt über schlüssige Argumente, die einen engen Zusammenhang zwischen der Entdeckung alkoholhaltiger Getränke und der Sesshaftwerdung der frühen Kulturen nahelegen. Fast alle Szenarien versetzen uns dabei in den Vorderen Orient in der Zeit vor 13.000 bis 10.000 Jahren. Die Innovationen fanden in einem Gebiet statt, das etwa von den Tempelanlagen Göbekli Tepes und den frühen Stadtformen Catal Hüyüks in Zentralanatolien über das Zagrosgebirge im nördlichen Iran bis an die Mündung von Euphrat und Tigris in den Persischen Golf reichte.

Von besonderer Bedeutung erweisen sich dabei Funde aus der Region des heutigen Palästina. Hier stoßen wir etwa 11.000 Jahre v. Chr. auf eine sich ausdifferenzierende Jäger-und-Sammler-Kultur, die nach Fundorten im Wadi an-Natuf als Natufien benannt ist. Das Natufien der Levante und verwandte regionale Kulturen hinterließen einen Horizont von Funden, in dem sich die Möglichkeit und die Fähigkeit einer ersten frühen Bierherstellung widerspiegeln. Unabdingbar für die Herstellung von Bier war damals wie heute das Vorhandensein von Getreide. Wie die Enkidu-Episode zeigt – er trinkt Bier und speist Brot –, stehen der Anbau und die Verarbeitung von Getreide und das Brauen in diesem epochalen Übergang der Zivilisationsgeschichte in einem engen Zusammenhang.[4]

Genau hier, an den bedeutenden Fundorten des Natufien, belegen Ausgrabungen diesen Wandel der menschlichen Lebensweisen. In Tell Abu Hureyra etwa, im heutigen Syrien, ist wilde Gerste nachgewiesen. Etwa 200 jungsteinzeitliche Siedler lebten hier ganzjährig als Jäger und Sammler, bevor sie damit begannen, aktiv Getreide zu domestizieren. Auch Vorläufer unseres Roggen, die alte Weizenart Emmer und vor allem deren biologischer Ahne Einkorn, befinden sich unter den gesicherten Nahrungsüberresten. Sachkulturelle Relikte flankieren die Funde aus den Nahrungsresten von Tell Abu Hureyra. So belegen Feuersteinsicheln eine Erntepraxis von wildem und später auch von gezüchtetem Getreide in der Zeit um 10.000 v. Chr.

Lebensweise im Wandel: Der Rausch als Motor des Sesshaftwerdens?

Ebenfalls gut 11.000 Jahre alt sind Überreste von Gebäuden in Bad el-Dhra auf dem Gebiet des heutigen Jordanien. Die in ihnen gefundenen Spuren verarbeiteter wilder Gerste legen die Verwendung der Bauwerke als Kornspeicher oder womöglich sogar als Darren für Getreide nahe. Gerade die Lagerung von Getreide musste einen gewaltigen Schritt für die Domestizierung und gezielte Aussaat von Samen in den Kulturen an der Schwelle zur Sesshaftwerdung bedeutet haben.

Um diesen Zeitpunkt setzte 2012 auch ein Team von Nahrungsarchäologen um Brian Hayden den Beginn der Kulturgeschichte des Brauens an. Das Besondere: Hayden betrachtet die Herstellung von Bier als wesentliches Moment in der Sesshaftwerdung sowie der Domestizierung von Getreide.[5] Diese aufregende Verbindung von Bier und Zivilisationsgeschichte geht dabei von einer prinzipiellen Frage aus, die bis heute nicht abschließend beantwortet werden kann: Warum gaben die Jäger und Sammler des Natufien und ähnlicher Kulturen eine gesicherte nährstoff-, fleisch- und proteinreiche Ernährung auf und vollzogen den Schritt zu einer extrem aufwendigen und – angesichts mangelnder Anbau- und Ernteerfahrung – auch äußerst riskanten Ernährung auf der Grundlage domestizierter Gräser?

Die kanadischen Wissenschaftler folgerten, dass nur eine besondere, rituelle Verwendung dieser Nahrungsmittel – etwa in Tempelanlagen wie Göbekli Tepe, in dessen Nähe der Anbau von Einkorn nachgewiesen ist – den enormen Aufwand von Getreideanbau und die Beschaffung von Getreide von entfernten Orten sinnvoll begründeten. Gerade in ansonsten nahrungsreichen Siedlungsstätten, wie in Tell Abu Hureyra, erschienen religiöse Gründe und ritueller Rausch als einzig plausible Erklärung für die unverhältnismäßigen Mühen, die sich aus der Domestizierung und dem Transport von Korn ergaben.[6] Hayden kommt zum Schluss:

> „Die Herstellung von Bier ist einer von wenigen möglichen Kandidaten für die Motivation, frühe Getreidearten zu beschaffen und deckt sich mit

> dem exzessiven Aufwand, der auch heute noch in traditional geprägten Gesellschaften betrieben wird, um Bier herzustellen.“[7]

Der Wunsch nach Rausch als Motor für die Sesshaftwerdung der Menschheit? Bier als Treibstoff für einen der größten Epochenwandel der Menschheit? Andere Forscher äußern sich dazu weitaus zurückhaltender.[8] So könnte auch ein Einbruch der Temperaturen im Rahmen eines kleinen Klimawandels und ein Fernbleiben der großen Wildtierherden zu einer zivilisatorischen Revolution der Jäger und Sammler der Jungsteinzeit an Orten wie Tell Abu Hureyra oder Bad el-Dhra geführt haben. Der britische Prähistoriker Andrew Sherratt etwa sieht in der Entdeckung des Bieres lediglich einen zweiten Folgeschritt der Domestikation von Getreide. Doch unabhängig von der Frage, ob das Bedürfnis nach Bier den Anbau von Getreide beflügelte, oder – wovon die meisten Forscher heute ausgehen – der vergärte Gerstensaft ein Begleitprodukt der neolithischen Revolution um 10.000 v. Chr. bildete, markiert der Beginn der Brau- und Bierkultur einen markanten Punkt in der Geschichte der Menschheit: Die frühen Gesellschaften beginnen, sich über eine komplexe Verarbeitung von Ernährung kulturell auszudifferenzieren.[9] Biergeschichte gerät zur Zivilisationsgeschichte.

Die Spezialisierung der Arbeitsschritte führte zu einer Ausdifferenzierung einzelner Landwirtschafts- und Handwerkszweige und ließ Ernährung zum Statussymbol werden. Bier als Luxusprodukt markierte nun nicht nur besondere religiöse und rituelle Anlässe im Jahreslauf und formierte so im Sinne der Anthropologin Mary Douglas über den Rausch eine Gemeinschaft, sondern avancierte rasch zum Konsumgut von Herrschaftseliten, Beamten oder Priestern. Der Anthropologe Alexander Joffe führt einen breiten Bestand an ikonographischem Schmuck und keramischen Entwicklungen an, die ab 5000 v. Chr. im frühen Sumer die bedeutende soziale Rolle des alkoholischen Getränks Bier betonten. Der Beitrag von Bier und anderen alkoholischen Getränken zur sozialen Ausdifferenzierung und Urbanisierung der frühen mesopotamischen Stadtstaaten sei, so Joffe, als kulturstiftendes Element kaum zu unterschätzen.[10]

Der Brauvorgang: ein Prinzip, viele Biere

Was ist nötig, um aus dem Korn Bier zu produzieren?[11] Bier unterscheidet sich in seiner Herstellungsweise von allen anderen alkoholischen Getränken. Die Zuckergewinnung aus einem stärkehaltigen Grundprodukt stellt den wesentlichen Unterschied zu Wein oder Met dar. Bei Letzteren ist der Zucker bereits im Grundprodukt, der Frucht oder dem Honig, vorhanden.

Der erste Schritt: Aus Getreide gewinnt der Brauer durch Keimung mittels Wasser- und Wärmezufuhr Malz. Diese künstlich provozierte Keimung aktiviert im Korn Enzyme. Die Enzyme wiederum verwandeln die im Korn enthaltene Stärke in Malzzucker. Dieser Zucker wird später mit Hilfe von Hefe zu Alkohol vergoren.

Der Vorgang des Weichens nimmt etwa zwei Tage in Anspruch. In speziellen, mit Wasser gefüllten Weichgefäßen trennen sich auch Spreu und leere Hülsen vom vollgesogenen Korn. Die eigentliche Keimung beginnt, nachdem das feuchte Getreide auf Tennen oder in Keimkästen verbracht wurde. Etwa nach fünf Tagen unterbricht der Brauer die Keimung des entstandenen Grünmalzes und macht es auf Darren durch Trocknung und Röstung zu halt- und verarbeitbarem Malz. Über den Grad der Röstung und den Feuchtigkeitsgehalt des verwendeten Keimgutes lassen sich bereits erste Aroma- und Farbnuancen des späteren Bieres determinieren.

Heute ist das am häufigsten verwendete Malz das Pilsner Malz. Bei etwa 80 °C gedarrt, eignet es sich zur Herstellung von Pils und anderen hellen Bieren. Recht dunkle Biere erhält man mit Malz der Münchner Art, das bei höheren Temperaturen von bis zu 100 °C gedarrt wird.

Die überwiegende Zahl aller Biere wird auf der Basis von Gerstenmalz produziert. Daneben existieren aber auch eine Reihe anderer Sorten mit jeweils eigenen Farb- und Aromaeigenschaften, etwa Weizenmalz (für Weißbiere), spezielle Karamellmalze (für zusätzliche Süße) oder in Rauch gedarrte Rauchmalze. Dies sind lokale Spezialitäten, die etwa Bamberger Rauchbier seinen außergewöhnlichen Charakter verleihen.[12]

Das fertige Malz zerkleinert der Brauer nun mittels spezieller

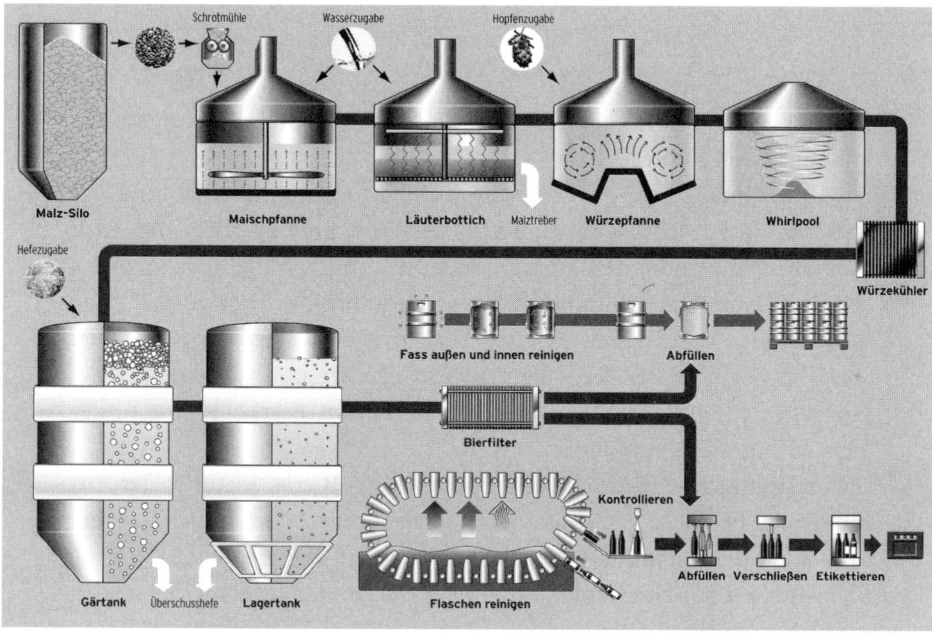

Der moderne Weg vom Gerstenkorn zum Bierkasten.

Mühlen und vermengt es in den großen Maischbottichen der Brauhäuser mit Wasser.[13] In mehreren Temperaturschritten, den sogenannten Rasten, beginnen die während der Keimung im Korn aktivierten Enzyme, die feste, mehlige Getreidestärke zu einer Flüssigkeit, bestehend aus vergärbarem Malzzucker und anderen Stoffen, zu verwandeln: Die Würze entsteht. Die zahlreichen in der Würze enthaltenen Vitamine und Mineralstoffe bestimmen den hohen Nährwert des Bieres. Dieser Vorgang des Maischens bestimmt die Beschaffenheit des späteren Bieres entscheidend. Nicht nur die Wahl des Brauwassers, sondern vor allem die Temperatur und die Dauer der Rasten prägen den Charakter des Bieres entscheidend.

Nach etwa vier Stunden haben die aktivierten Enzyme die komplette Stärke in vergärbaren Malzzucker umgewandelt. Der gesamte Sud wird nun in Läuterbottiche umgefüllt. Hier setzen sich die unlöslichen Bestandteile des Suds, etwa die Spelzen, am Boden ab. Wenn nun der Sud durch eine Öffnung im Boden des Läuterbottichs abgepumpt wird, fließt er durch diesen festen Bodensatz und wird so wie in einem Filter gleichzeitig von Schwebstoffen gereinigt. Die zurückbleibenden Feststoffe bilden den Treber. Die flüssige Würze selbst wird nun für etwa zwei Stunden in den großen, oft kupfernen Sudpfannen auf etwa 80 °C erhitzt.

Dabei erfolgt die zweite große Kursbestimmung in Richtung des späteren Biergeschmacks. Denn in den Sud gibt die Brauerei auch Hopfen. Die zahlreichen Hopfensorten mit ihren vielfältigen Aromen entscheiden dabei, wie bitter oder wie fruchtig das Bier gerät.[14] Eine hohe Menge an Hopfen, der heute aufgrund besserer Lagerfähigkeit meist in Form gepresster Pellets oder konzentrierter Extrakte zugegeben wird, verlängert zudem die Haltbarkeit des Bieres. Während der Versiedung des Hopfensudes verdampft Wasser. Was nun zurückbleibt, bestimmt den Stammwürzegehalt eines Bieres. Je höher der Anteil der nicht flüchtigen Stoffe – des Malzzuckers, der Hopfenaromen, aber auch der Vitamine und Eiweiße – im Sud ist, umso höher ist die Stammwürze. In Deutschland dient der Stammwürzegehalt der steuer- und lebensmittelrechtlichen Einteilung von Bier. Die Angabe erfolgt in Prozent nach dem Anteil vergärbarer Stoffe in der Flüssigkeit. Als dünnstes Bier gilt das Einfachbier mit einem Stammwürzeanteil von 1,5 % bis 6,9 %. Gewöhnliches Schankbier folgt mit 7,0 % bis 10,9 %. Das gebräuchlichste Bier ist Vollbier. Dazu zählen die meisten hellen Biere. Es verfügt über eine Stammwürze im Bereich von 11,0 % bis 15,9 %. Bei einer Stammwürze ab 16 % gilt ein Bier als Starkbier. Das gilt etwa für Bock- oder Doppelbockbiere.

Nach einem weiteren Reinigungsschritt, der den nicht gelösten Hopfentreber und ausgefallene Eiweiße von der Oberfläche der Würze abfiltert, wird der Sud abgekühlt und mit Hefe versetzt.[15] Die Hefe frisst nun den Malzzucker und produziert so Alkohol. Die Gärung beginnt anschließend in den Gärtanks der Brauerei. Erneut spielt die Temperatur eine wichtige Rolle. Biere auf der Grundlage untergäriger Hefen, etwa Helles oder Pils, benötigen eine Temperatur um 5 °C. Biere mit obergärigen Hefen, die also am Ende der Gärung nach oben steigen, werden bei 20 °C vergoren. Vor der Erfindung von Kühlmaschinen im späten 19. Jahrhundert stellte vor allem die Produktion untergärigen Bieres die Brauereien vor große Herausforderungen. Gekühlt wurde mit Eis und Kühlschiffen, bevor das Bier in kalten Bierkellern gären durfte. Aufgrund der nötigen Kälte waren die Monate September bis März in Mitteleuropa die Hauptbrauzeit.

Nach fünf Tagen Gärung wird das entstandene, alkoholhaltige Jungbier in Lagertanks umgefüllt. Hier findet bei niedrigen Temperaturen die Nachgärung statt, die im Falle von untergärigen Bieren etwa zwei bis sechs Monate dauern kann. Obergärige Biere sind weniger lagerfähig und bereits nach zwei Wochen trinkfertig. Ihre Nachgärung erfolgt deshalb oft direkt in der Flasche. So finden sich gerade bei vielen Weißbieren noch Hefereste in der Flasche. Während der Lagerung des Bieres in den luftdichten Tanks oder in der Flasche entsteht aus der Nachgärung zudem Kohlensäure, die dem Bier seine Spritzigkeit verleiht.[16] Das fertige Bier wird nun in einer letzten Filterung von Bakterien, zurückgebliebenen Hefezellen und anderen unerwünschten oder geschmacksschädlichen Rückständen befreit[17] und für Gaststätten in Fässer oder für den Großhandel, den Einzelhandel und Privatkunden in Flaschen und Dosen abgefüllt.[18]

Das erste Bier: Zufall oder Erfindung?

Wie und wo genau das erste Bier gebraut wurde, muss offenbleiben. Die Wahrscheinlichkeit, dass es sich bei diesem komplexen Zusammenspiel von Temperatur, Feuchtigkeit und Bakterien um eine rein zufällige Entdeckung handelte, ist aber recht groß.

> „Letztendlich sollte in Erwägung gezogen werden, dass die Natur selbst das erste Bier geschaffen haben könnte. Die Gerstenkörner wurden nach der Ernte vermutlich zur Lagerung in einem Behältnis verstaut. Wenn die Körner Feuchtigkeit ausgesetzt waren, keimten sie. Gekeimte Gerste ist süßer und weicher als ungekeimte Samen und daher genießbarer. Vielleicht wurden die gekeimten Körner für den späteren Verzehr aufbewahrt. Luftübertragenen Hefen und mehr Feuchtigkeit ausgesetzt, gärte die Gerste und erzeugte auf diese Weise Bier. Wir werden wohl nie erfahren, wann

> irgendeine mutige Seele wirklich diese ‚verfaulte' Gerste trank, aber was wir wissen ist, dass es jemand getan hat."[19]

Gleichwohl: Kultur kennt keine Zufälle. Innovationen und Entdeckungen geschehen, wenn die Voraussetzungen dafür gegeben sind. Eine Verbreitung erfolgt nur, wenn eine Idee erfolgreich, ein Bedürfnis vorhanden und die Möglichkeit eines kommunikativen Austausches gegeben ist. So musste für den Brauvorgang und die Entdeckung des Bieres eine Reihe von Bedingungen erfüllt sein: Zunächst benötigt die Produktion von Bier einen beträchtlichen Vorrat an Getreide. Es reicht für eine umfänglichere Herstellung nicht mehr, lediglich Grassamen zu sammeln. Die Bierproduktion erfordert das Wissen, Getreide flächig auszusäen und systematisch zu ernten. Zum zweiten bedarf es eines Verfahrens, Malz in Zucker zu verwandeln. Erst dieser garantiert in der Vergärung einen einigermaßen hohen Alkoholgehalt. Das verwendete Korn wiederum muss bereits gekeimt haben, da ungekeimtes Getreide nicht über die Enzyme verfügt, Stärke in Zucker umzuwandeln. Schließlich benötigten die frühen Brauer Hefe für die Vergärung sowie Gefäße, um den Gerstensaft darin in größerem Stil zu produzieren, zu konsumieren und zu lagern. In einer funktionierenden Landwirtschaft liegt der Schlüssel der Bierproduktion: Ohne Überschussproduktion kann sich eine Innovation wie die Entdeckung vergorenen Getreidebreies oder -saftes nicht vollziehen.

Diese notwendigen Voraussetzungen finden wir, unabhängig voneinander, zu verschiedenen Zeiten weltweit in unterschiedlichen frühen Kulturen. Die Kulturgeschichte des Bieres verfügt nicht über den einen zentralen Ursprung. Es handelt sich um keine lineare Geschichte, sondern um eine parallele Entwicklung von zahlreichen Startpunkten aus.

Ein sehr früher Anfangspunkt ist wohl in den Subsaharazonen des östlichen Afrika zu setzen. Hier stoßen wir bereits um 8000 v. Chr. auf vergorene alkoholhaltige Getränke auf einer Grundlage von Hirse und Sorghum, aber auch Mais oder Maniok. Etwa aus der gleichen Zeit stammen Funde aus dem prähistorischen China und Japan, wo sich in Gefäßen Rückstände von bierartigen Getränken auf der Grundlage von Reis fanden. Etwas später wurden auch in Südamerika erste bierartige Getränke, vor allem auf Maisgrundlage, gefunden. In den prähistorischen Anden wurden weitere Pflanzen und Früchte wie Maniok oder Erdnüsse zum Bierbrauen genutzt.[20]

Etwa um 7000 v. Chr. sind im Vorderen Orient die Voraussetzungen für die Produktion früher Biergetränke gegeben. Nördlich der Alpen treten alkoholhaltige, vergorene Getränke auf Getreidegrundlage noch später, etwa ab 5000 v. Chr. auf. Der russische Brottrunk Kwas erinnert an die frühen europäischen Gerstensäfte.[21] Bei den Hethitern, die sich ab ca. 2300 v. Chr. in Zentralanatolien ansiedelten, kam Bier bei Zeremonien zum Einsatz. Das Getränk, wahrscheinlich vor allem auf Gersten- und Emmerbasis, wurde möglicherweise auch mit Honig gewürzt und als medizinisches Präparat genutzt.[22]

Die notwendige Verzuckerung der Stärke stand in Abhängigkeit zum jeweiligen Grundbestandteil. Die südamerikanischen Maisbiere wurden ebenso wie wahrscheinlich die japanischen Reisbiere oder die frühen afrikanischen Biere auf Grundlage von Maniok durch Speichelamylase verzuckert. Das bedeutet, dass die Umwandlung von Stärke zu Zucker durch Kauen erfolgt. Der menschliche Speichel regt dabei in Kombination mit der Wärme die Verzuckerung an.

Auch die für die Vergärung der so verzuckerten Grundbestandteile nötigen Hefen entstammten unterschiedlichen Quellen. So fanden neben Spontanvergärung durch wilde Hefen auch Früchte Verwendung, auf deren Schalen sich Hefekulturen ansiedelten. Einen frühen Zusammenhang von Brot und Bier – „heute back' ich, morgen brau' ich", wie es im Märchen „Rumpelstilzchen" heißt – finden wir bei Verfahren aus dem Vorderen Orient, wo die Vergärung mit der Hefe aus angebackenem Brotteig oder entsprechenden, hefehaltigen Flüssigkeiten und Getreidebreien gestartet wurde. In all diesen frühen Techniken stand das Bier am Ende einer landwirtschaftlichen Kette von Arbeitsschritten, die zur Verarbeitung des geernteten Korns dienten. Sein niedriger pH-Wert, der das Wachstum von Keimen und unerwünschten Bakterien hemmt, machte Bier zu einem halbwegs haltbaren Getränk, in dem sich das geerntete Korn in flüssiger Form konservieren ließ.

Wie wohlschmeckend all diese Getränke letztlich waren, wie hoch der Alkoholgehalt und wie golden oder dunkel die Farbe, lässt sich nur schwer rekonstruieren. Anhaltspunkte bieten lediglich Vergleiche mit einigen vergorenen Getreidegetränken der Gegenwart, etwa den trüben afrikanischen Opaque-Bieren, den bespeichelten Chicha-Bieren der Anden, dem vergorenen russischen Brottrunk Kwas oder auch spontanvergorenen, sauren belgischen Geuzes oder Lambics.[23] So geht der kalifornische Brauwissenschaftler Charlie Bamforth davon aus, dass die ersten Biere geschmacklich wenig mit jenen der Gegenwart gemein hatten:

> „Seit 8.000 Jahren ist Bier in der einen oder anderen Form ein Bestandteil der Ernährung. Der Trinker des 21. Jahrhunderts würde die ersten Biere, welche ein glückliches Ergebnis der spontanen Vergärung schlecht gelagerten Brotes darstellten, nicht als solche erkennen.“[24]

3. Zwischen Euphrat und Tigris

Mesopotamien als frühes Land des Bieres

Bereits ab dem 3. vorchristlichen Jahrtausend eröffnen uns Quellen einen lebendigen Einblick in die Geschichte des Bieres zwischen Euphrat und Tigris. Gleichzeitig erfahren wir viel über die Menschen, die es produzierten. Innerhalb vergleichsweise kurzer Zeit hatte sich die Kulturlandschaft des Vorderen Orients fundamental verändert.[1] In Folge eines umfassenden Klimawandels während der letzten Eiszeit (um 14.500 v. Chr.) war der Meeresspiegel rapide gesunken. Die Küstenlinie verlief teils auf der Höhe der heutigen Straße von Hormus, bevor sie mit dem Ende der Kaltphase wieder ins Landesinnere rückte: Etwa vor 6.000 Jahren begann die Küstenlinie wieder nach Süden zu wandern. Im Gebiet von Euphrat und Tigris und den benachbarten Regionen entstanden so fruchtbare, für die landwirtschaftliche Nutzung bestens geeignete Ebenen. Dennoch: Trotz der günstigen Bodenverhältnisse entlang Euphrat und Tigris, deren Schlamm im Süden der Region ein flaches Schwemmland entstehen ließ, war die Situation für die Landwirtschaft unvorteilhaft. Erlaubte das raue Klima im Berg- und Hügelland des Nordens Regenackerbau, herrschte im südlichen Mesopotamien für zwei Drittel des Jahres starke Trockenheit. Erst mit der Entwicklung ausgefeilter Bewässerungstechniken konnte eine effiziente Landwirtschaft entstehen. Weitläufige Kanalsysteme ermöglichten eine Überschussproduktion von Getreide, die das Brauen von Bier erlaubte.[2]

Der „fruchtbare Halbmond", in dem sich der Ackerbau ab dem 6. Jahrtausend v. Chr. rapide verbreitete, erstreckte sich von der Mittelmeerküste und den heutigen Ländern Libanon und Israel über den Irak bis hinab zum roten Meer. Gesellschaft und Handel in dieser jungen bäuerlichen Welt betteten sich in ein kulturelles und wirtschaftliches Netzwerk ein, das im Norden bis nach Zentralanatolien ausstrahlte, im Süden bis nach Ägypten und bis an den Persischen Golf.

Mit der Etablierung der Landwirtschaft und der damit verbundenen Sicherung der Versorgung ging nicht nur ein Bevölkerungswachstum einher, sondern auch die Gründung erster größerer Städte. Hier, in den frühesten Metropolen der sumerischen Kultur, etwa in Eridu oder Uruk, entstanden bald Schriftsysteme, die das Leben in den zunehmend komplexeren städtischen Gesellschaften dokumentierten. Es handelte sich um eine theokratisch geprägte Kultur. Die Fäden von Politik und Administration liefen in den Tempeln der frühen Stadtstaaten zusammen. Von hier aus lenkten Priesterfürsten, stellvertretend für die Götter der Stadt, das Leben, die Wirtschaft und die Bebauung und Bewässerung des Landes.

Schon zu Beginn der schriftlichen Aufzeichnungen über die frühen Stadtgesellschaften Sumers und später Akkads stoßen wir auf das Getränk Bier.[3] Spätestens um 3000 v. Chr. zählte Bier zu den wichtigen Wirtschaftsgütern, die von den sumerischen Gesellschaften in großem Stil produziert und konsumiert wurden. Zeitweise entfiel wahrscheinlich ein Drittel der Getreideernte auf die Herstellung von Bier.[4] Ein eigener Brauerstand mit festen Regeln und Hierarchien bildete sich in den Städten heraus.[5]

Saufende Götter: Mythologische Trinkgeschichten

Religiöse Texte zeugen von der sumerischen Bierkultur. Von den Folgen übermäßigen Bierkonsums handelt der Mythos von Innana und Enki, eine wilde Geschichte von Verführung, Trunkenheit und Betrug aus dem 3. vorchristlichen Jahrtausend.[6] Im Mittelpunkt steht Enki, der auch mit anderen Trinkgeschichten assoziierte Schöpfergott und Gott der Weisheit. In seinem Palast in Eridu erhält Enki Besuch von der Himmelsgöttin Inanna, die er mit allen Ehren empfängt und fürstlich bewirtet. Inanna hingegen führt im Schilde, die von Enki in Eridu gehüteten Tafeln der Weisheit, die Grundlage für Enkis göttliche Macht, zu rauben und für ihre eigene Stadt Uruk zu gewinnen.

So berichtet es die mythische Geschichte: „Enki und Inanna […] trinken Bier im Abzu, lassen sich den süssen Wein munden. Die bronzenen AGA(-Gefäße) machen sie übervoll."[7] Warum Enki früher betrunken ist als Inanna, ob diese sich zurückgehalten hatte oder das Bier einfach besser vertrug, muss offen bleiben. Der alte Enki jedenfalls überlässt großzügig und berauscht die Weisheitstafeln und damit seine göttliche Kraft der offenbar noch weitgehend nüchternen Inanna, die damit prompt nach Uruk flieht. Auch die Dämonen, die Enki aussendet, als er seinen folgenschweren Fehler bemerkt, können die Fliehende nicht aufhalten. Tatsächlich ist diese Trinkgeschichte mehr als nur ein früher Beleg für den Konsum von Bier. Die Stadt Uruk löste in dieser Phase der mesopotamischen Kulturgeschichte das ältere Eridu als religiöses und politisches Zentrum unter den sumerischen Stadtstaaten ab. Der leichtfertige Verlust der göttlichen Macht durch den biertrunkenen Enki spiegelt dies mythisch maskiert wider.

Der bierselige Enki steht auch im Mittelpunkt des Mythos von Enki und Ninharsaga, einer nicht minder spektakulären Geschichte von Polygamie und Inzest.[8] Anders als in der Episode mit der listigen Inanna ist es hier Enki selbst, der Bier einsetzt, um an sein Ziel zu gelangen. Das Ziel ist in diesem Fall seine Urenkelin Uttu, mit der er einen Sohn zeugen will. Uttu bleibt standhaft und wehrt die Annäherungsversuche Enkis ab. Schließlich jedoch gelingt es ihm, die junge Göttin mittels einer Verkleidung, großzügiger Geschenke und einer beträchtlichen Menge Bier zu überlisten. Zu den Nachkommen aus diesem Verhältnis zählt auch – wenig verwunderlich – die Göttin des Bieres, Ninkasi.

Einer der bekanntesten und ausführlichsten Belege zur Bierkultur in Mesopotamien ist der Hymnus an Ninkasi.[9] Wie kein anderes Werk dieser Zeit stellt er den technischen Vorgang des Brauens im Detail dar. An ihn schließt sich ein sumerisches Trinklied an, das sich überschwänglich der Wirkung des Bieres widmet:

> „Im *buni*-Becken von *bur*-Gras ist süßes Bier,
> den Mundschenken, den jungen Mann, lasse ich Duftendes bringen.
> Wenn ich beim Wasserbecken herumgehe,
> bei meinem Anfüllen, wenn ich voll anfülle,
> wenn ich nach dem Trinken von Bier in Schweigen verfalle,
> wenn ich nach dem Trinken von Saft mich der Freude nähere,
> wenn sich mein Herz freut, meine Laune verbessert,
> wenn ich meines Herzens vorhandene Herzensfreude,

die gute Laune in ein Prachtgewand hülle,
dann wird das Herz der Inanna wieder hergestellt sein!
Das Herz der Himmelsherrin wird wieder hergestellt sein!“[10]

Besonders die Herrscherliteratur stellt die Könige in ihrem Trinkverhalten in eine Reihe mit den göttlichen Gelagen. So berichtet der bereits wesentlich später entstandene Hymnus von König Schulgi:

> „An einem Tage feierte ich fürwahr das èš-èš-Fest von Nibru (und) Ur, mit meinem Bruder (und) Gefährten, dem Jüngling Utu zusammen trank ich fürwahr im Palast, den An gegründet hatte, Bier, meine Musikanten sangen mir fürwahr zu (Musik von) sieben tigi-Trommeln, meine Gemahlin, das Mädchen Inanna, die Herrin, die Fülle von Himmel (und) Erde, saß fürwahr mit mir zusammen bei Speise (und) Trank.“[11]

Goldenes, rotes oder lieber süßes Bier: Die Brautechnik im Zweistromland

Der Wissenschaftshistoriker Peter Damerow (1939–2011) hat eine wertvolle Entwicklungsgeschichte des Bieres in Sumer und seinen Nachfolgekulturen entworfen.[12] So zeigen bereits die frühesten keilschriftartigen Tafeln aus der Zeit um 3200 v. Chr. wahrscheinlich neun Biersorten, die sich – repräsentiert durch verschiedene Schriftzeichen für Gefäße – in Inhalt und Menge unterschieden. Zwei Grundstoffe, jeweils aus Gerste hergestellt, zählen in dieser frühen Epoche zu den zentralen Bestandteilen des Bieres. Zum einen erwähnen die Quellen grob gemahlene Gerstenkörner, zum anderen ein Produkt, bei dem es sich wohl um bereits kontrolliert gemälzte Gerste handelt. Die Gerste selbst fand ihre Repräsentation im Zeichen einer Getreideähre ŠE. Neben den Grundbestandteilen aus der Gerste überliefern die Quellen der frühesten Epoche zudem das Zeichen ŠIM, ein Gefäß mit einer Art Ausguss am unteren Ende.[13]

Um die Mitte des 3. vorchristlichen Jahrtausends unterscheiden die Schriften die unterschiedlichen Biersorten auch anhand ihres Namens. Die von Damerow analysierten administrativen Dokumente erwähnen unter anderem goldenes Bier *(kaš kal)*, dunkles Bier *(kaš ge)*, süßes dunkles Bier *(kaš ge du-ga)* oder rotes Bier *(kaš sa)*. Während die älteren Quellen als Grundbestandteile nur Gerste kannten, erwähnen die Texte nun auch Emmer *(imgaga)* als Inhaltsstoff, der zuvor zwar bereits bekannt war, aber nicht im Kontext von Texten des sumerischen Brauwesens auftauchte.

Auf Tafeln aus den Archiven der Stadt Girsu (dem heutigen Tello) nennt Damerow den Begriff *munu*, der mit großer Wahrscheinlichkeit das aus der Keimung der Gerste gewonnene Malz bezeichnet. Ein anderer wichtiger Begriff, der auch im Hymnus an Ninkasi auftaucht, heißt *bappir* und bezeichnet wohl eine bestimmte Menge speziell vorbereiteter Gerste. Aufgrund des verwendeten Schriftzeichens handelte es sich bei *bappir* wohl bereits um verarbeitetes „Bierbrot". Eine weitere Unsicherheit ergibt sich in der Deutung der unterschiedlichen Biersorten. Wir verfügen kaum über Anhaltspunkte, was das „goldene Bier" vom „roten Bier" unterschied. Lediglich zu zwei Sorten kann Damerow weitere Inhaltsstoffe nennen. So beinhaltete das dunkle Bier auch *titab*, wobei es sich wohl, ähnlich wie bei *bappir*, um zu Brot verarbeitete, teils gemälzte Gerste, womöglich als Gärungsstarter handelte. Im „süßen dunklen Bier" findet sich dagegen *gar tamma*, das mitunter als verarbeitetes Malzextrakt gedeutet wird.[14]

Die einzelnen Biersorten unterschieden sich auch in ihrer Qualität. Bei Frauen aus höheren Gesellschaftsschichten stand ein süßes, mit Honig verstärktes Emmerbier hoch im Kurs, was sich auch in seinem hohen Preis niederschlug. Die Quellen differenzieren weiterhin zwischen feinem Bier und normalem Bier, zwischen Dünnbier und Mischbier, zwischen erst-, zweit- und drittklassigem Bier.[15] Bier wirkt so auch als sozial strukturierendes Getränk. Bereits in späterer assyrischer Zeit, etwa um das 8. Jahrhundert, schickt der Bürgermeister der Stadt Nippur einen aufsässigen Untertanen mit den Worten weg: „Gebt dem Bürger von Nippur einen Knochen und eine Sehne, gebt ihm eine Kanne drittklassiges Bier zu trinken, schickt ihn weg und werft ihn zur Tür hinaus."[16]

Die spätsumerische Epoche an der Schwelle zum 2. vorchristlichen Jahrtausend ging mit einer Expansion der bürokratischen Strukturen einher.[17] Neben neuen Maßeinheiten geben die Quellen nun auch Qualitätskriterien für das Bier an, die die Menge der verwendeten Gerste berücksichtigen. So bezeichnet *kaš du* gewöhnliches Bier, während *kaš saga* für gutes Bier steht. Aus Rechnungen und Schriftverkehr der oberen Gesellschaftsschichten geht hervor, welche beträchtlichen Mengen von Bier produziert und konsumiert wurden. Hinter den hohen Hektolitermengen steht eine professionalisierte und im großen Maßstab betriebene Bierökonomie, die die Herstellungs- und Verbreitungsprozesse standardisierte. Dies wird etwa dadurch belegt, dass in den Rechnungsbüchern der großen Bierbrauer keine bereits verarbeitete Gerste mehr auftaucht – ein Hinweis darauf, dass die Produktionsschritte nun im eigenen Betrieb stattfanden. Große Lagerkapazitäten und eine hohe Arbeitskraft wurden erforderlich. Emmer verschwand dagegen als Grundbestandteil nahezu völlig.

Wenngleich bei der Anwendung literarischer Quellen auf historische Brautechnik stets Vorsicht geboten ist, lässt sich der mesopotamische Brauvorgang zumindest bruchstückhaft rekonstruieren. Das wichtigste Dokument hierzu bildet der Haupttext des bereits erwähnten Hymnus an die Bier- und Braugöttin Ninkasi. Seine Bedeutung erhält das Werk durch die vielen Details, die es liefert. In der deutschen Übersetzung von Walther Sallaberger aus dem Jahr 2012 besingt der Hymnus die Göttin in den einzelnen Arbeitsschritten des Brauprozesses:

> „Dein *aufgehender* Teig, wurde der mit der stattlichen Spatel geformt,
> ein Aroma von weichem Honig, der durchmischte Sauerteig,
> Ninkasi, dein *aufgehender* Teig, wurde der mit der stattlichen Spatel geformt, ein Aroma von weichem Honig, der durchmischte Sauerteig,
>
> deine Sauerteig(klumpen), wurden sie im stattlichen Ofen gebacken,
> sind sie sauber angeordnete Garben von *gunida*-Emmer.
> Ninkasi, deine Sauerteig(klumpen), wurden sie im stattlichen Ofen gebacken, […]
>
> Dein Malz, wurde der Grieß bereitgelegt, Wasser hineingegossen,
> ist es Ungeziefer von der Art sich zu krümmen und zu kringeln.

Ninkasi, dein Malz, wurde der Grieß bereitgelegt, Wasser hineingegossen,
[...]
Deine Maische, wurde im Gefäß Wasser dazugegeben,
sind es Wellen, die sich heben, Wellen, die sich senken.
Ninkasi, deine Maische, wurde im Gefäß Wasser dazugegeben,
[...]

Dein Treberkuchen, ist er auf einer stattlichen Matte ausgebreitet,
ist er die Sanftmut, die den Gott ergriffen hat.
Ninkasi, dein Treberkuchen, ist er auf einer stattlichen Matte ausgebreitet,
[...]

Dein großes Trockenbier, liegt es verarbeitet bereit,
ist es Honig und Wein, die gemeinsam Saft geben.
Ninkasi, dein großes Trockenbier, liegt es verarbeitet bereit,
[...]

Dein Filterbier, hat es sich in den Bier-Pithos ergossen,
ist es, als hätte man auf Euphrat und Tigris geachtet.
Ninkasi, dein Filterbier, hat es sich in den Bier-Pithos ergossen,
ist es, als hätte man auf Euphrat und Tigris geachtet."[18]

Auf die Nähe von Brot und Bier in den vorderorientalischen Kulturen des 3. und 2. Jahrtausends verweist der Eingangsvers. Als ersten Schritt im Brauvorgang erwähnt der Hymnus das Kneten und Backen des Sauerteigs aus Gerstenschrot.[19] In einem separaten Schritt wässert Ninkasi das Malz, das vorher ausgebreitet und zur Keimung gebracht wurde, in einem Gefäß.[20] Dann wurde die Maische abgeschöpft. Aus dem darin enthaltenen Treberkuchen entstand ein getrocknetes „Gemisch" – eine Art Trockenbier, das jederzeit frisch angerührt werden konnte – das früheste Instantgetränk der Geschichte![21] Die Substanz wurde daraufhin mit Honig und Wein vermengt und in ein eigenes Filtergefäß geschüttet. In einem letzten Arbeitsschritt wurde das gefilterte Bier in ein größeres Lagergefäß umgefüllt, das sich unter dem Filtergefäß befand. Daraus schenkte es die Biergöttin direkt an die

Trinkenden aus. Das Bier erfuhr eine derart große Wertschätzung, dass der Hymnus es mit dem Rauschen von Euphrat und Tigris gleichsetzte.[22]

Experiment: Ein Bier nach dem Rezept von Göttin Ninkasi

Einige zentrale Fragen lässt der Hymnus an Ninkasi jedoch offen. Was genau passiert mit dem Sauerteig? Wann wird er mit dem Sud vermischt? Wie und zu welchem Zeitpunkt wird die Keimung des Getreides gestoppt? Auch Genaueres über den Gärungsprozess und das Aroma des Bieres erfahren wir nicht. Die archäologisch überlieferte Sachkultur ist an dieser Stelle aufschlussreich. Von zentraler Bedeutung erweisen sich die Ausgrabungen in der im heutigen nördlichen Syrien gelegenen Stätte Tall Bazi. Bierbrauen muss hier zu einer späteren Zeit als im Hymnus an Ninkasi, nämlich etwa 1300 Jahre v. Chr. in großem Umfang stattgefunden haben. Die Archäologen fanden einen großen Bottich von ca. 200 Litern Fassungsvermögen. Außerdem stießen sie auf Gefäße mit einem Loch im Boden von 90 bis 110 Litern Volumen, die in privaten Wohnhäusern in einer bestimmten Anordnung in den Boden eingelassen waren. Über die Rückstände von zweireihiger Gerste und Hefe an den Wänden der Gefäße konnten sie eindeutig der Produktion und Lagerung von Bier zugeschrieben werden. Auch kleinere Gefäße mit Bierrückständen und Getreidemühlen legen nahe, dass die Bierbrauerei einen festen Bestandteil der Hauswirtschaft dieser Zeit bildete.[23]

In einem Experiment versuchten die Experten für Brautechnologie der Technischen Universität München um Martin Zarnkow, gemeinsam mit den Archäologen, den Brauvorgang auf der Grundlage der Funde von Tall Bazi vor Ort zu rekonstruieren.[24] Ausgehend von den lokalen klimatischen Verhältnissen, den Rückständen in den Gefäßen und dem Hymnus an Ninkasi wurde zunächst zweireihige Gerste für vier Tage in Tontöpfen gewässert. Das gekeimte, feuchte und nicht lagerfähige Grünmalz wurde für die sofortige Weiterverarbeitung auf den flachen Dächern der Siedlung ausgebreitet und unter der Sonne bei Temperaturen bis zu 60 °C gedarrt. Eine Röstung über Feuer gilt aufgrund des Mangels an Brennstoff in der Region als ebenso ausgeschlossen wie ein Maischvorgang über offener Flamme. Dafür sprechen auch die fest im Boden vergrabenen großen Töpfe. In ihnen wurde vermutlich der Sud aus dem mit einem Mahlstein gemahlenen, gedörrten Malz, bei natürlichen Temperaturen um 34 °C etwa 15 Minuten kalt eingemaischt. Eine Zufuhr von Hefe – ursprünglich wohl in Form lokaler wilder Hefen oder des hefehaltigen Maischeschaums eines vorherigen Bieres – führte binnen 36 Stunden bei einer Temperatur von 24 °C in den relativ kühlen Häusern von Tall Bazi zu einem trinkbaren Bier.[25]

Heute fiele es uns wohl schwer, das Getränk nach dem Rezept der Göttin Ninkasi, hergestellt mit den Methoden von Tall Bazi, tatsächlich als Bier zu erkennen. Das Ergebnis des Brauversuchs bestand in einem trüben, brotigen Bier mit einem sehr niedrigen Alkoholgehalt von lediglich 1,6 %. Ein geringer PH-Wert von 3,9 hemmt die Keime immerhin so weit, dass es unter günstigen Bedingungen zumindest zwei Monate lagerfähig gewesen wäre.[26] Mangels effizienter Filterung schwammen wohl auf seiner Oberfläche noch zahlreiche Getreiderückstände, Spelz und auch Partikel der obergärigen Hefe. Peter Damerow zufolge ist es fraglich, inwieweit damalige Lebensmittel in ihrer Stofflichkeit überhaupt mit heutigen vergleichbar sind. Es besteht die Gefahr, die in den sumerischen Quellen verwendeten, teils schwer verständlichen Begriffe durch die Brille der modernen Brautechnik zu lesen. So würden Zutaten und Brauschritte in die Texte hineingelesen, die den Sumerern womöglich unbekannt waren. Damerow zeigt sich zudem skeptisch bezüglich des Tall Bazi-Bieres und geht davon aus, dass es wohl eher mit dem vergorenen russischen Brottrunk Kwas vergleichbar war als mit einem modernen Pils oder Lagerbier.[27]

Wenn Frauen brauen: Bier im Alltagsleben

Der Konsum und die Produktion von Bier in den mesopotamischen Stadtstaaten verlief auf zwei Ebenen. Kleine Mengen wurden für den

Gebrauch in privaten Haushalten produziert. Daneben existierte eine professionelle Brauwirtschaft, die Bier für die Öffentlichkeit, etwa für Feste und besonders als Lohn für die arbeitende Bevölkerung produzierte.

Unser Wissen über die Rolle des Bieres im öffentlichen Bereich verdanken wir vor allem dem ausgeprägten Sinn der Sumerer und ihrer Nachfolgezivilisationen für Bürokratie. Erhaltene Verwaltungstexte geben Auskunft über die Warenströme und Produktionsvorgaben der politischen und wirtschaftlichen Eliten. Besonders über die Maßeinheiten lassen sich Konsum, Zubereitung, Zutaten und kulturelle Wertigkeiten von Bier rekonstruieren. Dazu gesellen sich medizinische Traktate sowie lexikalische Tafeln, auf denen sumerische Begriffe etwa ins Akkadische übersetzt werden.

Die Lebensmittelproduktion und der Verzehr in den privaten Haushalten stand in der Tempelwirtschaft der frühen mesopotamischen Stadtstaaten in Abhängigkeit von den Nahrungszuteilungen der dafür zuständigen Beamten. Gerste war ein zentraler Bestandteil des Arbeitslohns. Zwei bis drei Liter Bier bildeten dabei wohl eine verbreitete Regelmenge. Die enormen Mengen für die Grundversorgung der arbeitenden Bevölkerung erforderten eine Überschussproduktion im Bereich der Getreidewirtschaft und vor allem auch eine Professionalisierung des Brauwesens. Da es sich beim mesopotamischen Bier um ein wenig haltbares Getränk handelte, ist davon auszugehen, dass zumindest in den größeren Städten täglich größere Mengen gebraut wurden.

Über den Alltagsgebrauch in der breiten Bevölkerung Mesopotamiens existieren dagegen nur wenige Aufzeichnungen. Ein Grund dafür mag sein, dass Bier in der Ernährung der einfachen Leute derart gängig war, dass man es nicht für nötig hielt, Trinkmengen im häuslichen Bereich schriftlich festzuhalten.[28] Fest steht nur, dass wohl in den meisten Haushalten Bier selbst hergestellt wurde. Die Produktion von Bier gestaltete sich zeitaufwendig. Es scheint daher wahrscheinlich, dass die Arbeit des privaten Brauens nachbarschaftlich geteilt wurde und sich die Familien bei der Produktion gegenseitig abwechselten.[29] Als nahrhaftes Begleitgetränk nahm Bier, oft verdünnt mit kaltem Wasser getrunken, einen zentralen Platz in den täglichen Mahlzeiten ein.[30] Auch bei der Bewirtung von Gästen in den eigenen vier Wänden stand Bier an erster Stelle. In einem altbabylonischen Brief wird der Gastgeber eindringlich erinnert: „Irisu-matum ist zu Dir gekommen. Verweigere ihm kein Bier, nach dem er fragt. Er ist mit leeren Händen gekommen; sei ihm gegenüber nicht respektlos."[31] Dass im Hause des Besuchten ein Vorrat an Bier vorhanden sei, wird einfach vorausgesetzt.

Als Teil der häuslichen Wirtschaft fiel das Bierbrauen in den Aufgabenbereich der Frauen. Es ist kein Zufall, dass das göttliche Patronat über das Bier mit Ninkasi eine Frau innehat. Zahlreiche Schriftquellen der frühen mesopotamischen Kulturen dokumentieren die Bezüge zwischen den Frauen und dem Bier. So auch im bereits erwähnten Epos von Gilgamesch: Dort lebt am Rande der Welt Siduri – eine Bierbrauerin. Die Bedeutung von Frauen als Bierbrauerinnen zeigt auch ein Gründungsmythos der Stadt Kisch aus dem mittleren 3. Jahrtausend v. Chr. Hier ist es Kubaba, die einzige Frau in der sumerischen Königsliste, die von den Göttern ausersehen wird, über Kisch und die Welt zu herrschen. Ihr Beruf – Kneipenwirtin.

Etwa um das Jahr 2000 v. Chr. hatte Babylon eine Führungsrolle unter den Stadtstaaten der Region übernommen. Seine Lage an der schmalsten Landstelle zwischen Euphrat und Tigris bildete die Grundlage für den dynamischen Aufstieg der Stadt zum wichtigen Handelszentrum Mesopotamiens.

Unter Hammurapi (1792–1750 v. Chr.) eroberte Babylon das alte Reich der Akkader im Norden und die südlichen sumerischen Gebiete und gewann so auch die militärische und politische Vorherrschaft über das Zweistromland. Hammurapis Herrschaft zeichnete sich durch ein effizientes Verwaltungssystem auf der Grundlage neuer detaillierter Gesetze und Regularien aus.

Eine besondere Quelle aus dieser Zeit bildet der Codex Hammurapi aus dem 18. vorchristlichen Jahrhundert. Der ausführliche und vollständig bekannte Text umfasst eine Sammlung von Rechtssätzen und Strafmaßen, die die altbabylonische Alltagskultur und das öffentliche Leben ordnen sollte. Nicht zufällig beschäftigt sich die etwa 3.800 Jahre alte Schrift auch mit dem Brauwesen. So hält sie fest, welche Menge Bier den unterschiedlichen Schichten der altbabylonischen Gesell-

Fragment des Codex Hammurapi: Um 1800 v. Chr. hielten Tontafeln die Gesetzgebung des Babylonierkönigs Hammurapi fest. Sie enthielten auch zahlreiche Regelungen zur Abgabe von Bier.

schaft zustanden: Für Arbeiter sah sie zwei Liter vor, für Beamte und Hohepriester dagegen fünf Liter. Weiterhin regelte der Codex Hammurapi den Verkauf und die Produktion von Bier. So war es Schankwirtinnen untersagt, Bier gegen Geld zu verkaufen. Stattdessen hatte ein korrekter Tausch gegen Gerste zu erfolgen – aus der weiter Bier gebraut werden konnte:

> „Wenn eine Schenkin als Bezahlung für Bier kein Getreide annimmt, aber mit einem zu großen Gewichtsstein Geld annimmt, oder/und wenn sie den Handelswert des Bieres im Verhältnis zum Handelswert des Getreides verringert, so soll man diese Schenkin überführen und ins Wasser werfen."[32]

Aufnahme in den Codex fanden auch die zulässigen Bierpreise sowie Qualitätsrichtlinien bei der Bierproduktion. Zudem erfahren wir, dass es Priesterinnen bei Todesstrafe verboten war, derartige Lokale zu besuchen und dort Bier zu trinken.[33] Die Strafen bei Nichtbeachtung waren drakonisch: So sollten Verstöße gegen Qualität geahndet werden, indem der Pantscher in seinem eigenen Bier ertränkt wurde.

Auffällig ist weiterhin, wie der Codex Hammurapi in Bezug auf das Gaststättenwesen ganz selbstverständlich die weibliche Form verwendet. Wir haben es bei den Wirten und Brauern auch hier, in der sumerischen Nachfolgezivilisation des 2. Jahrtausends, weiter vor allem mit Frauen zu tun.[34] Andere Dokumente belegen dies. Der Codex Ešnunna etwa, ein 3.800 Jahre alter Gesetzestext aus altbabylonischer Zeit, reguliert an zwei Stellen das Brauwesen. In beiden Fällen ist in Bezug auf die Brauer spezifisch von Frauen die Rede. Dennoch fällt auf, dass abseits mythologischer Texte im rechtlichen Schriftgut für den öffentlichen Bereich vor allem die Namen männlicher Brauer überliefert sind. Was steckt hinter diesem Ungleichgewicht?

Kein Ort für Priesterinnen: Die Bierschenken des alten Mesopotamien

Der Altorientalist und Ernährungshistoriker Lance Allred erklärt sich diese Diskrepanz durch die Art der Arbeitsteilung in den großen Produktionsstätten der altbabylonischen – und vorher wohl auch der sumerischen – Gesellschaften. Die massenhafte Produktion von Bier erforderte zunächst hohe Ressourcen. Dafür war finanzielles Kapital erforderlich, aber auch soziales Kapital in Form von Handelsnetzwerken. Beides stand in den Gesellschaften Mesopotamiens eher den Männern offen, die so zugleich auch über die höhere Autorität verfügten, Großbrauereien mit Dutzenden von Arbeiterinnen und Arbeitern zu leiten. Es sind diese „Brauereiobmänner", die als männliche Brauer in den Dokumenten der Zeit verzeichnet sind. Das Heer der untergebenen Bierbrauerinnen, die in den Produktionsstätten den eigentlichen Brauprozess leiteten, taucht darin nicht auf.[35]

Wie die Regularien des Codex Hammurapi zum Tavernenwesen zeigen, standen die Kneipenwirtinnen und Bierschänkinnen in nicht allzu hohem Ansehen. Überhaupt galten die zahlreichen Kneipen in den Städten Mesopotamiens eher als zwielichtige Etablissements. Da es Priesterinnen unter Todesstrafe verboten war, sie zu betreten, ist davon auszugehen, dass neben exzessivem Bierkonsum dort auch anderen Ausschweifungen gefrönt wurde. Mit langen Strohhalmen tranken die Zecher hier das trübe, durch Spelz verunreinigte Bier. Ein großer Krug konzentrierten Bieres, das die Trinkenden mit reichlich Wasser verdünnten, kostete dabei laut „Bierpreisbindung" im Codex Hammurapi den Drittel eines Monatslohnes eines Bauern. Auch wenn das Gesetz eine Bezahlung in Form von Gerste erlaubte, war der Kneipenbesuch daher wohl nur den Begüterten möglich. Die Bierschenken Sumers und Babylons waren Orte des Frohsinns und des weltlichen Überschwangs inmitten einer unsicheren Welt, das Bier der Treibstoff von Gelagen und Feiern. So seufzt bereits Gilgamesch bei seiner Begegnung mit der Schankwirtin Siduri: „Nun, Schenkin, habe ich Dein Antlitz erblickt – möchte ich den Tod, den ich fürchte, nicht sehen!"

In der Zusammenschau eröffnen die Quellen für den keineswegs kulturell homogenen Zeitraum des 3. und 2. vorchristlichen Jahrtausends Schlaglichter auf eine frühe Bierkultur. Unbestritten ist dabei die weite Verbreitung des Bieres im Alltag der Gesellschaften zwischen Euphrat und Tigris vom Beginn der schriftlichen Überlieferung an. Mit den ersten Stadtkulturen begann sich der Konsum und die Produktion von Bier auszudifferenzieren. Als Überschussprodukt der frühen Landwirtschaft war es ein statusbezogenes Lebensmittel mit festen Mengen- und Qualitätszuschreibungen. Es entstanden feste Rollen und Reglements im produktionstechnischen, aber auch sozialen Bereich. Bier begann sich die Gesellschaft zu formen.

So standen der Frau als Schankwirtin und Heimbrauerin im ländlichen Kosmos die manufakturmäßig produzierenden männlichen Brauer in den Städten gegenüber. Bier wurde am Beginn der Gastronomie in eigenen Tavernen ausgeschenkt. Als Zahlungsmittel wurde es eine ökonomische Größe in den frühen städtischen Wirtschaftssystemen des Vorderen Orients. Die Funktion von Bier als sozialer Kitt im Rahmen von Festen, Kulten und Feiertagen nimmt hier bereits literarische und rituelle Formen an. Die Trunkenheit vom Bier dient als Erzählmoment zahlreicher Geschichten, mit teils warnendem, teils humorvollem Unterton. Noch nicht einmal die Götter sind gegen die berauschende Kraft des Bieres gefeit. Bier bildet so in den mesopotamischen Kulturen erstmals einen integralen Bestandteil der materiellen, aber auch der geistigen Kultur.

4. Das alte Ägypten

Bier und die Ordnung der Welt

Im Winter 1919/1920 arbeitete Herbert Winlock (1884–1950) in der Nekropole von Theben in Oberägypten. Der Ägyptologe erhoffte sich neue Erkenntnisse zur Regierung Pharao Mentuhoteps II. (2061–2010 v. Chr.),[1] der zu den bedeutendsten Figuren der ägyptischen Geschichte zählt. Nach der vom Bürgerkrieg gekennzeichneten „Ersten Zwischenzeit" vereinte Mentuhotep Oberägypten mit Unterägypten und verband endlich wieder das Niltal mit dem Delta. Der Handel prosperierte im so entstandenen Mittleren Königreich, und es begann eine weitgehend friedliche Zeit.[2]

Winlock setzte für seine Forschung in der Grabkammer des hohen Regierungsbeamten Meketre an. Dieser führte unter Mentuhotep II. zuletzt den Titel des Obervermögensverwalters, eine der höchsten Positionen im Staatswesen jener Zeit. Wohl um sein 70. Lebensjahr verstarb Meketre und fand im Friedhof der elften Dynastie in einer Felswand über Theben seine letzte Ruhe. Überreste von Wandmalereien lassen ahnen, wie prächtig Meketres Grabkammer gewesen sein muss. Als Winlock die seit 1895 erforschte Kammer erneut untersuchte, hatten Räuber das Grab bereits vollständig geplündert.

Winlock bezeichnete seinen Jahrhundertfund als „Glück des Ausgräbers". Denn von den Grabräubern unbemerkt hatte eine kleine Kammer unter dem eigentlichen Grab die Zeit überdauert. Am Abend des 17. März 1920 entdeckten Winlocks Arbeiter darin ein Ensemble von 24 Holzmodellen, die einen außergewöhnlich detailreichen Einblick in die Alltagswelt des Alten Ägypten um 2000 v. Chr. erlaubten. Der sensationelle Fund brachte unter anderem das Modell einer ägyptischen Brauerei zutage. Wie keine andere Quelle entführen uns die etwa 20 Zentimeter hohen, bemalten Holzfigürchen in die Bier- und Braukultur jener Zeit.

Ägyptische Bierbrauer aus dem Mittleren Reich (2040–1785 v. Chr.), Holzmodell als Grabbeigrabe.

Bier und Brot: Das Modell der Brauerei von Meketre

Ähnlich wie in Mesopotamien war die Produktion von Bier auch im Alten Ägypten untrennbar mit der Herstellung von Brot verbunden. Dementsprechend ist der kleine Holzkasten aufgebaut: Auf Meketres Landgut befinden sich die Bäckerei und Brauerei in zwei durch eine Tür verbundenen Räumen. Den linken Teil des Gebäudes nimmt die Brauerei ein. Dort sitzt ein kahlköpfiger Türwächter mit Stab, der von dort aus die Arbeit der ebenso kahl geschorenen anderen Figuren überwacht. Die Szenerie erlaubt eine nahezu vollständige Rekonstruktion des Arbeitsvorganges.

Zunächst zerstampft ein stehender Mann Getreide mit einem langen Stößel in einem Mörser. Das zerstoßene Korn zermahlen zwei kniende Frauen auf einer Handmühle. Aus dem gemahlenen Getreide formen in der Bäckerei zwei Männer mit bemehlten Händen Teigklumpen. In der Brauerei steht ein Mann bis zur Hüfte in einem großen Tongefäß und tritt den Teig dort mit seinen Füßen. Entlang der Wand der Brauerei befinden sich mehrere Fässer, die die Maische aus Teig und Wasser beinhalten. Das Gebräu wird schließlich in die Gefäße an der gegenüberliegenden Wand umgefüllt . Drei sind bereits mit Deckeln aus Ton versiegelt, den vierten füllt ein Brauereiarbeiter gerade unter dem prüfenden Blick des Aufsehers mit dem jungen Bier.

Das Besondere am Modell der Brauerei von Meketres Landgut: Es gewährt uns einen Einblick in die brotbasierte Brautechnik des Alten Ägypten, aber auch in die ägyptische Kultur im Allgemeinen. Im Alten Ägypten bildete *henqet,* das Bier, gemeinsam mit dem Brot einen Grundbestandteil der täglichen Ernährung der Bevölkerung.[3] In unterschiedlicher Qualität konsumierten es Pharaonen ebenso wie Arbeiter, Beamte, Erwachsene und Kinder. Im Papyrus von Ani, einem Textkorpus mit Weisheitsliteratur des Neuen Reiches (1550–1070 v. Chr.), heißt es über eine Mutter: „[sie] schickte dich zur Schule, als du bereit warst, Schreiben zu lernen, und sie wartete jeden Tag zuhause mit Brot und Bier auf dich."[4]

Mit der berauschenden Wirkung des Getränkes waren die Ägypter übrigens durchaus vertraut. So warnt der satirische Text *Anleitung des Dua Khety* aus der Epoche des Mittleren Reiches vor den Folgen des Bierkonsums: „Wenn du drei Laibe Brot gegessen und zwei Krüge Bier getrunken hast, und der Körper hat noch nicht genug gehabt, so kämpfe dagegen."[5] Gebraut wurde im großen Maßstab von professionell und standardisiert arbeitenden Experten ebenso wie im kleinen, zu Hause in den Küchen. Die gewaltige Bedeutung von Bier in der Kultur des Alten Ägypten spiegelt auch seine Funktion als Zahlungsmittel, als Maß- und Mengeneinheit, als Medizin, als Opfer in religiösen Ritualen und als beliebter Bildgegenstand in den Grabmalen der Reichen.[6] Bier bildete den flüssigen Treibstoff und die Basis von Wirtschaft und Gesellschaft.

Der Totengott und das Bier: Mythologie und Gesellschaft

Die Geschichte des Alten Ägypten umfasst eine Zeitspanne von über 5000 Jahren von den frühen landwirtschaftlichen Kulturen des Niltales bis hin zu den vom hellenistischen Kulturkreis geprägten Jahrhunderten der Spätzeit.[7] Zwischen den Pharaonen des Alten Reiches (ca. 2707–2216 v.Chr.) und den Herrschern der 31. Dynastie (um 300 v.Chr.) liegt ein längerer Zeitraum als zwischen der Gegenwart und Christi Geburt. Dennoch existieren einige wenige Konstanten, die das Leben am Nil entscheidend beeinflussten.

Über Jahrtausende prägte der große Strom die Entwicklung der ägyptischen Kulturen und schaffte die grundsätzlichen Bedingungen für Landwirtschaft und die Entstehung gesellschaftlicher Strukturen. Als Verkehrsweg und Lebensader verband der Nil die Mittelmeerküste mit dem Inneren des Landes, Oberägypten mit Unterägypten und schuf so die Basis für ein zentral regierbares Staatswesen mit tragfähiger Infrastruktur und regionaler Gauverwaltung. Die jährlichen Fluten des Nils bildeten die Grundlage für die Ernährung des Reiches. Die fruchtbaren, von Kanälen durchzogenen Ackerflächen westlich und östlich des Stromes garantierten die Versorgung der Bevölkerung mit Getreide. Mit den wichtigsten Sorten Emmer, Gerste und ab der hellenistischen Zeit auch Weizen entwickelte sich Ägypten bereits ab dem 4. vorchristlichen Jahrtausend zur Kornkammer des Mittelmeerraumes und neben Mesopotamien zur zentralen Bierkultur der bekannten Welt. Das Getreide Ägyptens, seine effiziente Verteilung, seine straff organisierte Lagerung durch die staatlichen Instanzen und nicht zuletzt seine gewerbliche, teils in industrieller Größenordnung betriebene Weiterverarbeitung zu Brot, Brei und Bier bildete den Schlüssel zum Aufstieg Ägyptens zu den großen Kulturen des Altertums.[8]

Der Wohlstand des Reiches oblag dem Pharao, dem absoluten Alleinherrscher über Land und Leute. Als Vertreter des Göttlichen auf Erden und Mittler zwischen Mensch und Jenseits war es die Aufgabe des Pharaos, das *Ma'at* aufrechtzuerhalten. Beim *Ma'at* handelt es sich um das zentrale Ordnungsprinzip des Alten Ägypten.[9] Als transzendentes Konzept von Gerechtigkeit und Wahrheit steht *Ma'at* für die gottgegebene Ordnung der Welt. Spätestens ab dem frühen 3. vorchristlichen Jahrtausend etablierte sich die Vorstellung des Pharaos als Hüter des *Ma'at*. Er steht dadurch auch in der Verantwortung seinem Land gegenüber – Hungersnöte oder Naturkatastrophen sind seinem Versagen geschuldet. Auch im *Duath*, dem Jenseits, bleibt das *Ma'at* gültig. Der Verstorbene setzte dort das Leben fort, das er auf Erden geführt hatte.[10] Die Ausgestaltung der Grabstätte hatte so dem Status des Toten zu entsprechen.

Es ist also kein Zufall, dass sich in Meketres Grab spielzeugartige Modelle seiner weltlichen Besitztümer finden: seine Kornspeicher, sein Hofstaat, seine Gebäude und nicht zuletzt sein Brot und sein Bier. So bleibt Meketre auch im Jenseits Teil der Aristokratie, die von Dienern versorgt wird und nicht auf die Speisen der Toten angewiesen ist. In einem Sargtext beharrt der Verstorbene auf seiner weltlichen Ernährung: „Ich esse Brot aus hellem Spelt. Ich trinke von dem Bier aus gelbem Spelt."[11] Oder in einem Kapitel des Ägyptischen Totenbuches: „Ich lebe von Brot aus hellem Weizen, mein Bier ist aus gelber Gerste."[12]

Bier gerät in der Ideenwelt des antiken Ägypten zum Zeichen für ein gutes Leben, zum Symbol von Wohlstand und rechtmäßigem Konsum. Wo Bier getrunken wird, herrscht Ordnung, ist das *Ma'at* im Gleichgewicht. Trotz der Bedeutung des *Ma'at* als kulturellen Wandel eher hemmendes Konzept ist Vorsicht im Hinblick auf die Annahme einer kontinuierlichen Bier- und Braukultur für Ägypten geboten. Durch die intensiven Handelsbeziehungen Ägyptens im Mittelmeerraum und den kulturellen Austausch mit Nachbarstaaten scheint eine einheitliche Bierkultur, die über 2.000 Jahre unverändert blieb, unwahrscheinlich.

Bei der Suche nach den Ursprüngen des Bieres in der Kultur des Alten Ägypten stoßen wir auf die Mythologie. Wie in Sumer betrachteten auch die Ägypter das Bier als Gabe der Götter. Mit dem Thema stehen gleich mehrere Götter des altägyptischen Pantheons in Verbindung. Am bedeutendsten ist die Rolle des Totengottes Osiris. Als Herr der Unterwelt gilt er zugleich als Fruchtbarkeitsgott, aus dem neues Leben erwächst. Osiris, in dessen Mythos von Tod und Wiedergeburt sich die jährlichen Nilfluten, die Aussaaten und Getreideernten spiegeln, bildet so den symbolischen Körper, aus dem das Getreide, das

Rückgrat der altägyptischen Wirtschaft und Gesellschaft, emporwächst. Es ist naheliegend, dass die Glaubenswelt des Alten Ägypten diesen Gott auch mit der Erfindung des Bieres in Verbindung brachte. In einem Totenopfer wird Osiris angerufen: „Komm doch zu diesem deinem Brot, diesem deinem Bier, zu dieser deiner Trankspende, damit du über alle guten Dinge verfügst."[13] Griechische Autoren identifizieren den weit über die Grenzen Ägyptens hinaus bekannten Osiris darum häufig mit dem griechischen Gott des Weines und der Trunkenheit, Dionysos. Noch im 1. vorchristlichen Jahrhundert schreibt Diodor im 20. Kapitel seines Geschichtswerkes *Bibliotheca Historica* über Osiris' Erfindung des Bieres im für Weinbau ungeeigneten Klima Ägyptens:

> „Und so zog Osiris schließlich durch die ganze Welt und bereicherte alle Menschen durch das Geschenk edelster Früchte. Wenn aber ein Land den Weinstock nicht annehmen wollte, dann lehrte er die Einwohner, sich aus Gerste ein Getränk zu brauen, das an Stärke und Wohlgeruch dem Wein fast gleich kam."[14]

Die Antikenrezeption des Humanismus bewahrt im deutschsprachigen Bereich die Erinnerung an Osiris als Erfinder der Braukunst,[15] die heute gerade im populärkulturellen Bereich reüssiert. So produziert die Brauerei Sun King Brewery aus Indianapolis seit einigen Jahren ein „Osiris Pale Ale".[16] Dabei handelt es sich allerdings um kein trübes, ägyptisches Brotbier, sondern ein fruchtig-bitteres, stark gehopftes Pale Ale kalifornischer Prägung. Dass Hopfen im Alten Ägypten weder bekannt war noch im Brauvorgang eine Rolle spielte, tut der modernen Lust auf bittere, klare Biere wohl keinen Abbruch.

An den 5,6 % Alkohol im Osiris Pale Ale hätte auch die Göttin Hathor ihre Freude gehabt. Sie tritt in der ägyptischen Mythologie als Herrin des Bieres auf. In einer Wunschformel heißt es, „möge der Korngott Dir Brot geben und Hathor Bier".[17] Seit der Zeit des Mittleren Reiches zählte die Göttin zu den wichtigen Figuren im altägyptischen Pantheon. Zu ihren Festen konsumierten die Teilnehmer Bier, vermutlich versetzt mit Gewürzen und Datteln. Eine besondere Verbindung Hathors zum Thema Bier offenbart sich im Mythos von der Himmelskuh: Der altägyptische Sonnengott Re zeigt sich erzürnt über den Ungehorsam der Menschen. Er schickt seine Tochter Hathor, um die Menschen zu vernichten. Um die vom Blut berauschte Hathor zu besänftigen und von den noch überlebenden Menschen abzulenken, ließ Re Bier mit Ocker rot färben und auf der Erde ausgießen. Hathor, die das Bier für Blut hielt, trank es: „Ihr Gesicht wurde davon heiter und sie trank, das war angenehm für ihr Herz. Trunken kam sie und konnte die Menschen nicht mehr erkennen."[18] Die Menschheit war durch den Rausch Hathors gerettet.

Motor der Wirtschaft: Die Bierproduktion in der ältesten Brauerei der Welt

Eine Reihe archäologischer Belege spricht für eine sehr frühe Bierkultur im Alten Ägypten. Einen besonders dichten Einblick in das Brauwesen und die Organisation des Braubetriebs vermittelt die Ausgrabungsstätte in Hierakonpolis, südlich von Luxor. Bereits in der prädynastischen Zeit ab 4000 v. Chr. entwickelte sich Hierakonpolis zu einem zentralen Machtzentrum am oberen Nil. Für einen Zeitraum von 600 Jahren, etwa zwischen 3500 und 2900 v. Chr., dominierte die Stadt den Handel und die Industrie der südlichen Landesteile. Auf ihrem Höhepunkt lebten hier gut 15.000 Menschen.

Der Fund mehrerer Braustätten in diesem Gebiet elektrisierte die Forschung. Die Größe der Funde legt dabei nahe, dass die Produktion von Bier und womöglich Getreidebrei das wirtschaftliche Hauptstandbein der Stadt bildete. Bereits um 3500 v. Chr. handelte es sich nicht mehr lediglich um eine häusliche, für den Eigenbedarf betriebene Bierproduktion, sondern um eine straff organisierte, gewerbsmäßige Brauerei. Unter einem Hügel von Keramikscherben inmitten des Industriequartiers von Hierakonpolis fand der Archäologe Jeremy Geller im Jahr 1989 vier Tongefäße.[19] Aufgrund der Tatsache, dass sie mit Feuer beheizt wurden, identifizierte er sie als Maischebottiche nach heutiger Brautechnik. Jedes dieser Gefäße erlaubte eine Füllmenge von mindestens 390 Litern. In jedem einzelnen der vier mit Feuerstellen ausgestatteten Räume auf dem Gelände befanden sich zwischen sechs und 16 dieser Gefäße. Damit verfügte bereits der kleinste Raum mit seinen sechs Amphoren über einen Ausstoß von über 2.000 Litern, was nicht nur die unmittelbare Versorgung der Stadtbevölkerung gewährleistete, sondern überdies auch noch einen erheblichen Überschuss für den Exporthandel verfügbar machte. Mit einem Alter von etwa 6.000 Jahren gilt die Brauerei in der Grabungsstätte HK24A von Hierakonpolis als älteste gewerbliche Brauerei der Welt.

Ähnliche Stätten von vergleichbarer Größenordnung finden sich nur wenig später etwa auch in Abydos, einem Kultzentrum des Bier- und Brotgottes Osiris am westlichen Nilufer oder aus der Zeit der Ersten Dynastie, etwa zwischen 3100–2890 v. Chr. in der Oase und Karawanserei En Besor in der nordwestlichen Negev-Wüste. Hier, entlang der Handelsrouten der ägyptischen Karawanen, sollte nicht nur für eine sichere Übernachtung innerhalb der Mauern der Anlage gesorgt sein. Die Ordnung verlangte es, dass die Reisenden auch auf ihr frisches Bier nicht verzichten mussten.

Angesichts der gewaltigen Mengen produzierten Bieres ist die Frage nach der angewandten Technik der Vergärung dabei besonders interessant. Dass man mit wilden Hefen spontan vergorene, alkoholhaltige Getränke herstellte, scheint angesichts der Professionalisierung und frühen Industrialisierung des Brauwesens in Stätten wie Hierakonpolis unwahrscheinlich. Das Risiko, wertvolles Korn zu verlieren, weil durch unkontrollierte Vergärung eine Charge Bier kippte, war angesichts der produzierten Mengen zu hoch. Heferückstände in Biergefäßen legen nahe, dass spätestens ab 1500 v. Chr. der kontrollierte Umgang mit Hefekulturen bekannt war und in größeren Brauereien berücksichtigt wurde. Aus der späteren, griechisch geprägten Ptolemäischen Epoche ab 330 v. Chr. ist der wichtige Berufsstand des *zytomourghos*, des „Hefemachers", überliefert.[20] Der altägyptischen Bierkultur ist so mit hoher Wahrscheinlichkeit nicht nur eine Pionierrolle in der Professionalisierung des Brauwesens und dem Exporthandel mit Bier zuzuschreiben, sondern auch wesentliche Fortschritte im Verständnis der Hefe und der Vergärungstechnik.

Die lange Tradition der Bierproduktion in Ägypten bestätigen schriftliche Quellen, darunter eine Zeichenfolge für „Bier", die zu den ältesten Hieroglyphen zählt. Etwa seit der frühen dynastischen Periode

(3100–2686 v. Chr.) belegen Handelsschriftgut, Lohnzahlungen, Steuerbelege und Rechnungen, dass Bier schon vor 5.000 Jahren zu den am weitesten verbreiteten Gütern des Reiches zählte.

Eine besondere Stellung kommt dem Bier als Zahlungsmittel zu. Die überwiegend staatlich gelenkte und zentralisierte Lagerung und Verteilung von Getreide spielte auch eine Rolle bei der Entlohnung der Arbeiter und Beamten. Dass sich Angestellte bereits im Alten Ägypten oft ungerecht entlohnt fühlten, zeigt ein Brief aus Deir el-Medinha aus der Zeit um 1200 v. Chr. Ein Mann namens Prehotep beschwert sich darin bei seinem Vorgesetzten, dem Sekretär der Gräberverwaltung, über seinen Lohn:

> „Was ist das für eine schlechte Art wie du mir gegenüber handelst? Ich bin für dich wie ein Esel. Wenn es Arbeit gibt, wird der Esel geholt. Dann wenn es Wehklagen gibt, wird das Rindvieh geholt. Wenn es Bier gibt, dann rufst du mich nicht. Wenn es aber Arbeit gibt, dann rufst du mich. Dann mal unter uns gesagt: Bin ich ein Mann, der schlecht ist im Umgang mit Bier? Veranlasse, dass nach mir gerufen wird (wenn es Bier gibt)! [...] Ich bin ein Mann, der kein Bier in seinem Haus hat! Ich ersuche meinen Bauch zu füllen, indem ich dir schreibe.“[21]

Brotbier aus Strohhalmen: Die ägyptische Sortenvielfalt

Zu den wichtigsten Quellen zählen die Überreste von Bier in Krügen oder Schüsseln. Durch sie lassen sich die Art des Bieres und die am weitesten verbreiteten Brauprozesse im Alten Ägypten rekonstruieren. Im trockenen Klima der Region werden organische Stoffe gut erhalten. Unter dem Elektronenmikroskop offenbart sich, welche Getreidearten, Hefen und Stärken Verwendung fanden. Wird Stärke in Wasser erhitzt, schwellen die einzelnen Partikel an, verschränken sich und gehen ineinander auf. Ist nicht genug Wasser gegeben, schwellen die Stärkepartikel zwar auch an, lösen sich aber nicht komplett auf. So erlaubt die individuelle Struktur und Form der Stärke Rückschlüsse auf die einzelnen Schritte des Brauvorganges und die Vorbereitung des Korns.

Über die Auswertung von Rückständen in über 200 Tongefäßen aus den Arbeitersiedlungen von Deir el-Medina und Amarna konnte die britische Bioarchäologin Delwen Samuel den Brauvorgang in der Zeit von etwa 1550 v. Chr. bis 1307 v. Chr. rekonstruieren.[22] So bestand der erste Schritt des altägyptischen Brauprozesses darin, eine Menge an Korn – in der Regel Emmer, Gerste oder beides – zu teilen. Der eine Teil der Getreidesamen wurde in Wasser zum Keimen gebracht, um so die im Korn enthaltenen Enzyme zu aktivieren. Der andere Teil wurde gekocht, was die Stärke im Korn löste. Im zweiten Schritt wurden die beiden Produkte miteinander vermischt. So hatten die Enzyme des gekeimten Getreides ideale Bedingungen, um die durch das Kochen bereits gelöste Stärke des anderen Getreideteils in Zucker zu verwandeln. Dieses Verfahren eignet sich besonders gut für Umgebungen, in denen die Temperatur während des Brauvorgangs nicht exakt reguliert werden kann und die Stärkeumwandlung dadurch leiden konnte.[23]

Der nächste Schritt sah vor, die verzuckerte Flüssigkeit zu sieben, um so die Spreu aus dem Sud zu filtern. Der Sud selbst vergärte unter Zugabe von Hefe.[24] Die Hefestarterkulturen gewann man womöglich aus dem Schaum eines vorherigen Sudes. Eine Spontanvergärung scheint aufgrund der Menge und Reinheit der Heferückstände in den untersuchten Gefäßen unwahrscheinlich.[25] Das trinkbare Ergebnis bestand wohl aus einem verhältnismäßig trüben Bier mit Ablagerungen von Spreu und winzigen Hülsenfasern.[26]

Der Brauvorgang, wie ihn Delwen Samuel auf der Basis mikroskopischer Untersuchungen rekonstruiert, ist nicht unumstritten. Gemessen an dem langen Zeitraum von über 4.000 Jahren, den die ägyptische Kultur umfasste, ist nicht ausgeschlossen, dass parallel unterschiedliche Brauverfahren oder Biertypen in Gebrauch waren.

Hinweise darauf, dass sich die Bierkultur des Alten Ägypten wesentlich ausdifferenzierter gestaltete, als es mikroskopische Einzelbefunde vermuten lassen, finden sich auch in der künstlerischen Ausgestaltung von Architektur wie Grabmälern oder Tempelanlagen.[27] Zu den frühesten Inschriften zählen die Grabsprüche in den Pyramiden von Sakkara, die bis in die Zeit um 2380 v. Chr. zurückführen. Sie beschäftigen sich minutiös mit der Versorgung der verstorbenen Pharaonen im Jenseits und unterscheiden dabei eine Reihe von Bieren: „dunkles Bier“ etwa,

„eisernes Bier", das „Bier eines Freundes" oder das „Bier eines Beschützers". Die Verwendung von gewürzten und mit Zusatzstoffen versetzten Bieren, wie sie bei religiösen Festen gebräuchlich waren oder aus den Brauereien von Hierakonpolis bekannt sind, legt nahe, dass es sich hier tatsächlich um unterschiedliche Sorten handeln könnte.

Auch skulpturale Kunstwerke wie die Miniatur-Brauerei aus dem Grab von Meketre und die stete räumliche Verbindung von Bäckereien und Brauereien legen alternative Brautechniken nahe, die – ähnlich den mesopotamischen Techniken – auf halbgebackenem Brot basieren.[28] So gehen konventionelle Forschungsmeinungen von einem Brauprozess aus, der auf Sauerteigfladen als Starter setzte.[29] Den Teigling buk der Brauer in einem Ofen nur leicht an, um die enthaltenen Hefekulturen nicht durch zu große Hitze zu zerstören. Im Anschluss zerbröselte man die angebackenen Brotlaibe und spülte sie über Siebe in Bierbehälter. Dort vergärte das Brotbier dank der Hefe im Teig. Eine weitere Quelle für Hefe und Aroma bestand womöglich in der Zugabe von Dattelmus, dessen Zucker zugleich einen Nährstoff für die Alkoholproduktion bildete. Nach der Abfüllung in mit Ton versiegelte Gefäße gärte das Bier noch einige Tage nach und klärte sich während dieser Zeit auch. Getrunken wurde es mit einem Strohhalm. Das Ergebnis dieses Verfahrens wird ein trübes Bier mit teils sämiger Konsistenz gewesen sein, dessen Alkoholgehalt je nach Lager- und Gärdauer erheblich schwanken konnte. Die Biersorten, die dem altägyptischen Getränk dieser Brauweise heute am nächsten kommt, sind wohl die nährstoffreichen sudanesischen und südägyptischen *Bouza*-Biere[30], die nach nahezu identischer Brautechnik aus halbgebackenem, angefeuchteten Bierbrot gefiltert und vergoren werden.

Ein Problem in der Interpretation von Grabbeigaben oder Wandmalereien besteht darin, dass sie durch die Brille der modernen Brautechnik interpretiert werden. Das kann zu Missverständnissen führen. Zum anderen vermitteln die erhaltenen Kunstwerke zum überwiegenden Teil lediglich einen Blick auf die Bierkultur der gehobenen Bevölkerungsschichten und Trinkgewohnheiten während religiöser Zeremonien oder Begräbnisfeierlichkeiten. Inwieweit diese Darstellungen auf die breite Bierproduktion zu übertragen sind, muss kritisch beleuchtet werden.[31]

Professionell und verstaatlicht: Ägypten rationalisiert sein Brauwesen

Unser Wissen über die Bierkultur verdichtet sich in der Spätzeit der altägyptischen Reiche ab etwa 664 v. Chr. und besonders in der hellenistischen Ptolemäischen Epoche der letzten drei Jahrhunderte vor der Zeitenwende. Die sich verändernde Bierkultur spiegelt dabei umfassende Veränderungen im ägyptischen Staatswesen und in seinen Beziehungen zu den Nachbarnationen wider. Die Gesellschaft wurde neu geordnet, traditionelle Vorstellungen und Lebensweisen wurden sukzessive abgestreift. Das *Ma'at* gerät unter dem Druck des kulturellen Austausches ins Wanken.

Von entscheidender Bedeutung für die kleine Globalisierung der ägyptischen Kultur während des 1. vorchristlichen Jahrtausends erwiesen sich die Verlagerung des Machtzentrums in das mittelmeernahe Sais, der Aufbau einer Flotte mit zahlreichen griechischen und phönizischen Söldnern und besonders die Eroberung des Landes durch die Perser nach der Schlacht bei Pelusion im Jahre 525 v. Chr. Noch tiefgreifendere Umwälzungen im Bereich des Handels und der Ernährungskultur erfassten Ägypten nach der Eroberung durch Alexander den Großen im Jahr 332 v. Chr. und der damit einhergehenden direkten Anbindung an den griechischen Kulturraum, bevor das Land ab 30 v. Chr. als Provinz *Aegyptus* zur Kornkammer des Römischen Reiches wurde.[32]

Die Veränderungen spiegeln sich in der zunehmenden Konkurrenz von Bier und Wein innerhalb der altägyptischen Gesellschaft. Wenngleich Wein durch die frühesten schriftlichen und archäologischen Quellen für Ägypten vielfach belegt ist, war Bier quer durch die Jahrhunderte das Getränk Nummer Eins in breiten Bevölkerungsschichten. Die Gründe liegen in den klimatischen und geographischen Bedingungen des Alten Ägypten, die vor allem den Anbau von Getreide ermöglichten. Weinbau stellte dagegen nur eine regionale Landwirtschaft im Norden des Landes, nahe des Nildeltas dar. Als entsprechend kostbar galt daher Wein. Wein war das Getränk begüterter Schichten, das bei herausragenden religiösen Festen konsumiert wurde. Ab dem 6. Jahrhundert v. Chr. änderte sich das Bild.

Besonders durch den Handel mit dem griechischen Kulturraum und der späteren direkten Anbindung durch die Ptolemäer etablierte sich die Weinkultur über den Nilhandel immer stärker auch in anderen Teilen des Landes.[33] Athenaios von Naukratis (Ende 2./Anfang 3. Jh.) zitiert den Gelehrten Dio von Alexandria (1. Jh. v. Chr.) in seinem Werk *Deipnosophists I, 34B* mit den Worten:

> „Die ägyptische Oberschicht war dem Wein sehr zugetan und trunksüchtig; also wurde ein Weg gefunden, denen, die sich keinen Wein leisten konnten, Abhilfe zu schaffen, nämlich, jenes aus Gerste Hergestellte zu trinken; diejenigen, welche es tranken, waren so beschwingt, dass sie sangen, tanzten und sich in jeder Hinsicht wie mit Wein gefüllte Personen verhielten."[34]

Dennoch blieb Ägypten bis in die römische Zeit ein Land des Bieres. Von Pelusium, einer Stadt am östlichen Nilarm, versorgte Ägypten den gesamten Mittelmeerraum und Vorderen Orient, in späterer Zeit sogar Rom, mit Bier. Gleichzeitig schienen die Ägypter auch Durst auf fremde Biere zu haben. So bildete Pelusium in der Spätzeit des Reiches den zentralen Hafen für Bierimporte aus Kleinasien.

Mit der ptolemäischen Herrschaft über Ägypten ging eine weitere Professionalisierung einher. Das Brauwesen der Zeit wurde verstaatlicht und steuerlich reguliert. Anhand der in Kupfer bezahlten Steuerbelege der größeren Brauereien werden die gewaltigen Produktionsmengen der ägyptischen Spätzeit offenkundig. In Ptolemäischer Zeit etablierte sich zudem eine hierarchische und gewerbsmäßige Organisation der Brauberufe. Neben dem bereits erwähnten „Hefemacher" stoßen wir auf die Bezeichnungen *zytopoios* (Brauer) oder *zytopolion* (Bierhändler). Hohe Beamte im Bereich des korporativ organisierten Brauwesens waren auch der „Inspektor der Brauerei" oder der „Königliche Bierinspektor".[35]

So viel Begeisterung für einen vergorenen Gerstensaft stieß in der griechischen Kultur und später auch bei den Römern auf Verwunderung. Der bedeutendste Historiker der griechischen Antike, Herodot von Halikarnassos (490–424 v. Chr.), schreibt in seinem Hauptwerk *Historien* über die Ägypter: „Da sie keine Weinstöcke im Land haben, trinken sie einen aus Gerste hergestellten Wein.“[36] Es überrascht daher nicht, dass das ägyptische Bier in dieser Epoche der Regulierung, Neuordnung und gegenseitigen kulturellen Durchdringung auch seinen Namen erhält. Im Wortbestandteil *zythos,* der stets in Verbindung mit den Berufen des Brauwesens auftaucht, verbirgt sich ein Begriff für „schäumen“. Zuerst stoßen wir bei Theophrastos von Eresos (371–287 v. Chr.), einem Schüler des Aristoteles, auf diesen Namen. Er bezeichnet damit „jene Getränke, welche aus faulenden Früchten zubereitet wurden, wie jene hergestellt aus Gerste und Weizen“.[37] Während der hellenistischen Epoche geriet der Begriff *zythos* zum Wort für das ägyptische Bier schlechthin. Wir benutzen es auch heute noch. Denn die Wurzel *zyme* (Bier-Sauerteig) findet sich im heutigen Begriff *Enzym* wieder.[38]

5. Nord gegen Süd?

Bier als kultureller Indikator der antiken Welt

Deutschland im Juli 2003: ein politischer Eklat. Der italienische „Lega Nord“[1]-Politiker Stefano Stefani, seines Zeichens Staatssekretär für Tourismusangelegenheiten im italienischen Industrieministerium, bezeichnete in seiner Parteizeitung „La Padania“ die Deutschen als „supernationalistische Blonde“, die im Sommer „lärmend über unsere Strände her[fallen]“. Die Deutschen seien „Herrenmenschen und Biertrinker“.

Ein bemerkenswerter Sachverhalt: Die harmlose Bezeichnung „Biertrinker“ steht plötzlich auf einer Ebene mit Zuschreibungen wie „Herrenmenschen“ oder „supernationalistischen Blonden“. Bezeichnet ein Deutscher einen anderen Deutschen als „Biertrinker“, ist das wohl kaum als Beleidigung zu verstehen. Aus dem Munde Stefanis hingegen wohnt dem Wort eine eindeutig negative Assoziation inne. Während in Deutschland Bier mit Bedeutungen wie Bodenständigkeit, Ursprünglichkeit oder Reinheit versehen ist, scheint es – überspitzt formuliert – für einen Italiener wie Stefani das niveaulose Rauschmittel grobschlächtiger Barbaren aus dem Norden zu sein.

Hinter diesen Zuschreibungen verbirgt sich freilich mehr als nur eine touristische Dissonanz. Das Getränk verweist auf eine Traditionslinie, die die Kulturen des Mittelmeerraumes von jenen auf der Nordseite der Alpen trennt. Bier gerät zur europäischen Kulturscheide: Sie trennt nicht allein Südeuropa vom Norden, sondern offenbar auch die Zivilisation von der Barbarei.

Ernährung eignet sich besonders gut, um das Eigene vom Fremden abzugrenzen. Jeder Mensch auf der Welt ernährt sich. Gleichwohl essen und trinken wir nicht wahllos, sondern folgen dabei unsichtbaren Regeln, Traditionen und Moden. Diese Normen schlagen sich in Geboten, Verboten und kulturellem Druck nieder. Unser Ernährungsverhalten bleibt auch in Zeiten starker Globalisierung und Individualisierung überraschend stabil. „Nirgends sind die Volksstämme conservativer als wo es Mund und Magen gilt, und der Geschmack eines

Volkes in der Zunge ist viel unwandelbarer als sein Kunstgeschmack“[2], schrieb der Volkskundler Wilhelm Heinrich Riehl bereits 1848 in seiner Beschreibung der Pfälzer.

Als besonders hartnäckig erweist sich dieser Geschmackskonservatismus dort, wo einzelne Speisen und Getränke zu regionalen, religiösen oder nationalen Symbolen kulturell überhöht erscheinen. Noch langlebiger erweisen sich Stereotypisierungen, die ganze Nationen mit einem bestimmten Nahrungsmittel in Verbindung bringen: die Amerikaner und ihr Hamburger, die Engländer und ihr Tee oder eben die Deutschen und ihr Bier. Sie dienen als populäre Markierungen, das Eigene vom Fremden über vermeintliche Charakteristika im Ernährungsverhalten zu scheiden.

Stereotypisierungen wie jene der biertrinkenden Deutschen oder der mediterranen Weintrinker verfügen trotz aller Verkürzungen über einen handfesten Kern. Den Unterschieden im Trinkverhalten liegen reale Ernährungstopographien zugrunde, die sich etwa über das kollektive Trinkverhalten einer kulturellen Gruppe, deren Trinknormen und Getränkepräferenzen umgrenzen lassen.[3] So entstehen großräumige, geographisch wie historisch determinierte Ernährungslandschaften, die sich durch charakteristische Parameter unterscheiden. Für Europa stellt der italienische Historiker Massimo Montanari dem Modell einer mediterranen Küche mit der hohen vegetarischen Komponente von Brot, Wein, Oliven und Öl die Küche der germanischen Welt des (Schweine-)Fleisches, der Butter und des Bieres entgegen.[4] Diese Unterscheidung von Nord und Süd gewinnt besonders im Mittelalter, im Aufeinandertreffen der mediterranen Welt mit der jenseits der Alpen, an Dynamik. Sie etablierte trotz zahlreicher Gemeinsamkeiten der beiden Ernährungskulturen, wie etwa Schinken, eine kulinarische Trennlinie, die bis heute gewissen Bestand hat.[5]

Dass das Bier und das nördliche Ernährungsmodell aus mediterraner Perspektive bis heute oft negativ besetzt sind, führt Montanari auf die antiken Wurzeln der unterschiedlichen Ess- und Trinkkulturen zurück. Hinter dem Ernährungssystem von Griechen und Römern zum einen und dem der Kelten und Germanen zum anderen erscheinen zwei divergierende Verständnisse von Zivilisation. Die Trennlinie innerhalb der römisch-antiken Welt offenbart sich besonders in der Bewertung von Natur und Kultur. Hier die *civitas*, die Stadt, der kultivierte Boden, der *ager*, das bearbeitete Land. Dort der *saltus*, der unbearbeitete Boden, die Wildnis und der Wald als Raum des Ausgegrenzten, Abseitigen und Wilden.

Diese Trennung findet sich auch in der Ernährung. So erscheint die Ess- und Trinkkultur der römischen Welt in der Eigensicht als verfeinert, als aktiv „entwickelt“: Das aus dem Anbau von Getreide gebackene Brot, das mit hohem technischen Aufwand gewonnene Öl und der Wein geraten zu einem symbolisch überhöhten kulinarischen Dreigestirn zivilisatorischer Potenz. Dem gegenüber steht in der Fremdsicht als Antithese die stereotypisierte Esskultur der Germanen. Eine Ernährung bestehend aus dem, was die Natur hinterlässt: Viehzucht, Milch und gefallenes Obst: „Die Kost ist einfach: wildes Obst, frisches Wildbret oder geronnene Milch“[6], berichtet der römische Historiker Tacitus. Sogar zum Einfetten und Kochen seien die Germanen auf ein tierisches Produkt angewiesen, die Butter. Auch nähmen sie keinen Wein zu sich, ihr Getränk sei lediglich ein „Saft aus Gerste und Weizen, der durch Gärung eine gewisse Ähnlichkeit mit Wein erhält“.[7] Stand das Bier bei den Kulturen Mesopotamiens als Signum für Sesshaftigkeit, ja für die Zivilisation schlechthin, so kehrten sich in der griechisch-römischen Welt die Verhältnisse ins Gegenteil: Bier wird zum Getränk der Barbaren. Bei derartig klar formulierten Fremd- und Selbstbildern ist aus kulturhistorischer Perspektive stets Vorsicht angebracht. Nur selten decken sich die Realitäten des tatsächlichen Konsums mit obrigkeitlich vermittelten Idealen oder tradierten Stereotypen.

Ganz besonders gilt dies für das kulturell äußerst heterogene Gebiet der antiken griechischen und römischen Welt. Über mehrere Jahrtausende hinweg gestaltete sich der Mittelmeerraum als hochdynamische Kontaktzone zwischen Nord und Süd, zwischen Ost und West.[8] Daher ist ein genauerer Blick notwendig: Wie viel Bier steckte tatsächlich in den Amphoren der antiken griechischen Welt, wie viel konsumierten die unterschiedlichen Nationen des Römischen Reiches in realiter? Welchen Einfluss hatten die „Barbaren“ und ihr Bier auf die Ernährungskulturen und den Handel im Mittelmeerraum? Lässt sich die tradierte Kulturscheide von Nord und Süd in Anbetracht des realen Konsums überhaupt aufrechterhalten?[9]

Unter der Herrschaft des Dionysos: Wein schlägt Bier

Die ausgeprägte Bierkultur im Alten Ägypten bringt das klare Modell einer mediterranen Küche ins Wanken. Zählte Ägypten nicht auch zum mediterranen Raum und exportierte dennoch über seine Häfen das Bier hektoliterweise ins antike Griechenland und in späterer Zeit nach Rom?

In den schriftlichen Überlieferungen zu Kulturkontakten von Griechen und Ägyptern stoßen wir auf zahlreiche Aussagen zum Thema Bier – in der Regel aus der Perspektive der Griechen verfasst. Als Projektionsfläche und Vergleichsmoment dient dabei gewöhnlich der eigene Weinkonsum. So schreibt Herodot von Halikarnassos (ca. 490–424 v. Chr.) bereits im 5. Jahrhundert v. Chr. in seinem Hauptwerk *Historien* über die Ägypter: „Wein bereiten sie aus Gerste.“[10] Diese nüchterne Formulierung offenbart eine Grundvoraussetzung der griechischen und später römischen Trinkkultur: Im Gegensatz zu den Kulturen Mesopotamiens und später Ägyptens ermöglichten die Böden und klimatischen Bedingungen weder in Griechenland noch in der römischen Welt eine nennenswerte Überschussproduktion von Getreide. Der Anbau von Weizen auf der Apenninhalbinsel diente vorrangig der Ernährung, Gerste fand mit hoher Wahrscheinlichkeit lediglich als Tierfutter Verwendung. Nicht Bier, sondern Wein bildete daher für beide Kulturen das wirtschaftlich interessantere Getränk.[11] Über den Weinhandel erschlossen sich griechische, später römische Kaufleute bereits ab dem späten 2. Jahrtausend v. Chr. ein Handelsnetzwerk, das von den Küsten Iberiens und Nordafrikas bis ins heutige Indien reichte. Es ist somit zunächst die ökonomische Potenz von Wein als Wirtschaftsgut, die zu einer Marginalisierung des Getränkes Bier führte.

Für den späteren griechischen Kulturraum galt diese klare Kulturscheide nicht immer. In minoischer Zeit, um das Jahr 2200 v. Chr., fand wahrscheinlich eine Art von Bier zumindest auf Kreta weite Verbreitung, wie archäologische Funde vermuten lassen. Jüngere Funde aus Chania aus der Mitte des 2. vorchristlichen Jahrtausends deuten darauf hin, dass neben Gerstenbier auch eine Art Honigmet und Wein getrunken wurden.[12] Es ist nicht weiter ungewöhnlich, dass sich die klare

Wein-Bier-Trennung gerade in der minoischen Kultur auflöste. Bei den Minoern handelte es sich um eine vorgriechische Bevölkerungsgruppe, die wohl bereits ab dem 4. vorchristlichen Jahrtausend aus Kleinasien in die Ägäis eingewandert war. Die sozial hochdifferenzierte Kultur der Minoer auf Kreta verfügte über eine außergewöhnlich effiziente Seemacht mit Handelskontakten im gesamten Mittelmeerraum und Orient. Der direkte Austausch mit den großen Kulturen in Mesopotamien und Ägypten äußerte sich auch im Bereich der Ernährung. Besonders im Bier offenbart sich der Einfluss der großen benachbarten Bierkulturen Kretas auf die Trinkgewohnheiten der Minoer.

Ähnlich wie etwa 1000 Jahre später im Ägypten der hellenistischen Ära vollzog sich mit dem Vordringen der mykenischen Griechen in das alte minoische Herrschaftsgebiet um das 15. vorchristliche Jahrhundert ein Paradigmenwechsel im Bereich der Trinkkultur. Mit der ägyptisch und vorderasiatisch beeinflussten Kultur der Minoer ging auch das Getränk Bier nahezu vollständig unter. Im Verlauf der folgenden Jahrhunderte verschwand es offenbar nicht nur aus der Trinkkultur der Mykener und ihrer griechischen Nachfolgenationen, sondern auch aus deren Bewusstsein. Als das Bier ein halbes Jahrtausend später im 7. vorchristlichen Jahrhundert in den klassischen griechischen Quellen wieder auftaucht, galt es nun ausschließlich als Getränk der Fremden, der Barbaren, der Nachbarvölker. Dionysos, der Gott des Weines, hatte mit den griechischen Mykenern die Herrschaft in der Ägäis und auf der Peloponnes übernommen.

„Saufen wie die Thraker": Die Wiederentdeckung des Gerstensaftes

In literarischen Quellen verweist das Wort *brutos* auf die „Wiederentdeckung“ des Bieres durch die Griechen. Die Herkunft des Begriffes ist ungesichert, womöglich hat er mit der Art der Herstellung des Getränkes zu tun. Die indoeuropäische Wurzel des Wortes ist wohl heute noch in „brauen“ und „Brühe“ oder im englischen *„to brew“* zu finden. Damit deutete *brutos* auf einen wichtigen, noch heute gebräuchlichen Schritt der Bierherstellung hin, nämlich das Maischen. Bei *brutos* handelte es sich aller Wahrscheinlichkeit nach um ein recht trübes Bier auf der Grundlage von Gerstenmalz.

Einer der frühesten literarischen Belege zum Thema Bier in der klassischen Antike der griechischen Welt findet sich bei Archilochos von Paros (680–645 v. Chr.).[13] Auch Archilochos, der als Lyriker unter anderem für seine beißenden Schmäh- und Spottgedichte bekannt war, verwendet dabei das Wort *brutos*. In einem besonders derben Vers vergleicht er vermutlich das Fellatio einer Dirne mit dem Schlürfen der Thraker von Bier: „Wie'n Thraker oder Phryger durch den Strohhalm schlürft das Bier, so tat sie; vorgebeugt kriegt sie was ab."[14] Bei den Thrakern handelte es sich um eine Ethnie indoeuropäischen Ursprungs, die seit spätestens dem 2. Jahrtausend v. Chr. zwischen Schwarzem Meer und Balkan, etwa im Gebiet des heutigen Bulgarien und Rumänien, siedelte. Die hochgewachsenen, oft rothaarigen und blauäugigen Thraker galten ihren direkten südlichen Nachbarn, den Griechen, als trinkfeste, derbe Menschen mit einer Vorliebe für Tanz und Lyrik. Archilochos hatte als Soldat bei mehreren Kriegszügen die Thraker mit hoher Wahrscheinlich selbst kennengelernt. Das *brutos* der Thraker war so ab dem 7. vorchristlichen Jahrhundert stellvertretend für Bier in den literarischen Quellen der Zeit zu finden. Bis sich die Kontakte der griechischen Welt mit den Ägyptern verstärkten, blieb *brutos* in seiner Verbindung zu den Thrakern und den nördlichen Nachbarethnien Griechenlands der zentrale Begriff für Bier als dem Getränk der Barbaren. „Saufen wie ein Thraker" kursierte als geflügeltes Wort.

Der von Archilochos in so pikanter Weise erwähnte Strohhalm gibt einen Hinweis darauf, wie *brutos* konsumiert wurde. Ähnlich wie die trüben mesopotamischen Brotbiere erforderte der Gerstensaft der Thraker eine Filterung durch Trinkrohre. Archäologische Funde belegen diese Technik zur selben Zeit, dem 7. vorchristlichen Jahrhundert, auch für die kleinasiatischen Phryger. Noch weiter östlich scheinen auch die Armenier ihr *brutos* auf diese Weise genossen zu haben. Eine besonders anschauliche Schilderung bietet der griechische Historiker und Feldherr Xenophon (430–355 v. Chr.). In seinem Geschichtswerk *Anabasis* beschreibt Xenophon den Feldzug des persischen Thronanwärters Kyros gegen seinen Bruder, den Großkönig Artaxerxes II., und streut immer wieder ethnographische Beobachtungen zu den Ernährungsgewohnheiten der unterschiedlichen Länder ein. So berichtet Xenophon vom armenischen „Gerstenwein", dem die Einheimischen in ihren Wohnungen zusprachen: „Man fand auch Weizen, Gerste, Hülsenfrüchte und Gerstenwein (Bier) in Mischkrügen. Die Gerste selbst ging darin bis an den Rand, und es lagen deshalb größere und kleinere Rohrhalme darin, welche keine Knoten hatten. Diese mußte man, so oft man Durst hatte, in den Mund nehmen und sog. Derselbe war sehr stark, wenn man nicht Wasser zugoß. Für den, der sich daran gewöhnt hatte, war das Getränk äußerst angenehm."[15]

Auffällig ist in der Beschreibung, dass Bier dem hochgebildeten, weitgereisten Athener Xenophon offenbar unbekannt war. Getrunken wurde es – nach mesopotamischer und thrakischer Art – mit Strohhalmen, was einen hohen Anteil von Spelz nahelegt. Auch die Stärke des unverdünnten Trunks beeindruckte den wohl verdünnten Wein gewohnten Xenophon ganz offensichtlich. Nach der ersten Gewöhnungsphase empfindet er das Getränk sogar als „äußerst angenehm". Von einer offenen Ablehnung des „Barbarentrunks" kann hier also nicht die Rede sein.

Ab dem 5. Jahrhundert v. Chr. beginnen die Ägypter aus der Sicht der Griechen, die Thraker langsam als „Biertrinkernation" abzulösen.

In den Bezeichnungen *brutos*, die besonders das Bier der nördlichen und östlichen Länder, der Thraker, Päonier oder Armenier bezeichnete, und dem *zythos* Ägyptens offenbart sich in der Folge eine Sensibilität für unterschiedliche Bierstile und Brausorten. Hier das aus gemaischtem Malz hergestellte Bier der Barbaren im Norden, dort das Brotbier der Nachbarn im Süden. In der griechischen Literatur finden sich von nun an aber auch zahlreiche kritischere Passagen.

Für Schwächlinge und Arme: Bier verliert seinen guten Ruf

Mit dem Vordringen der Mykener in den früheren Herrschaftsbereich der Minoer verdrängt der Wein das Bier im östlichen Mittelmeerraum. Dieser Machtwechsel äußert sich mythologisch in der Figur des Gottes

Dionysos, der bereits früh als Gott des Weines, bisweilen auch als Gott des Honigweines, verehrt wurde. Bier – egal ob *brutos* oder *zythos* – zählte dagegen nicht zu seinem Portfolio. Dionysos nimmt auch in Mythologie, Drama und Lyrik die Position des Weingottes gegenüber den biertrinkenden Rauschgöttern der Thraker und der übrigen Nachbarn ein. Wein und Bier werden dadurch auch in der Glaubenswelt gegeneinander in Position gebracht.

Als mögliche Erinnerung an das Vordringen des Weinbaus und -konsums in Gestalt des Weingottes Dionysos in Thrakien lassen sich einzelne Belege in der fast vollständig verlorenen Dramen-Tetralogie *Lykurgeia* des bedeutenden Dramatikers Aischylos (525–456 v. Chr.) deuten.[16] Die wenigen erhaltenen Stellen schildern, wie der thrakische König Lykurgos den jungen Dionysos wegen des Weinkonsums als „weiblich und verweichlicht" verspottete und diesen gewaltsam aus seinem Reich vertrieb. Nachdem dies vollbracht war, trank Lykurgos *brutos* und prahlte mit seiner Männlichkeit.

Eindeutig ist: Die Perspektive auf das Bier kehrt sich ins Negative. Aischylos schildert den Biertrinker Lykurgos als Frevler an Dionysos. Bier gerät zum Gegensatz der dionysischen Weinkultur und wird mit einer Reihe wenig vorteilhafter Charaktereigenschaften in Verbindung gesetzt. Das Prahlerische, das Hochmütige, die Selbsttäuschung sind nun Attribute des Biertrinkers. Diese Opposition der Biertrinker gegenüber Dionysos zieht sich in der Folge durch die griechische Literatur und findet so auch Eingang in die römische Vorstellungswelt – auch in christlicher Zeit gibt es noch Hinweise darauf.

Ein weiteres Argument ist bei Aischylos vorformuliert: Die Frage nach der Männlichkeit beziehungsweise Weiblichkeit des Bierkonsums. Er entwickelt diesen Gedanken in seiner Tragödie *Die Schutzflehenden*. Das Stück bringt das Bierland Ägypten gegen das griechische Argos in Position. Die Geschichte handelt von den Töchtern des Danaos, die aus Ägypten vor einer Zwangsverheiratung mit den Söhnen des Ägyptos fliehen. Ägyptos schickt seine Söhne nach Argos, um die Geflohenen zurückzugewinnen. Erfolglos – der Herold von Pelasgos schickt sie mit folgender Beleidigung zurück nach Ägypten: „Als rechte Männer sollt ihr dieses meines Reichs Bewohner sehn, nicht ärmlich, gerstenmostberauscht."[17]

Als berauscht vom Gerstenmost, also als Biertrinker, werden die Ägypter hier geschmäht. Die Botschaft: Legt euch nicht mit Argos an, denn wir trinken kein Bier, wir sind tüchtige Krieger – wir sind Männer. Die zweite Assoziation „ärmlich" ist ebenfalls in Zusammenhang mit dem Schimpfwort Biertrinker zu sehen, galt Bier den Griechen doch zugleich als Getränk der ländlichen, ärmeren Bevölkerungsteile. Auch diese Gleichsetzung von Bier mit Armut zieht sich quer durch die griechische Kultur und findet in römischer Zeit noch Niederschlag. Berühmt ist die abfällige Bemerkung Ciceros über die *faex populi*, die „Hefe des Volkes", in Bezug auf die ärmeren Bevölkerungsteile Roms.

Über das Wesen des Bieres: Die Argumente der Weintrinker

Woher stammt diese merkwürdige Assoziation von Bier, Weiblichkeit und Schwäche in der Vorstellungswelt der griechischen und später römischen Antike? Einen Ansatz bieten die medizinischen Lehren der Zeit, vor allem der Humoralpathologie. Wahrscheinlich bereits in Ägypten bekannt, fand die „Säftelehre", wie sie der berühmte griechische Arzt Hippokrates von Kos (460–370 v. Chr.) vertrat, ihren Weg in die Naturwissenschaft. In römischer Zeit entwickelte der Arzt Galen von Pergamon (130–200 n. Chr.) die Lehre weiter. Die Humoralpathologie geht von der Annahme aus, die Gesundheit, der Körper, aber auch der Charakter eines Menschen würden von unterschiedlichen Körpersäften bestimmt. Meist sind es vier Säfte, die Hippokrates vier Organen zuordnete. Jeder dieser vier Säfte – gelbe Galle, schwarze Galle, Blut und Schleim – verfügten demnach über bestimmte Qualitäten. So galt die schwarze Galle als kalt und trocken und wurde mit dem Herbst assoziiert, wohingegen Blut als warm und feucht mit dem Frühling in Verbindung stand. Eine weitere Assoziation bestand darin, Hitze und Trockenheit mit dem männlichen Körper zu verknüpfen und Kälte und Feuchtigkeit mit dem weiblichen.

Laut der Humoralpathologie ist aber auch das Wesen von Lebensmitteln durch die vier verschiedenen Säfte und ihre Qualitäten bestimmt. In dieser Vorstellung stand Wein für Hitze und Trockenheit, also für Männlichkeit. Bier dagegen galt – so halten es die späteren Werke von Galen fest – als kaltes, feuchtes und demnach weiblich besetztes Getränk.[18] Ausgehend von dieser Lehre entstanden weitere Querbezüge zwischen Rausch und Getränk. Aristoteles (384–322 v. Chr.), ebenfalls Anhänger der Säftelehre, sah einen Bezug zwischen der Qualität eines Getränkes und dem Trinkenden. So beeinflusste das „heiße" Getränk Wein besonders Männer, weniger die „kalten" Frauen.

Neben geographischen, wirtschaftlichen und medizinisch-geschlechtsspezifischen Gründen für die Geringschätzung von Bier stößt man in der Vorstellungswelt der griechischen Antike auch auf eine charakteristische Philosophie des Trinkens. Besonders deutlich offenbart sich die kulturelle Wertsetzung der Zeit bei Platon (428–348 v. Chr.). In seinem staatstheoretischen Spätwerk *Nomoi* lässt Platon drei Greise – einen Kreter, einen Spartaner und einen Athener – die Vorzüge und Nachteile unterschiedlicher Staaten diskutieren. Als Leitidee für ein gesundes Staatswesen dient Platon dabei der Gedanke der Mäßigung. Maßvoller Genuss im Alltag, so argumentiert der Athener gegenüber dem rigiden, enthaltsamen Spartaner, böte einen Schutz vor dem Exzess in Situationen des Überflusses. Als Negativbeispiel nennt Plato die Trinksitten der Skythen und Perser, der Karthager, Kelten, Iberer und Thraker. Die Barbaren würden im Übermaß unverdünnten Alkohol genießen und ihn am Ende über ihre Kleider verschütten. Demgegenüber steht das maßvolle athenische Symposium, geleitet von einem nüchternen Vorsteher.

Platons *Nomoi* legen zudem nicht nur unterschiedliche Trinkgewohnheiten von Barbaren und Griechen offen. Sie versehen diese gleichzeitig mit einer moralischen Wertung. Die Kulturscheide verläuft einmal mehr zwischen den weintrinkenden Griechen und ihrem maßvollen Alkoholkonsum zum einen und den biertrinkenden, exzessiven Barbaren zum anderen. Letztere unterliegen dabei klar einer moralischen Abwertung anhand Platons Ideal der Mäßigung.[19] Lediglich bei Barbaren gelte jener als Mann, der im Exzess essen und trinken könne.

Im Brauvorgang selbst findet sich schließlich ein letztes Argument für die Grenzziehung zwischen Barbarei und Zivilisation. In der griechischen und später römischen Welt herrschte eine weit verbreitete

Skepsis gegenüber Gärungsprozessen. So schreibt Theophrastos von Eresos, ein Schüler Aristoteles', in seiner *Naturgeschichte der Gewächse* über das ägyptische Bier: „Sie verwandeln sogar Produkte, die sie genötigt haben, von ihrer gesunden Natur abzuweichen und ein wenig zu verfaulen, in trinkbare Säfte, so wie jene, die aus Gerste und Weizen einen Wein bereiten oder das sogenannte zythos in Ägypten."[20] Auffällig erscheint hier die Formulierung, das Bier sei „von seiner gesunden Natur abgewichen". Dahinter verbirgt sich die Vorstellung, das Getreide würde während des Gärprozesses verrotten und sterben. Diese Auffassung des Verdorbenen findet sich in zahlreichen Aussagen zum Thema Bier in griechischer und römischer Zeit. Dass Hefe auch in der Weinproduktion wirksam war, entzog sich offenbar der Kenntnis der griechisch-römischen Welt.[21]

Fassen wir zusammen: Die Geringschätzung von Bier in der griechischen und später römischen Antike zeichnet sich bereits ab dem 5. Jahrhundert v. Chr. ab. Vor allem entlang der Getränke Wein und Bier formulieren Autoren wie Aischylos und Platon eine Kulturscheide zwischen Griechen und Barbaren. Die kulturellen Differenzen basieren dabei auf einem ideengeschichtlichen Komplex von Argumenten und Voraussetzungen. Zunächst erweisen sich die klimatischen und geographischen Verhältnisse in Griechenland und Italien als ungünstig für den Anbau von Getreide. Wein ist das bestimmende Wirtschaftsprodukt, Bier erfährt dagegen eine Marginalisierung. Am Bier entzünden sich mythologische Konflikte. Bier steht im symbolischen Widerspruch zu Dionysos, dem Gott des Weines. Ausgehend von medizinischen Vorstellungen der Zeit wird Bier mit spezifischen Qualitäten belegt. Es steht für Weichlichkeit und Weiblichkeit. Ausschlaggebend für die Skepsis der griechisch-römischen Welt sind auch Vorbehalte gegenüber vergorenen Lebensmitteln, die mit Verdorbenheit in Verbindung gebracht werden. Dies alles trägt zu einer Abgrenzung gegenüber den biertrinkenden Nachbarnationen bei. Unterschiedliche Trinkphilosophien – Mäßigung versus barbarischer Exzess – zementieren die kulturelle Trennlinie. All diese Motive ziehen sich über die römische Kaiserzeit bis ins europäische Frühmittelalter und bestimmen den Bierdiskurs bis heute mit – in Reden italienischer Politiker ebenso wie auf den „nordisch" designten Etiketten südlicher Biere.

Jenseits der Stereotype: Die Trinkkultur der Kelten und Germanen

Werfen wir auf dieser Grundlage einen Blick nach Norden, auf die vermeintlichen „Barbaren" selbst. Wir müssen dabei mangels anderweitiger Schriftquellen den Aussagen der griechischen und römischen Autoren vertrauen. Deren Fremdperspektive auf die ihnen suspekten, hochgewachsenen Stämme des Nordens zeichnet dabei nicht selten das Bild einer „barbarischen" Trinkkultur, das mit Vorsicht zu betrachten ist. Die klimatischen und geographischen Gegebenheiten nördlich der Alpen verlangten den bierbrauenden Völkern eine grundlegend andere Brautechnik ab, als sie in den heißen Ländern Mesopotamiens oder in Ägypten gebräuchlich war. Das Darren des Getreides konnte im feuchteren und kühleren Klima des Nordens nicht mehr auf den Dächern der Häuser oder allein durch die Kraft der Sonne erfolgen. Es erforderte Feuer und effiziente Dörrtechniken, da zudem die Ernteerträge weitaus magerer ausfielen als in den Ländern des Südens.[22]

Etwa zur gleichen Zeit, als sich die griechischen Mykener zur vorherrschenden politischen Macht in der Ägäis und auf der Peloponnes entwickelten, begann sich im frühen 1. Jahrtausend eine Reihe von Kulturen nördlich der Alpen zu formieren. Unter der Bezeichnung „Kelten" verbreiteten sich diese sprachlich und kulturell verwandten Ethnien bis zur Zeitenwende über nahezu das gesamte Europa. Um Christi Geburt fanden sich Kulturen keltischer Prägung von Anatolien über den Alpenraum, Frankreich, Spanien bis hin zu den britischen Inseln. Der Begriff Kelten erscheint als *keltoi* zum ersten Mal in den *Historien* Herodots und bezeichnet eine Reihe von Völkern zwischen Süddeutschland und dem heutigen Marseille, der damaligen griechischen Kolonie Massilia. Der einheitliche Name, der in seiner indoeuropäischen Wurzel wohl am wahrscheinlichsten mit „die Mächtigen" oder „die Hochgewachsenen" zu übersetzen ist, verschleiert dabei die kulturelle Heterogenität der von antiken Autoren als „keltisch" bezeichneten Stämme.

Trotz aller Verwandtschaften, die sich sprachwissenschaftlich, archäologisch und auch in der Mythologie nachweisen lassen, unterschieden sich die Lebensweisen der Kelten zwischen Böhmen und Iberien, zwischen Alpenraum und Irland teils deutlich. Ebenso sind die frühen nordalpinen Kulturen der Hallstattzeit (ca. 800–500 v. Chr.) kaum mit den stark romanisierten Kelten im südlichen Frankreich um die Zeitenwende gleichzusetzen. Diese kulturelle Heterogenität spiegeln ihre Trinkkultur und im Speziellen ihr Bierkonsum deutlich wider. Doch gerade in der Art, wie sich im Kontakt mit der griechisch-römischen Welt die Konsumgewohnheiten verändern und teils an den südlichen „Standard" anpassen, eröffnet sich einmal mehr die kulturelle Wein-Bier-Schranke in aller Deutlichkeit. Ausgerechnet die Kelten – in der populären Auffassung oft die antiken Biertrinker schlechthin – werden so unter dem Einfluss der mediterranen Welt zu begeisterten Weinfreunden.

Unser Wissen über die Bierkultur der keltischen Stämme der Eisenzeit und Antike gründet im Wesentlichen auf zwei Fundamenten: Zum einen verraten uns archäologische Funde von Gerätschaften, Geschirr und Getreiderückständen etwas über die Ernährungskultur der keltischen Kulturen. Zum anderen überliefert eine Reihe antiker schriftlicher Quellen, oft Ethnographien oder frühe Reiseberichte, lebendige Eindrücke von deren Lebensweisen – allerdings stets gefiltert durch die kulturelle Brille und die Normen der griechischen und römischen Autoren. So berichtete etwa Poseidonios, das kalte Klima verhinderte, dass die keltischen Länder Wein und Öl hervorbrächten. Die bedauernswerten Kelten seien deshalb gezwungen, Bier zu trinken.

Tatsächlich finden sich bereits in der frühesten Zeit der keltischen Ära zahlreiche Hinweise auf eine ausgeprägte Alkoholkultur. Ein außergewöhnlicher Fund ist dabei der Löwenkessel von Eberdingen-Hochdorf, der zu den Beigaben eines Fürstengrabes nahe dem württembergischen Hochdorf zählte. Der gewaltige, mit Löwen verzierte Bronzekessel fasst rund 500 Liter und wurde in Teilen wohl aus der Gegend des heutigen Neapel importiert. Reste von Pollen und Wachs deuten darauf hin, dass der Kessel zum Zeitpunkt des Begräbnisses 350 Liter auszugärenden Honigweins enthielt.[23]

Auch deutliche Hinweise auf Bierproduktion und -konsum finden sich in Hochdorf. Inmitten einer dörflichen Siedlungsstruktur legten Archäologen eine Reihe von fünf bis sechs Meter langen, etwa einen

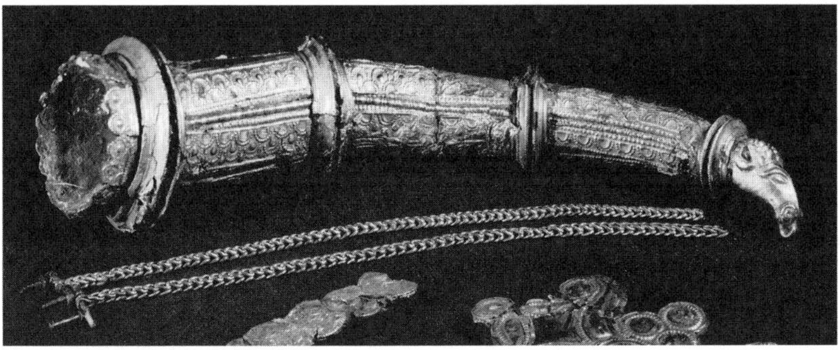

Goldenes Trinkhorn mit Bronzekern (Länge des Horns: 15 cm).
Hallstattkultur, 6. Jahrhundert v. Chr.

Meter tiefen Gruben im Boden frei. In den Gruben stießen die Forscher auf eine große Menge verkohlter, planmäßig angekeimter Gerstenkörner, teils zehn bis 15 Zentimeter hoch aufgeschüttet – eine Menge, die den üblichen Hausgebrauch bei Weitem überstieg. Die Archäologen deuteten diesen Fund daher als antike Brauerei, die für die ganze Siedlung Bier produzierte.

Qualitätssprung: Bier aus dem „Hochdorfer Keltenbräu"

Der Brauvorgang erscheint überraschend modern: In den feuchten Gräben wurde die Gerste zunächst auf Flechtmatten zum Keimen gebracht. Die Keimung des Grünmalzes vollbrachten die keltischen Brauer, indem sie es auf einem Holzaufbau direkt über den Gruben verteilten. In den Gruben schürte man nun ein Feuer, das – wie eine moderne Darre – den Keimungsvorgang des Grünmalzes stoppte und es röstete. Ein heikler Vorgang, denn der Grad der Röstung über dem offenen Feuer ließ sich nur sehr schwer steuern. Das Ergebnis des Darrens bestand wohl aus einer Mischung zwischen sehr stark geröstetem dunklen Malz, das sich nahe an der Flamme befand, und helleren Malzen. Die Brandspuren und Verkohlung des gefundenen Grünmalzes erklären sich die Archäologen durch ein Brandunglück. So deutet vieles darauf hin, dass die Darre während des Dörrvorgangs Feuer gefangen hatte. Ziegel, die sich in den Gruben zwischen dem verkohlten Malz befanden, zeigen, dass die keltische Malzdarre wohl vor feuchtem Klima geschützt mit einem Dach gedeckt war.

Das Grünmalz aus den Keim- und Darranlagen des „Hochdorfer Keltenbräus“ unterzogen die Forscher in der Folge einer Reihe von Versuchen. Sie zeigten, dass es sich dabei um hochwertiges Malz handelte, das der Qualität modernen Braumalzes weitgehend entspricht. Das geröstete, haltbar gemachte Malz konnte in geschlossenen Gefäßen bis zur Weiterverarbeitung gelagert werden. Der Maischvorgang fand wohl in größeren Holzgefäßen statt. Geeignete Keramik konnte am Fundort nicht nachgewiesen werden. Da ein Brauen über offenem Feuer mit den Holzgefäßen nicht möglich war, gaben die keltischen Brauer erhitzte Steine in die Maische. So erreichten sie die für das Maischen notwendige Temperatur von 50–67 °C. Die fertige, abgekühlte Würze unterlag nun einem unkontrollierten Gärvorgang, der aus mit Heferesten kontaminierten Braugerätschaften oder der Zugabe von Honig oder Früchten startete. Ein kontrollierter Einsatz von Hefekulturen scheint unwahrscheinlich. Die Funde in Hochdorf liefern zudem Belege für die Zugabe von Geschmacksträgern in den Sud. Was modernen Bieren der Hopfen ist, war den Brauern von Hochdorf eine Reihe von Kräutern. Beifuß und wilde Möhre waren als Aromatikum in den Suden nachzuweisen. Gerade Beifuß übernimmt im Herstellungsprozess eine wichtige Rolle. Das Kraut verleiht dem Bier durch seine Bitterstoffe nicht nur eine herbe Note, sondern trägt auch zu seiner Haltbarkeit bei.[24]

Das flüssige Ergebnis, das sich aus den Hochdorfer Funden rekonstruieren lässt, legt ein Bier nahe, das dem Geschmacksempfinden heutiger Gaumen wesentlich näherkommt als die schwachen, breiigen Brotbiere Mesopotamiens und Ägyptens. Das qualitativ hochwertige Malz ermöglichte zunächst einen Alkoholgehalt von bis zu 5 % – vergleichbar mit einem modernen Lager, Pils oder Weißbier. Die Röstung des Malzes über offenem Feuer dürfte für eine ähnliche Räuchernote gesorgt haben, wie sie in modernen Rauchbieren zu finden ist. Für eine Karamellisierung des Zuckers und damit eine Karamellnote im Bier sorgten die glühend heißen Steine, die in die Maische gegeben wurden.

Der bittere Beifuß bot dazu einen geschmacklich interessanten Ausgleich, während die obergärigen Hefen für eine altbierartige Struktur des leicht säuerlichen Trunks sorgten. In seiner Konsistenz dürfte das Keltenbier von Hochdorf allerdings wesentlich trüber ausgefallen sein als moderne, gefilterte Biere.[25] Dennoch stellte die in den Brauereien nördlich der Alpen produzierte Qualität einen gewaltigen Sprung im Vergleich zu den Brotbieren des Südens dar. Unverdünnt getrunken, wie es griechische Autoren berichten, dürfte es durchaus berauschend gewirkt haben.

Während des 5. Jahrhunderts v. Chr. vollzieht sich südwestlich des keltischen Kerngebietes in Süddeutschland und den nördlichen Alpen ein weiterer kultureller Wandel. In direktem Kontakt zu den Kulturen des Mittelmeerraumes avanciert die nach ihrem Fundort benannte La-Tène-Kultur zur prägenden Zivilisation des keltischen Europa. Die Träger dieser Kultur im Gebiet der Westschweiz und des heutigen Frankreich begegnen uns als Gallier in den Schriften römischer Autoren. Der kulturelle Austausch mit Griechen, Etruskern und später Römern brach sich nicht nur in der charakteristischen Ornamentik der La-Tène-Zeit eine Bahn. Auch die Trinkkultur, besonders in den südgallischen Gebieten, begann sich unter dem mediterranen Einfluss zu verändern. Wie zuvor auf Kreta oder bei den thrakischen Stämmen machte sich Dionysos, der Gott des Weines, in der vormals von Bier und Met geprägten Trinkkultur der Kelten breit.

Ein Hinweis auf die Übernahme von Wein durch die bier- und mettrinkenden Kelten Galliens findet sich in einer Sage, die ins Jahr 400 v. Chr. zurückführt. In dieser Zeit fielen gallische Stämme wiederholt auf Raubzügen in Italien ein. Laut der Sage lockte ein etruskischer Fürst namens Arruns von Clusium die Kelten mit Weinlieferungen nach Italien, wo sie aus Gier nach dem neuen Getränk die Stadt eines Rivalen plündern sollten. Dionysios von Halikarnassos (54–7 v. Chr.), ein griechisch-römischer Historiker, berichtet von der Episode: „Die Kelten [keltoi] in jener Zeit kannten keinen Traubenwein oder Öl, wie es bei uns vom Olivenbaume stammt, sondern tranken einen Wein aus Gerste, die in Wasser verrottete, einen übel-riechenden Saft."[26] Die abwertende Aussage des Dionysios verdeutlicht nicht nur die bekannte Abneigung der Griechen und Römer gegenüber dem Gärprozess, sondern deutet an, dass im vierten vorchristlichen Jahrhundert langsam die Weinkultur in Südgallien Fuß fasst.[27]

Dennoch verdrängt der Wein das Bier auch in Südgallien noch bis in spätrömische Zeit nicht völlig. Wein und Biere existieren parallel. Wein bildete dabei ein Luxusgetränk der gehobenen Stände, Bier das Alltagsgetränk der breiten Bevölkerung und der Armen. Was das Bier angeht, schien es unterschiedliche Qualitätsstufen zu geben. Der Historiker und Philosoph Poseidonios (135–50 v. Chr.), der selbst Südgallien bereiste, unterscheidet das höherwertige, in der Produktion aufwendiger gewürzte Weizenbier *zythos* vom Gerstenbier *curma:* „[D]as Getränk der Oberklasse ist importierter Wein aus Italien oder Marseille. Die Mittelklasse trinkt Weizenbier mit Honig [zythos], aber die meisten [Unterklasse] trinken einfaches Bier, das curma genannt wird. Sie benutzen einen Becher gemeinsam, trinken daraus in kleinen Schlucken, nicht mehr als einen Mund voll, aber sie trinken regelmäßig."[28]

Die Übernahme der mediterranen Trinkkultur auf der iberischen Halbinsel gestaltete sich wesentlich langsamer als in den südgallischen Provinzen. Auch nach der weitgehenden Eroberung Hispanias durch Rom im Jahre 197 v. Chr. blieben die keltiberischen Stämme dem Gerstensaft treu. Ähnlich gestaltet sich die Situation entlang der Grenzen der nördlichen keltischen Länder. Bedeutende Zentren der Bierherstellung befanden sich entlang der Mosel und in Nordgallien. In Trier, ursprünglich eine Gründung der keltischen Treverer, existierte wohl sogar eine Zunft der Bierhersteller, was auf eine Professionalisierung des Brauens in der spätkeltischen Zeit zumindest im Bereich der Städte hindeutet.

In der Zusammenschau werden die keltischen Nationen ihrem Ruf als handfeste Trinker gerecht. Die Konsummengen alkoholischer Getränke, die sich aus archäologischen Funden rekonstruieren lassen, scheinen enorm. Das Weizenbier *zythos, cerevisia* oder *cerea* galt dabei dem ungewürzten Gerstenbier *camum* als überlegen. Der kostspielige, importierte Wein war dagegen vor allem das Getränk der Oberschicht. Weniger klar verläuft die zivilisatorische Trennlinie durch die Welt von Kelten einerseits und Griechen und Römern andererseits. Während die südgallischen Stämme bereits früh mit Wein in Kontakt kamen, blieb Bier in anderen Regionen, etwa im heutigen Spanien sowie einem Gürtel, der vom Rhein über Belgien bis nach Britannien reichte, und besonders entlang der Grenze des Imperiums zu Germanien das bedeutendste Alltagsgetränk. So beginnt sich hier eine zweite stereotype Kulturscheide auszuprägen: das weintrinkende Frankreich im Westen und die biertrinkenden Deutschen im Osten.

Widerspenstige Barbaren: Die Germanen bleiben beim Bier

Ins Bewusstsein der mediterranen Welt traten die germanischen Stämme des Nordens erstmals im 2. vorchristlichen Jahrhundert. Die Kimbern, Teutonen und Ambronen brachen wohl unter dem Einfluss klimatischer Veränderungen und Missernten von ihren Siedlungsgebieten im Nord-/Ostseeraum nach Gallien auf. 113 v. Chr. und 105 v. Chr. fügten sie römischen Truppenverbänden empfindliche Niederlagen zu, bevor sie 102 v. Chr. von Gaius Marius bei Aquae Sextiae (dem heutigen Aix-en-Provence) besiegt und zurückgeschlagen wurden. Die Furcht vor den hochgewachsenen Kriegern aus dem Norden geriet in der Folge zu einem Trauma im kulturellen Gedächtnis Roms. Die Germanen, eigentlich ein heterogener Verbund kulturell und sprachlich verwandter Stämme, nahmen bald die Rolle des Hauptgegners des Imperiums ein.

Vielleicht wäre die Geschichte des Bieres in Europa ohne die germanische Widerspenstigkeit anders verlaufen. Während Rom mit seiner Weinkultur sukzessive Gallien, Spanien und andere Provinzen „zivilisierte", verweigerten sich die Stämme Germaniens dem als „weiblich" empfundenen Trunk des feindlichen Imperiums. In seinem bekannten Geschichtswerk *De Bello Gallico* dokumentierte Caesar diese Ablehnung des Weins durch die Germanen: „Kaufleute hätten zu ihnen keinen Zutritt; sie ließen es nicht zu, dass Wein und die übrigen Luxusgüter zu ihnen eingeführt würden, weil sie meinten, durch diese Waren erschlaffe ihr Gemüt und ihre Tapferkeit ließe nach. Es seien wilde und sehr tapfere Krieger und verhöhnten und beschuldigten die übrigen Belgerstämme, sie hätten sich dem römischen Volke ergeben und die vaterländische Tapferkeit fallengelassen."[29]

Die zivilisatorische Linie zwischen Süd und Nord, zwischen der Fleisch-, Butter- und Bierernährung der Barbaren und der mediterranen Wein-, Öl- und Brotkultur verläuft im 1. Jahrhundert unserer Zeitrechnung entlang des Rheins und der Donau an den Grenzen des Römischen Imperiums.

Tacitus äußert sich zum Bier der Germanen in seiner *Germania* aus dem Jahr 98 n. Chr. wie folgt: „Als Getränk dient eine Flüssigkeit aus Gerste oder Weizen, in eine gewisse Aehnlichkeit mit Wein umgefälscht.“[30] Tacitus folgt in seiner Darstellung der germanischen Kultur weiter einem mediterranen Ideal der Mäßigung. Das Barbarentum der Germanen äußere sich unter anderem in ihrer Liebe für ausschweifende Gelage und ihrer Gier nach alkoholischen Getränken. Tacitus schlägt schließlich sogar vor, die Trunksucht der Germanen militärisch gegen sie zu verwenden.

Ob die germanischen Stämme des Nordens die Technik vergorener Getreidegetränke selbst entwickelt oder von den keltischen Nachbarn, zu denen intensive Handelsbeziehungen bestanden, erlernt hatten, lässt sich heute kaum rekonstruieren.[31] Hinweise auf eine Übernahme des Getränks und der Malztechniken von den Kelten eröffnen sich zunächst in den unterschiedlichen Biersorten. Wie Tacitus berichtet, verfügten die germanischen Stämme ebenso über Gersten- und Weizenbiere, womöglich auch über Haferbiere. Für einen Austausch mit den Kelten spricht darüber hinaus eine Übernahme von deren Bierwürzen. Mit Eichenrinde und Honig als Gärungsstartern vermutlich in Holzgefäßen gebraut, dürfte das germanische Bier jenem, das etwa in Hochdorf gebraut wurde, sehr geähnelt haben.

Trotz der wohl guten Qualität des Barbarentrunks hegten römische Autoren noch immer Skepsis gegenüber dem Getränk. Im ersten Jahrhundert schimpft der griechische Arzt Dioskurides über das Bier, *zythos* schlage auf die Nieren, die Sehnen und besonders auf die Haut. Zudem führe es zu Blähungen, schlechten Stimmungen und Missbildungen. Der einflussreiche Mediziner Galen übernahm diese Einschätzungen und begründet die Blähungen mit der alten Auffassung, es handele sich ja um verrottetes Getreide.

Mit der Verbreitung des Christentums im Römischen Reich unter Kaiser Konstantin (270–337) gelangten diese Vorbehalte nach Norden.

Die Lehrer und Literaten der jungen Kirche transportierten die antike Philosophie der Mäßigung noch bis in die Zeit des frühen Mittelalters. Die Ausbreitung der Bierkultur in Europa verhindern sie freilich nicht. Nach dem Untergang Roms im späten 5. Jahrhundert geben die germanischen Stämme das Getränk der „Barbaren“ über den gesamten Kontinent weiter. Über die christlichen Klöster als Zentren von Wissenschaft und Technik eroberte das althochdeutsche *bior* die germanische Welt als „Bier“. Im Norden, wohin die Macht der Klöster weniger reichte, blieb das angelsächsische *ealu* bis heute im britischen „Ale“ oder dem skandinavischen „Öl“ erhalten.[32]

Der Kontakt zwischen der mediterranen Welt der Griechen und Römer mit den „Barbaren“ führt sich im Übergang der Antike zum Frühmittelalter im Kontakt der christlichen Welt mit der „heidnischen“ fort. Erneut tritt so die alte zivilisatorische Trennlinie zwischen der exzessiven Trinkkultur des Nordens und dem Maßhalten der antiken Philosophie klar zu Tage. Sie tradiert sich im Motiv des versoffenen Deutschen, des rauen, urtümlichen Nordmannes bis heute.[33]

Zwischen Trinkhalle und Taverne: Bierkonsum im Alltag

Wahrscheinlich ebenfalls unter keltischem Einfluss entwickelte sich die Festhalle der germanischen Stämme zum wichtigsten Ort für Feste und rituelle Trinkgelage. Als sozialer Kitt spielte Bier bei diesen Zusammenkünften eine bedeutende Rolle. Gleichzeitig diente das Getränk als Opfergabe und Gegenleistung im Rahmen religiöser Gelübde und rechtlicher Angelegenheiten. Aus dem germanischen Begriff *gildi* für Trinkgelage dieser Art gehen die Begrifflichkeiten Gilde und Geld hervor. Die germanische Mythologie spiegelt die Bedeutung des gemeinsamen Gelages eindrucksvoll wider. Die Walhalla, die Festhalle der ehrenvoll gefallenen Krieger, mit ihren gewaltigen Bierkesseln als Mittelpunkt des Zusammenseins steht für die soziale Ordnung und Trinkkultur der germanischen Welt.[34]

Die Qualität des germanischen Bieres und der keltischen Biere Nordgalliens und Raetiens blieb auch den Römern nicht verborgen.

Cervesarii, Bierhändler, exportierten die keltischen und germanischen Biere in großen Mengen nach Rom. Plinius der Ältere gibt in seiner Naturgeschichte einen Überblick über die unterschiedlichen Getränke der einzelnen Nationen im Imperium Romanum. So nennt er für Ägypten *zythum*, für Spanien *caelia* und *cerea* und für Gallien das bekannte *cerevisia.*[35] Diese Biersorten finden sich gut 100 Jahre später auch in einem Rechtsdokument des bedeutenden Juristen Domitius Ulpian (gest. 223). In seinen *Digesten* unterscheidet er das aus Weizen, Gerste und Brot hergestellte *zythum* von den Getränken *camum* und *cerevisia.*[36]

Einen zentralen Faktor bei der Verbreitung des Bieres im Imperium bildete die römische Armee. Neben den römischen Bürgern in den Legionen formierte sich das Heer Roms mit der Ausdehnung des Imperiums immer stärker auch aus *Auxiliares*, den Hilfstruppen aus unterworfenen Gebieten. Germanische Truppen wurden nach Britannien verlagert, britische Auxiliares ins heutige Baden-Württemberg – und sie alle nahmen ihr Lieblingsgetränk mit auf dem Weg durch das gewaltige Reich.

Im kulinarischen Kontakt zwischen Rom und den germanischen Kulturen verbreitete sich so eine weitere Innovation nördlich der Alpen. Mit den Grenzen des Imperiums wanderte auch der Typus der römischen Gaststätte immer weiter nach Norden. Überall, wo römische Legionslager, Kastelle, Städte, Siedlungen und Straßen entstanden, entwickelte sich rasch ein ausdifferenziertes, kommerzielles Gaststättenwesen. Hier, in der *taverna* des antiken Rom, wurden nicht nur die teuren Weine des Südens, sondern vor allem auch das *cervisia* der eroberten Gallier und der germanischen Nachbarn an ein multikulturelles Publikum verkauft.[37]

Die berühmten Wandmalereien aus den Tavernen von Pompeji zeugen von einer ausgelassenen, teils exzessiven Stimmung. Es gibt kaum einen Grund anzunehmen, dass die Atmosphäre in den Tavernen des Nordens nicht ähnlich hemmungslos war. Getrunken wurde das Bier aus eigens genormten Bechern, in die gut ein Sextarius Bier (0,54 Liter) passte – wesentlich mehr als in ein Weingefäß – oder direkt aus einer eigens gefertigten Bierflasche, einer *lagona*. Ein witziger Fund wurde 1867 in Paris entdeckt. Hier kam eine antike Ringflasche mit Inschrift zutage: „Wirtin, füll' die Flasche mit Bier!“[38]

Das Bier, das die Tavernen ausschenkten, wurde oft direkt in den Siedlungen um die römischen Kastelle gebraut. Teils zunftmäßig organisierte Bierhändler verkauften das Bier aus kleinen Braustätten, wo nicht selten Frauen das Bier produzierten, an die Offiziere, die es an ihre Truppen mit Aufschlag weiter verkauften. Das Höchstpreisedikt (301) von Kaiser Diokletian (236–312) dokumentiert die deutlichen Preisunterschiede zwischen Wein und den verschiedenen Biersorten.[39] Ein Sextarius Bier kostete in Rom etwa die Hälfte der gleichen Menge Wein, in Ägypten sogar nur ein Viertel. Während ein halber Liter Landwein in dieser Zeit mit acht Denaren zu Buche schlägt, sind für das hochwertigere Weizenbier *cervisia* vier Denare fällig. Das brotige *zythos* der Ägypter ist bereits für zwei Denare zu haben. Ein einfacher Legionär, der im frühen 3. Jahrhundert pro Jahr etwa 600 Denare Sold sowie etwas Fleisch, Brot, Öl und Wein an Naturalien ausbezahlt bekam, musste so für eine Halbe Weizenbier knapp zweieinhalb Tagessolde einplanen. Für das ägyptische Brotbier war immerhin noch ein Tagessold fällig.

Nicht zu vergessen ist, dass die breite Bevölkerung außerhalb der Städte als bäuerliche Selbstversorger in weitgehender Mangelwirtschaft lebte. Dies gilt sowohl für die griechische Zeit als auch für die römische und germanische Welt. Wenn wir in der Gegenwart die griechisch-römische Trinkkultur leichtfertig mit Wein assoziieren und die Germanen und Kelten vorschnell mit ihrem Bier identifizieren, vergessen wir, dass für den überwiegenden Teil der Bevölkerung dieser Zeit ein anderes Getränk im Alltag überragte: das Wasser. Bier und Wein – so verbreitet sie als zivilisatorische „Aushängeschilder“ ihrer jeweiligen Kultur dienten, stehen dahinter deutlich zurück. Dies würde sich auch im Übergang zum frühen Mittelalter nicht ändern.

6. Rückkehr des Archaischen

Bier im frühmittelalterlichen Europa

Um das Jahr 610 war der irische Wandermönch Columban von Luxeuil (540–614) im Alpenraum als Missionar unterwegs. Am Bodensee wohnte er einem befremdlichen Ereignis bei, von dem sein Biograph Jonas von Bobbio wenige Jahre später berichtete. Obwohl das zum Frankenreich gehörende Gebiet von den zum Christentum konvertierten Merowingern beherrscht wurde, waren die Glaubensvorstellungen der germanischen und keltischen Welt dort noch weit verbreitet. Und so geriet der Wandermönch bei Bregenz in ein ausschweifendes Fest, das die dort ansässigen Alemannen zu Ehren des germanischen Gottes Odin abhielten. Den Mittelpunkt bildete ein riesiges Gefäß, volkssprachlich *cupa* genannt, das randvoll mit Bier gefüllt war. Auf Nachfrage erfuhr der Kirchenvertreter, dass die Anwesenden das Bier opfern, sprich: nach dem Abhalten bestimmter Riten selbst trinken wollten.

Jonas hätte die Episode kaum in seine Biographie aufgenommen, wenn es nicht eine Pointe gegeben hätte: „Als Columban von dem abscheulichen Vorhaben hörte, blies er das Gefäß an, und wunderbarerweise barst es krachend und zerfiel in Stücke." Das Bier ergoss sich auf den Boden, das heidnische Fest war vorbei, und viele der Alemannen waren so ergriffen, dass sie sich unmittelbar taufen ließen.[1] Diese Geschichte führt im Typus die antike Kulturscheide zwischen Barbaren und nunmehr christlicher Zivilisation fort: Sie kündet von einer archaischen Welt, in der eine fremde, maßlos anmutende Bierkultur eine bedeutende Rolle spielte.

Das Imperium Romanum hatte im Gegensatz dazu ein organisiertes Staatswesen sowie gewisse Grundmuster der Wirtschaft vorzuweisen, die es nicht nur in der Bodenseeregion verbreitet hatte: Wo römisches Militär war, dort waren auch römische Verwaltung sowie römische Bier- und Weinkultur. Seit dem 2. nachchristlichen Jahrhundert allerdings geriet die festgefügte Struktur Roms unter Druck. Die Markomannenkriege (166–180 n. Chr.) konnte Rom zwar gewinnen, aber die germanischen Verbände formierten sich an der nördlichen und vor allem der östlichen Grenze des Imperiums neu und zunehmend schlagkräftig. In der Folge fiel Rom im 3. Jahrhundert in einen Zustand permanenter Krise. Die Völkerwanderungszeit, die etwa von 375 bis 568 n. Chr. dauerte, warf ihre Schatten voraus.[2] Die europäische Alltagskultur befand sich in einer tiefgreifenden Transformationsspirale, bei der zwei Faktoren sich wechselseitig beeinflussten: Zum einen veränderte sich das Klima und damit die Landwirtschaft. Zum anderen hinterließ die Auflösung des Römischen Reiches ein kulturelles Vakuum. Aus antiken und germanischen Elementen entstand daraus schließlich die Kultur des Mittelalters. Ein geordnetes Staatswesen wich einer fluiden, tribal organisierten Struktur.

Wie sich Brauwesen und Trinkkultur in dieser Übergangsphase gestalteten, ist schwer zu rekonstruieren – aufgrund seiner Nachrichtenarmut hatte man jener Epoche nicht umsonst das Attribut „dunkel" verliehen. Nur wenige literarische Quellen geben Hinweise, sodass es schwache Striche sind, mit denen an dieser Stelle eine Skizze gewagt werden kann.

An der Wende von der Antike zum Frühmittelalter sank die Durchschnittstemperatur in Europa. Das Getreide wuchs schlecht, vor allem in den Mittelgebirgen und im Norden. Ein massiver Bevölkerungsrückgang und große Bevölkerungsverschiebungen waren die Folgen. Diese Entwicklungen wirkten sich auch auf den Bierkonsum aus: Aufgrund des kälteren Klimas wurde Weinbau nördlich der Alpen kaum mehr betrieben. Bierartige Getränke erlangten eine Monopolstellung unter den wenigen zur Verfügung stehenden Alkoholika. Gleichzeitig können wir aber davon ausgehen, dass insgesamt auch das Volumen des gebrauten Bieres deutlich zurückging.[3]

Die Agrarproduktion war derart labil, dass es nicht immer genug Getreide gab, um die Bevölkerung stabil zu ernähren. Das Getreide für den Brauprozess war erst recht limitiert. Bier war mengenmäßig begrenzt und nur temporär verfügbar. Erschwerend kam hinzu, dass die im Römischen Reich geregelte Vorratshaltung über weite Strecken zusammengebrochen war. All diese Faktoren bewirkten, dass Bier in Mitteleuropa vom erschwinglichen Alltagsgetränk zum Luxusprodukt wurde. Faktisch dürfte in dieser Zeit vor allem Wasser getrunken worden sein.

Wenn überhaupt Bier getrunken wurde, dann wohl so gut wie ausschließlich in Gemeinschaft und von Männern gehobener Schichten. Der Konsum von Bier war rituell aufgeladen und rückte in die Nähe des religiösen Kultus.

Von heutigen Bieren unterschied sich das Getränk im Frühmittelalter dabei erheblich. Ähnlich war nur das Prinzip der Herstellung: Mehlhaltige Getreidefrüchte etwa des Weizens, Hafers, Roggens oder der Hirse und zunehmend der Gerste wurden eingeweicht, zum Keimen gebracht und bei einer Temperatur von maximal 75 °C gedarrt. Das auf diese Weise entstandene Malz wurde erneut eingeweicht, mit weiterem Getreide vermengt zu Maische gemischt, vergoren und gewürzt. Neben der schwankenden Wasserqualität hatte die Art der Würze erhebliche Auswirkungen auf den Geschmack des Bieres. Seit der Zeit um Christi Geburt kam der Gagelstrauch *(Myrica gale)* wahrscheinlich häufig zur Anwendung. Aber man kannte auch andere, regional ganz unterschiedliche Kräutermischungen – für den Einsatz von Harz, Kümmel, Eichenrinde, Absinth, Schlehen, Schafgarbe oder Lorbeer liegen Hinweise vor.[4]

In einer Zeit ohne Geldwirtschaft, Städtewesen und einheitliche Versorgungswirtschaft muss die Bandbreite an bierähnlichen Erzeugnissen groß und regional sehr unterschiedlich gewesen sein. Bier war letztendlich nicht mehr als eine Sammelbezeichnung für trübe, süßliche und schwach alkoholhaltige Getränke. Der Historiker Patrick Geary summierte 2004:

> „Ein beträchtlicher Teil des Getreides wurde auch zu einem starken, dickflüssigen Bier vergoren, das sowohl eine wichtige Nahrungsquelle als auch ein wesentliches Attribut des geselligen Lebens war."[5]

Problematisch bei dieser Beurteilung ist die Mengenangabe: Für „beträchtlich" liegen keine Quellenbelege vor, und Günter Wiegelmann hat überzeugend dargelegt, dass eine ausreichende Erntebasis vorhanden sein muss, um überhaupt Bier brauen zu können: Bei Mangel wird das Getreide logischerweise direkt verzehrt.[6]

Da im Raum nördlich der Alpen kaum Kochgeschirr aus Metall zur Verfügung stand, wurden zum Erhitzen der Maische, wie bereits

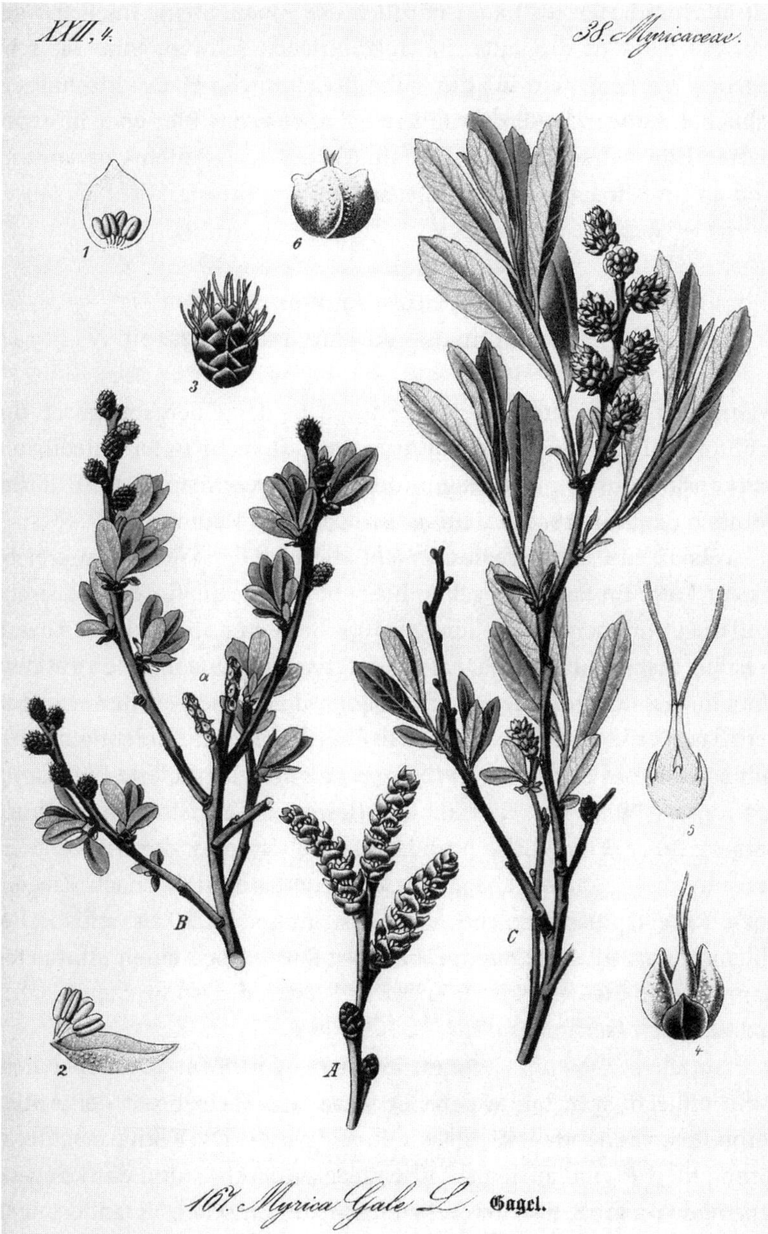

Phänotyp des Gagelstrauchs mit Blütenstand, Blüte und Frucht.

seit Jahrhunderten im Raum nördlich der Alpen, Steine ins Feuer gelegt, die dann in die kalte, in Holzbottichen schwappende Maische gegeben wurden – ein für die frühmittelalterliche Hauswirtschaft erheblicher Aufwand. All dies führte dazu, dass das Bier eher in exponierten Haushalten und vor allem im Rahmen von Festen Verwendung fand als im Alltag des frühen Mittelalters.[7]

Drei Großregionen: Die Biervielfalt der Völkerwanderungszeit

Wahrscheinlich können wir für Europa in der Übergangsphase des Frühmittelalters von drei Großregionen mit recht unterschiedlichen Bierkonsummustern ausgehen: der Mittelmeerregion, dem Raum nördlich der Alpen sowie dem osteuropäischen Raum.

Was die Mittelmeerregion angeht, die auch den Süden Frankreichs bis zur Loire umfasste, so galten hier noch lange die für die klassische Antike getroffenen Feststellungen: Bier hatte nur ein geringes Sozialprestige. Insbesondere die Oberschicht, also die Konsumenten aus dem Umfeld des senatorischen Adels, folgten den abfälligen Bewertungen der Klassiker wie Strabon, Plinius d. Ä. oder Diodor. Eindeutig negativ fällt so auch das durch die *Anthologia Palatina* überlieferte Epigramm des Kaisers Julian aus. In der Mitte des 4. nachchristlichen Jahrhunderts reiste er durch Gallien und mokierte sich über den Weizenbierkonsum der Einheimischen: Es rieche und schmecke nach Ziegenbock.[8] Freilich sind solche Vorwürfe immer auch als stilistisches Hilfsmittel zu interpretieren, führte der Kaiser doch einen erbitterten Kampf gegen die den Norden und den Westen des Römischen Reiches bedrohenden Germanen.

Trotzdem: Obwohl der Ruf des Bieres vor allem gegenüber dem Wein schlecht war, büßte der Gerstensaft von seiner seit der Antike verbreiteten Beliebtheit nichts ein. Im Gegenteil: Die Klimaverschlechterung machte sich auch am Mittelmeer bemerkbar, und das kriegerische und von großen strukturellen und ökonomischen Veränderungen gekennzeichnete Frühmittelalter kann den Weinbau kaum befördert haben. Das Bier dürfte der Gewinner dieser Prozesse gewesen sein, zumal es viel billiger zu produzieren war: Im niedergehenden Imperium kostete Bier höchstens die Hälfte des billigsten Landweins.[9] Für einen eher steigenden als sinkenden Bierkonsum im frühmittelalterlichen Südeuropa spricht die zunehmende Germanisierung der Großregion, die in weiten Bereichen in das expandierende Frankenreich integriert worden war. Hatte ein knappes Jahrtausend zuvor noch das römische Imperium die Stämme des südlichen Gallien mit der mediterranen Weinkultur „zivilisiert", befand sich nun das Getränk der „Barbaren" auf dem Vormarsch. Orte des Biertrinkens gab es nach wie vor: So lebte die römische Taverne zumindest in den südlichen Gebieten fort, während das kommerzielle Gaststättenwesen im Norden nach dem Zusammenbruch des Weströmischen Reichs allerdings weitgehend zum Erliegen kam. Seit dem 3. Jahrhundert hatte außerdem eine „Barbarisierung" der römischen Armee begonnen; die wachsende Zahl an nichtrömischen Soldaten in der Armee muss zwangsläufig auch dem Bier zu einem Bedeutungszuwachs verholfen haben.[10]

Nördlich der Alpen, in unserer zweiten Großregion, setzte sich im Frühmittelalter zunehmend eine germanisch-keltische Lebensweise durch. Verschiedenste Kulturen lebten hier nebeneinander, bauten Hafer, Gerste, aber auch Weizen an und schufen so die Voraussetzung für den Fortbestand der älteren Brausysteme: Seit dem 1. Jahrhundert hatte die keltische Bierkultur die germanische Vorliebe für Met wahrscheinlich überlagert. Während der Weinbau aus klimatischen Gründen zurückblieb, dürfte die Bedeutung von Bier in den Gebieten nördlich der Alpen zugenommen haben. Mit aller Vorsicht ließe sich die These formulieren, dass in guten Erntejahren und in Phasen des Friedens genug Getreide verfügbar war, um zumindest für die männlichen Mitglieder der Oberschicht regelmäßig Bier brauen zu können.

Wenden wir unseren Blick ins frühe nachrömische England, so gab es dort dagegen wahrscheinlich zunächst nur ein rudimentär ausgeprägtes Brauwesen. Ab dem 6. Jahrhundert entstand in diesem Gebiet allerdings eine blühende Klosterkultur mit einer für damalige Verhältnisse hochentwickelten Landwirtschaft. Die Erträge stiegen in der Folge spürbar, sogar Überschüsse wurden erwirtschaftet, und eine neue Hochkultur entstand.[11] An der Schnittstelle zwischen Landwirtschaft, Kultur und Sozialleben entwickelte sich ein blühendes Brauwesen. Theodor von Tarsus (602–690), 7. Erzbischof von Canterbury, berichtet in seinem Beichthandbuch von einem Bischofskollegen, den er tadelnd als regelmäßigen Biertrinker bezeichnen musste. Ferner von einem Mönch, den er hatte bestrafen müssen, weil er sich infolge übermäßigen Bierkonsums übergeben hatte. Dass es in England zu dieser Zeit eine wie auch immer geartete Form des Massenkonsums gab, muss bezweifelt werden. Bier blieb weiterhin ein Luxusgut. Und dennoch lebte in der Kritik am Exzess das antike Ideal der *metrioi* im christlichen Umfeld weiter.

Eine Sonderstellung nahm das abgelegene, aber zu dieser Zeit kulturell weit ausstrahlende Irland ein. Auf der keltisch geprägten Insel erfuhr das Bier besondere Wertschätzung: Das altirische, in seinen Grundzügen aus der Zeit der Christianisierung stammende Gesetzbuch „Crith Gablach" beschreibt die ideale Wochenplanung des Königs und empfiehlt, den heiligen Sonntag dem Biertrinken vorzubehalten.[12] Bier taucht aber in den Abgabevorschriften im europäischen Vergleich gegenüber Milchprodukten nur ganz am Rande auf, und wir können diese Tatsache dahingehend interpretieren, dass Bier nicht nur wegen seiner berauschenden Wirkung so beliebt war, sondern auch wegen seiner besonderen Exklusivität.

Der europäische Osten, unsere dritte Großregion, war der Transitraum in die fast unbesiedelten asiatischen Weiten, die sich jenseits des Ural erstreckten. Von hier aus drangen seit der Zeit um das Jahr 375 kriegerische nomadische Gruppen, die später unter der Bezeichnung Hunnen zusammengefasst wurden, in die westlicher gelegenen Landstriche ein. Sie unterwarfen die ostgermanischen Goten in der nördlichen Schwarzmeerregion. Aus Mangel an dauerhaft vorrätigen Ackerbauprodukten basierten die alkoholischen Getränke der Hunnen zunächst auf vergorener Stutenmilch, deren Nachfolger heute noch unter den Namen *Kumys* (russisch) oder *Airag* (mongolisch) firmieren. Diese weisen in der Herstellung Parallelen zur Bierproduktion auf und erinnern auch geschmacklich an den Gerstensaft. Bis zum 5. Jahrhundert übernahmen die Hunnen jedoch zunehmend germanisch-keltische Elemente, während das prickelnde, aber mit maximal 3 % nur schwach alkoholhaltige Pferdebier in Vergessenheit geriet. Mit dem Tod des Hunnenführers Attila fand das kurze hunnische Intermezzo ohnehin ein recht jähes Ende; erst im 13. Jahrhundert schwappte mit den Mongolen beziehungsweise Tartaren wieder eine asiatische Kulturwelle nach Europa.

Was ist das Fazit dieser Episoden? Die europäischen Getränkesysteme des frühen Mittelalters lassen sich nur schwer identifizieren. Es existierten verschiedene Brau- und Konsummuster nebeneinander, die sich zwischenzeitlich überlagerten, in dieser frühen Zeit allerdings kaum verstetigten. Bier setzte sich gegenüber Met durch, Kumys blieb Episode. Und: Nirgends war die Rohstoffbasis wohl ausreichend stabil, um permanent genügend Vergorenes für die breite Bevölkerung bereitstellen zu können.

Durstige Mönche: Das Kloster als Zentrum von Innovation und Konsum

Die unruhigen Zeiten des frühen Mittelalters, die von den Völkerwanderungen und der Herrschaft des fränkischen Königsgeschlechts der Merowinger gekennzeichnet waren, endeten mit dem Machtantritt der Karolinger im Jahr 751. Aus der Perspektive der Biergeschichte sind vier Entwicklungslinien bedeutsam: Erstens folgte dem bis etwa 570 dauernden Klimapessimum der Völkerwanderungszeit um 800 eine vorübergehende Warmzeit. Die landwirtschaftlichen Erträge stiegen, Überschüsse konnten in die Bierproduktion gesteckt werden. Zweitens trat der Hopfen in den Blickpunkt der Landwirtschaft: Im 8. Jahrhundert fand er in Klostergärten und den Anbausystemen der kaiserlichen Villen vor allem als Heilpflanze Verwendung: Blutreinigende, abführende und magenschonende Wirkung schrieben die Botaniker ihm zu. Mit den Erfahrungen im Hopfenanbau war ein Grundstein für die spätere Nutzung bei der Bierproduktion gelegt – erste Zeugnisse aus dem 9. Jahrhundert belegen dies.[13] Drittens führten die Entwicklung einer zumindest rudimentären Staatlichkeit unter den frühen Karolingern und vor allem die Karolingische Renaissance – Karl der Große versammelte seit den 770er-Jahren europäische Gelehrte wie Alkuin oder Paulus Diaconus an seinem Hof – zum Aufschwung der Bildung. Die Grundbedingungen für eine Verbesserung der Landwirtschaft und der Versorgung der Bevölkerung mit Lebensmitteln waren damit gegeben. Und viertens traten mit den Klöstern jene Institutionen verstärkt auf den Plan, die seit dem 6. Jahrhundert – Marmoutier an der Loire, St. Maximin in Trier oder Montecassino in Italien sind markante Beispiele – zu Zentren des kirchlichen Lebens, der landwirtschaftlichen Forschung und Vermittlung von Wissen geworden waren. Hinzuweisen ist auch auf die seit dem 8. Jahrhundert entstandenen Königspfalzen. In diesen fortschrittlichen Gutsbetrieben wurde ebenfalls nicht zuletzt Bier gebraut.[14]

Innerhalb der vier genannten Faktoren, die die Bierkultur nachhaltig veränderten, fungierte die aufstrebende europäische Klosterkultur zweifelsohne als Katalysator. Wurde die Brauerei lange im Rahmen der rückständigen Hauswirtschaft des stadtlosen Frühmittelalters betrieben, schaffte das Klosterwesen nun eine zweite Produktionsebene, die auf einer gewissen Systematik beruhte. Das Brauwesen war weiterhin primär von Männern dominiert, denn unter den damaligen Bedingungen hatten sie die größten Chancen, auf schriftlich überliefertes Wissen zurückgreifen zu können. Die Professionalisierung des Brauwesens wurde zudem durch die Tatsache befördert, dass die klösterliche Landwirtschaft ertragsstärker war als die bäuerliche und somit die Rohstoffe für einen dauerhaften Braubetrieb liefern konnte.

In den frühmittelalterlichen Klöstern als exklusiven Orten der Schriftlichkeit erhielten sich zahlreiche Nachrichten über Bierherstellung und -konsum. So nahm etwa der eingangs erwähnte irische Mönch Columban (563–615) wohlwollend zur Kenntnis, dass zwei Mönche der Bodenseeregion angaben, täglich zwei Brote und ein wenig Bier zu verzehren. In anderen Zusammenhängen äußerte er sich über Mengenbeschränkungen für Bier. Sind solche Quellen immer wieder als Maßnahmen gegen übermäßigen Konsum gedeutet worden, scheint hier eine generelle Kanonisierung monastischen Alltags wahrscheinlicher: „Ein wenig Bier" ließe sich jetzt nicht mehr als Mengenbeschränkung interpretieren, sondern als Richtschnur einer Quantität, die man zum Leben brauchte und die für das Überleben und damit auch Funktionieren eines Klosters zu gewährleisten war. Für die Versorgung der Nonnen und vor allem der Mönche spielte Bier als Nähr- wie auch als Genussmittel also eine zentrale Rolle.

Die Sonderstellung des Bieres in der klösterlichen Wirtschaft hatte weitere weitreichende Konsequenzen. Seit dem 5. Jahrhundert hatte sich in der römisch-katholischen Kirche eine 40-tägige, vorösterliche Fastenzeit durchgesetzt. Aber die Regeln, die nicht nur den Verzehr von Fleisch, Milch und Eiern, sondern auch von Alkohol einschränkten, wurden immer wieder torpediert. Offenbar waren viele Menschen und sogar Vertreter der Geistlichkeit zudem nicht mehr bereit, in der Fastenzeit grundsätzlich auf Bier zu verzichten. Schließlich wurde Bier auf dem Aachener Konzil des Jahres 817 zum „Heiltrank" erhoben, das von den Fastenregeln ausgenommen war. Dass das vorösterliche Alkoholverbot im Verlauf des Frühmittelalters faktisch kippte, zeugt mithin von zweierlei: zum einen von einer zunehmenden alltagskulturellen Bedeutung des Bieres, zum anderen von seiner großen Wertschätzung. Diese Umwidmung des Bieres zum Heiltrank markiert einen Wendepunkt in der Biergeschichte und läutete die Blütezeit des fortan steigenden und kaum mehr kritisierbaren Bierkonsums ein.

Kaiser Karl der Große: Der Kampf gegen die Zügellosigkeit

Der Übergang von der Merowinger- zur Karolingerzeit ist durch einen Bewertungswandel des Trinkens gekennzeichnet. Die Ansicht, dass es sich bei Bier um ein besonderes Lebensmittel handelt, war den Karolingern sprichwörtlich in die Wiege gelegt worden. Denn schon um Bischof Arnulf von Metz († 640), der als Stammvater und Hausheiliger des fränkischen Königsgeschlechts gilt und gleichzeitig als Schutzpatron der Bierbrauer fungierte, rankten sich einige Bierlegenden. Bei der legendenhaften Schilderung seines Lebens ist zu bedenken, dass sie mit erheblichem zeitlichen Abstand verfasst wurde und deshalb eher die Bedeutung des Bischofs unterstreichen sollte, als dass sie sich an handfesten Fakten orientierte.

Zwei Bierwunder hat Arnulf von Metz zu bieten: Der ersten Legende zufolge litt die lothringische Region Metz zu Arnulfs Zeit unter den Folgen verschmutzten Wassers und schlechten Bieres. Arnulf warf daraufhin ein Kruzifix in einen Bierkessel und segnete so die Gerätschaften. Jene, die fortan Bier tranken, das in dem gesegneten Kessel gebraut worden war, wurden nicht mehr krank.

Der zweiten Legende zufolge, die in Analogie zur biblischen Überlieferung der Hochzeit zu Kana (Joh. 2,1–12) und der Speisung der 5.000 (Mk 6,35–44) steht, war es bei der Überführung der Gebeine des Arnulf von Metz im Sommer derart heiß, dass die Prozession unter unerträglichem Durst litt. Im Dorf Champigneulles hatte der Gasthof aber nur noch einen einzigen Humpen Bier vorrätig – für die symbolische Menge von 5.000 Prozessionsteilnehmern. Das Wunder geschah: Der Humpen reichte für alle, denn er ward nie leer.[15] Diese Legenden legen zum einen nahe, dass das Herrschergeschlecht um die Gesundheit seines Volkes bemüht war, indem es für gutes Bier sorgte. Zum anderen lassen sie vermuten, dass Bierkonsum nicht nur geduldet, sondern sogar als Synonym für das Gedeihen des Volkes gesehen wurde.

Den Bewertungswandel, den das Bier in der Blütezeit der Karolinger erfuhr, unterstreichen die Überlieferungen über Karl den Großen († 814). Hatten die Herrscherfiguren ihren Anspruch auf Macht bis dahin wahrscheinlich nicht nur durch besonderen Kampfeseifer, sondern auch durch besondere Ausdauer beim Trinken bewiesen, vollzog sich mit dem fränkischen Kaiser ein Paradigmenwechsel. Sein Chronist Einhard betonte:

> „Karl war maßvoll im Essen und Trinken. Zumal im Trinken, da er die Trunkenheit bei jedem Menschen, ganz besonders an sich selbst und den übrigen Mitgliedern seines Haushaltes sehr verabscheute. […] Er gab sehr selten Gelage, meist nur an hohen Feiertagen, dann aber für eine große Anzahl von Leuten. […] An Wein oder anderen Getränken gönnte er sich so wenig, daß er während der Mahlzeit selten mehr als dreimal trank.“[16]

An dieser Schilderung lassen sich einige Leitgedanken der Epoche festmachen: Erstens zeigt sich ein Wertigkeitskanon: Karl als Herrscher trank das Beste respektive Teuerste, was verfügbar war – Wein dominierte die Begehrlichkeiten. Daneben ist von anderen Getränken die Rede. Wasser war zu alltäglich, als dass man es erwähnt hätte. So lässt sich vermuten, dass es neben dem Wein eine gewisse Bandbreite an Bieren beziehungsweise bierartigen Getränken gegeben haben muss.

Mit aller Vorsicht ließe sich folgern, dass nicht mehr allein der Wein, sondern auch das Bier satisfaktionsfähig geworden war.

Zweitens lässt sich einiges über den Aspekt Trunkenheit erschließen. Wenn Wein und Bier die einzig verfügbaren alkoholischen Getränke waren – die Destillation war ja noch unbekannt – und Karl Trunkenheit verabscheute, muss Trunkenheit ein häufig vorkommendes Phänomen gewesen sein, das auch mit Bier erzeugt wurde. Ungezügelte Trunkenheit war zu dieser Zeit vor allem im Raum nördlich der Alpen grundsätzlich akzeptiert. Venantius Fortunatus, nicht nur einer der profiliertesten Dichter und Hagiographen des Frühmittelalters, sondern auch Bischof im französischen Poitiers, hatte um das Jahr 600 nach einer Reise ins Rheinland gespottet, dort würde man sich bei barbarischen Gesängen wild zutrinken, und wer nicht mittrinke, werde für verrückt gehalten. Die Gelage seien so ausschweifend, dass man von Glück reden könne, das Trinken zu überleben[17] – welch Unterschied zur Mäßigkeit am Karolingerhof.

Drittens verweisen Einhards Schilderungen auf eine Besonderheit, die die gesamte Vormoderne durchzog, aber für keine Zeit so prägend war wie für das frühe Mittelalter: Gemeint sind Gruppenspezifik und Verbindlichkeit des gemeinsamen Alkoholkonsums. In einer Zeit, in der das Individuum sich primär über die Gruppe definierte und die Handlungen dazu dienten, die eigene Position innerhalb der Gruppe zu dokumentieren, bedeutete das für das Thema Bierkonsum: Getrunken wurde vor allem oder gar ausschließlich im Rahmen überlieferter Ordnungen. Und zwar in der Gruppe zu regelmäßigen Mahlzeiten strikt mengenbegrenzt und im Kontext ritualisierter Gelage auch in größeren Mengen. Ziel war es dann, einen Rausch herbeizuführen, der begleitet wurde von Gesang, verbindlichen Handlungen und wahrscheinlich kultischen Elementen. Möglicherweise kann man in diesem Zusammenhang sogar vom Recht auf eine kollektive Berauschung ausgehen, vielleicht sogar von einer Pflicht.[18]

Reflektieren wir die Schilderungen Einhards vor diesem Hintergrund, so scheint es, dass dieser Verpflichtungscharakter in der Karolingerzeit an Prägekraft verlor. Karl hatte Priestern wiederholt verbieten lassen, in Tavernen zu gehen und an Gelagen mit Laien teilzunehmen. Vor Gericht durfte man nicht (mehr) betrunken er-

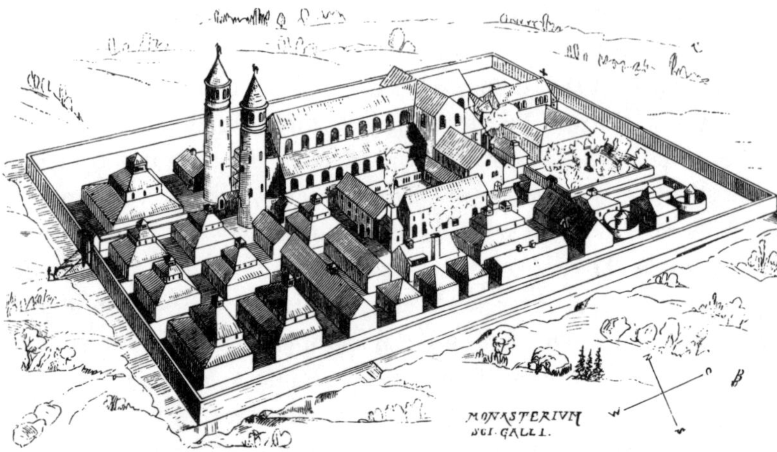

Das Kloster St. Gallen, Zentrum mittelalterlicher Brauerei.

scheinen, und auch im Heer galt übermäßiger Bierkonsum fortan als frevelhaft.[19]

Endlich volle Krüge: Die Verstetigung des Bierkonsums

Der Umgang mit dem Alkohol veränderte sich in der Karolingerzeit, und kritische Stimmen wurden laut. Zugleich verstetigte sich aber auch der Bierkonsum. Der Grundriss des schweizerischen Klosters St. Gallen, vermutlich zwischen 819 und 826 auf der Bodenseeinsel Reichenau angefertigt, legt davon Zeugnis ab. Zeigt er doch, dass das Brauen nicht mehr nur im Rahmen der Küchenwirtschaft und unregelmäßig erfolgte, sondern auch baulich seinen festen Platz im Klosterkomplex hatte.

In der neuen Klosterküche wurden eigene Bereiche, ja sogar eigene Räume für die Herstellung von Bier vorgesehen. Diese bauliche Differenzierung steht für eine Differenzierung des Konsums. So zeigt der Bauplan, dass es einen eigenen Sektor für die Herstellung des dünneren Bieres gab. Dieser Trunk war nicht nur für das Gesinde bestimmt, sondern wurde auch bei der Armenspeisung ausgeschenkt. Bier wurde jetzt also offenbar sogar den einkommensschwächsten Bevölkerungs-

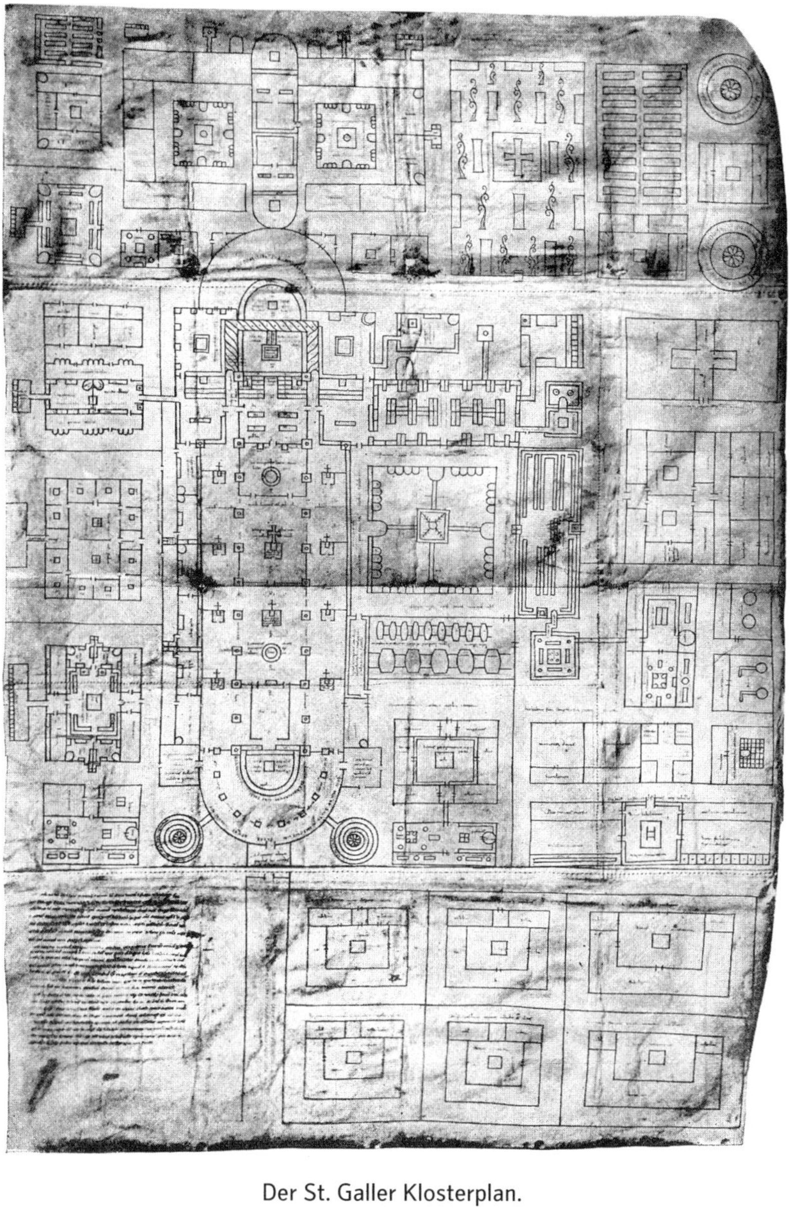

Der St. Galler Klosterplan.

gruppen zugestanden. In diese Richtung weisen auch die vom Benediktinerabt Adalhard († 826) verfassten Statuten des Klosters Corbie. Demnach bekamen die zwölf Armen, die über Nacht im Kloster bleiben durften, ergänzend zum Brot „2 ½ ‚pensae' Käse oder Speck, 2 ½ ‚modi' Gemüse und 2 Becher Bier".[20]

Zusätzlich zur Braustube mit den zugehörigen Kühlräumen findet sich auf dem Plan eine Bäckerei. Die Küfer verfügten über gesonderte Bereiche, um ihre Fässer herzustellen. Daran erweist sich, dass das Endprodukt immer auch von adäquaten Aufbewahrungsmöglichkeiten abhängig war. Da das Brauen in dieser geld- und handelsarmen Zeit nur Erfolg haben konnte, wenn alle Arbeitsprozesse auf engstem Raum abliefen, wurde im Braukomplex gleichzeitig das Getreide für den Malzprozess vorbereitet und zu Grünmalz verarbeitet. Der Bereich, in dem das qualitativ hochwertigere Bier für den Klerus gebraut wurde, zeigt den ersten Prototyp einer mittelalterlichen Brauerei: mit eigenem Brauraum, Lager- und Kühlraum sowie einem Vorratsraum für das Malz.[21] Wie genau das Bier beschaffen war, das hier gebraut wurde, ob vielleicht sogar schon Hopfen als Bierwürze zur Anwendung kam, kann nicht gesagt werden.[22] Allerdings wird eine autarke Wirtschaftseinheit sichtbar, in der professionell gebraut werden konnte – und zwar für alle Schichten der Bevölkerung.

Zerstörung und Wiederaufbau: Die Bierkultur im mittelalterlichen Klima-Optimum

Die Stabilität des Karolingerreiches wurde im 9. Jahrhundert zunehmend bedroht. Rückschlüsse auf das Brauen sind nicht überliefert, lassen sich aber folgern. Seit den 840er-Jahren begannen skandinavische Gruppierungen, oft als Wikinger oder Normannen bezeichnet, zunächst den Norden Frankreichs, bald aber weitere Gebiete des westeuropäischen Raums systematisch zu überfallen und auszurauben. Sie drangen tief ins Binnenland vor und errichteten feste Lager, z. B. in Flandern. Von dort aus zogen sie ab etwa 880 den Rhein und die Mosel hinauf, zerstörten Siedlungen, Klöster und einen erheblichen Teil der Infrastruktur.[23] Ernten wurden vernichtet, Braugeräte zerstört, und vielerorts war wohl über Monate und Jahre an Bierbrauen nicht zu denken.

Wie gewalttätig es in dieser Zeit zugehen konnte – und welche Wertigkeit das Bier besaß –, zeigt folgender Vorfall, der sich im französischen Südwesten abspielte. Im Jahr 864 kam es dort zu erbitterten Auseinandersetzungen zwischen dem aquitanischen Adel und den Eindringlingen. König Karl, den die Königslisten zwischen 859 und 866 als Karl das Kind führen, wurde den Annalen zufolge von seinem skandinavischen Widersacher Albuin „mit dem Schwert der Kopf fast bis auf das Hirn gespalten. Der Hieb ging von der linken Schläfe bis zum rechten Kinnbacken". Der Konflikt konnte schließlich nur gelöst werden, indem man den Normannen neben Mehl, Vieh und Wein „eine große Leistung an Bier" zahlte.[24]

Die Abgabe von begehrten Lebensmitteln scheint in weiten Teilen West- und Mitteleuropas Usus gewesen zu sein. Das Güterverzeichnis Prümer Urbar listete im Jahr 893 in 118 Kapiteln alle Ortschaften zwischen Rhein und Maas, Bingen am Mittelrhein und der Zuidersee an der Grenze zu Holland auf, in denen die Benediktinerabtei Prüm in der Eifel Bauernhöfe besaß. Aus dem Dokument geht hervor, dass die Weinbau betreibenden Höfe jährlich eine gewisse Menge Wein an das Mutterkloster liefern mussten. Andere Höfe mussten Braugerste liefern – ein Beleg dafür, dass Gerste wohl das bevorzugte Braugetreide war. Für ihre Frondienste erhielten die abhängigen Bauern Brot und Bier. Auffallend dabei sind die recht geringen Mengen, die ausgegeben wurden: Der ganze Arbeitstrupp der Villa Lubin etwa sollte für vier Tage anstrengenden Pflugdienstes „4 Brote und 4 Sester Bier" erhalten, also etwa 60 Liter, die für mehrere Familien für einen langen Zeitraum reichen mussten.[25]

Diese grundsätzliche Kargheit im Trinken wie im Essen sollte sich in der Folgezeit ändern. Die Landwirtschaft Europas wurde merklich ertragreicher.[26] Die Wende vom zumindest im deutschen Sprachraum beinahe stadt- und geldlosen Frühmittelalter zum deutlich weiter entwickelten Hochmittelalter in ottonischer Zeit (919–1024 n. Chr.) wurde durch ein Klima-Optimum befördert, das in Mitteleuropa etwa bis zum 14. Jahrhundert andauerte. Die Getreide konnten nun auch weiter nördlich und in den Mittelgebirgen angebaut werden, sodass sich das

Gebiet, in dem Bier hergestellt wurde, deutlich ausweitete. Parallel verbesserten sich die Ackergeräte, und es erfolgte vielerorts der Übergang von der Zwei- zur Dreifelderwirtschaft.[27] Genaue Ertragsangaben gibt es aus dieser Zeit nicht, dennoch ist klar: Es stand eine große Menge an Braugetreide zur Verfügung, und die Menge des erzeugten Bieres muss dementsprechend gestiegen sein. Möglicherweise lässt sich die zwischen 1008 und 1012 veröffentlichte Kirchenrechtssammlung des Wormser Bischofs Burchard (ca. 950/965–1025) in diesem Kontext lesen. Das 14. Buch handelte schwerpunktmäßig „de crapula et ebrietate“ – vom maßlosen Essen und Trinken –, was sich vornehmlich auf Bier bezogen haben dürfte.[28] Maßvolles Trinken wurde aber im hohen Mittelalter nicht nur geduldet, sondern zunehmend auch gefördert. Diesen Aufwertungsprozess verstärkte die Benediktinerin, Dichterin und prominente Gelehrte Äbtissin Hildegard von Bingen (1098–1179). In ihrem bekanntesten Buch *causa et cura* („Ursache und Heilung“) wird Bier unter anderem bei Schwermut empfohlen; denn Bier hebe den Mut, fördere die Regeneration und kräftige den Leib.[29]

An der Wende zum 2. Jahrtausend erlebte das Bier in Europa also eine steile Karriere. Es war nicht nur in der breiten Gesellschaft, sondern auch von den weltlichen und geistlichen Herrschern akzeptiert und hatte wohl seinen festen Platz im Mahlzeitengefüge und im festlichen Jahreskreis gefunden. Eine wichtige Neuerung stand aber noch bevor: Der seit dem 8. Jahrhundert bekannte und als Heilmittel geschätzte Hopfen fand ab dem 12. Jahrhundert Eingang in das Brauwesen und sollte den Charakter und die Qualität des Bieres bald grundlegend verändern. Standardisierter, würziger, bekömmlicher, lagerfähiger und als Handelsgut profitabler sollte es werden – eine Entwicklung, die im Spätmittelalter voll zum Tragen kam.

7. Bier erobert die Stadt

Professionelles Brauwesen im Hoch- und Spätmittelalter

Im Herbst des Jahres 1073 zog eine Gruppe von Männern von der Harzburg ins gut zehn Kilometer entfernte Goslar. Mit bemerkenswerter Beiläufigkeit schildert der Chronist Lampert von Hersfeld, was im Folgenden geschah:

> „Als sie sich vollgegessen und -getrunken hatten und infolge des übermäßigen Trinkens in Hitze gerieten – wie ja die Trunkenheit stets die Mutter des Streits ist –, da fingen sie an, ihren Zechgenossen gegenüber ungehörige, unbeherrschte Reden zu führen.“

Bei den Zechgenossen handelte es sich um Männer aus dem nahen Sachsen. Sie waren bald so empört und zudem durch den Trunk in Wallung, dass es zu einem erbitterten Streit kam, bei dem alle Harzburger den Tod fanden.[1]

Es wird nicht erwähnt, was die Raufbolde gezecht hatten, aber die abgelegene Lage im Harz und die alltägliche Szenerie legen nahe, dass es sich nicht um teuren Wein, sondern um das gut verfügbare Bier gehandelt haben muss. Die Episode fügt sich gut in das Bild, das andere Quellen des 11. Jahrhunderts zeichnen: Von Alkoholkonsum ist darin nun häufiger die Rede – ob in hochmittelalterlichen Kirchenrechtssammlungen oder zum Beispiel in Bußhandbüchern für Kleriker.[2] Das Bier war vom Luxus- und Prestigegut zum Alltagsgetränk geworden.

An der Wende zum 2. Jahrtausend befand sich die mittelalterliche Welt im Wandel. Die Zeitgenossen lebten in Angst und Schrecken, denn die biblische Offenbarung prognostizierte für das Ende des Tausendjährigen Reiches Christi den Weltuntergang: „Und wenn die tausend Jahre vollendet sind, wird Satan losgelassen werden aus seinem Gefängnis und wird ausziehen, zu verführen die Völker an den vier Enden der Erde.“[3] Bekanntlich trat diese Katastrophe nicht ein. Dafür zeigten andere Veränderungen ihre Wirkung – und auch die europäische Bierkultur war davon betroffen.

Im politischen Bereich verlor das Geschlecht der Ottonen 1024 seine Vorherrschaft im Deutschen Reich an die Salier. Der Übergang vom frühen zum hohen Mittelalter war damit markiert.[4] Die Salier regierten ein Jahrhundert lang und wurden 1125 von den Staufern abgelöst. Nach dem Tod Kaiser Friedrichs II. im Jahr 1250 zerfiel die Zentralgewalt im Heiligen Römischen Reich Deutscher Nation zusehends. Während sich England und Frankreich in der Folgezeit zu homogenen Nationalstaaten entwickelten, zerbrach das Reich in weitgehend selbstständige Territorien. Regionale Ernährungs- und Bierkulturen bildeten sich heraus – ein wesentlicher Faktor für das ausdifferenzierte Brauwesen der Gegenwart.[5]

Kennzeichnend für die hoch- und spätmittelalterliche Kultur war außerdem der erbitterte Streit zwischen den beiden mächtigsten Institutionen jener Zeit: Staat und Kirche. Im Januar 1077 trat König Heinrich IV. den Gang nach Canossa an. Der Papst hatte den Investiturstreit über die Frage, wer berechtigt sei, Bischöfe zu ernennen, für sich entschieden. Die katholische Kirche verzeichnete einen beträchtlichen Machtzuwachs, was sich auch auf die Trinkkultur der breiten Bevölkerung auswirken sollte.[6]

Weitreichende Veränderungen ergaben sich zudem aus der bereits erwähnten Erderwärmung. Sie bescherte dem Hochmittelalter ein Klima-Optimum, das vom 11. bis zum frühen 14. Jahrhundert andauerte. Die landwirtschaftlichen Erträge nahmen zu,[7] die Grundlage für eine erheblich höhere Bierproduktion war geschaffen. Endlich produzierte die Landwirtschaft Ertragsüberschüsse für eine wachsende Bevölkerung, so dass die Zahl und Größe der Städte seit dem 11. Jahrhundert allmählich und im 13. Jahrhundert rasch anstieg.[8] Eine urbane, breitenwirksame und professionell betriebene Gastronomie entstand: Das wichtigste Handelsgut in diesem flächendeckenden Wirtshauswesen war von Beginn an das Bier, dem auf diese Weise ganz neue Absatzchancen eröffnet waren.

Einfluss auf die europäische Bierkultur hatte des Weiteren jener Prozess des frühen 11. Jahrhunderts, der von der Forschung später „Deutsche Ostsiedlung“ genannt wurde. In mehreren Wellen zogen deutschsprachige Siedler in die östlichen Randgebiete des Reiches und nahmen Land in Besitz. Sie verdrängten in weiten Bereichen die ansässigen slawischen Gruppen und gaben dem Osten Europas damit ein neues kulturelles Gepräge: zunächst östlich der Flüsse Saale und Elbe, in Niederösterreich, der Steiermark und in Kärnten, bald auch im Baltikum und von Böhmen und Schlesien bis in den polnischen, ungarischen und rumänischen Raum sowie in die moldawische Steppe und an die Ufer des Schwarzen Meeres. Die neuen Siedler brachten Braukenntnisse und die Bierkultur aus ihrer Heimat mit und verhalfen dem mitteleuropäischen Bier damit zu einer enormen geographischen Ausbreitung.[9]

In England war, wie bereits erwähnt, die von den normannischen Herrschern aktiv geförderte Klosterkultur von großer Bedeutung. In diesen Zentren der Wissenschaft entstanden die ersten professionell betriebenen Brauereien Englands. Die unterschiedlichen Würzkräuter, die sie verwendeten, bedeuteten eine intensive Geschmacksverbesserung für die faden englischen Ales. Hier entwickelte sich auch rasch der neue Berufsstand des Brauers heraus, der die wachsenden Städte des normannischen England mit Bier versorgte. Gegen Mitte des 14. Jahrhunderts entfiel wohl ein Drittel des geernteten Getreides in England auf die Produktion von Bier – genug, dass jeder Engländer und wohl auch jede Engländerin zwei Liter Ale am Tag trinken mochten, sofern sie es sich leisten konnten.[10]

Für die Epoche des hohen und späten Mittelalters lassen sich Brauwesen, Bierkonsum und Trinkkultur weit besser rekonstruieren als für das quellenarme Frühmittelalter. Erwähnt die ältere Forschung immer wieder große Mengen Bier, die im Mittelalter getrunken worden seien, so bleibt anzumerken, dass allerdings auch in dieser Epoche eher der Durst an der Tagesordnung war als der volle Krug. Denn insbesondere das 14. Jahrhundert war europaweit von massiven Krisen gekennzeichnet. Die Hungerkatastrophe etwa, die von 1315 bis 1317 währte, war massiv. Eine spanische Chronik aus der Zeit des kastilischen Königs Ferdinand IV. berichtet, die Sterblichkeit sei im Jahre 1302 so groß gewesen, dass ein Viertel des Volkes ums Leben gekommen sei. In den Jahren 1328 und 1330 suchte eine ähnliche Katastrophe die Apenninhalbinsel heim.

1329 beschrieb ein Chronist aus Florenz die Auswirkungen des Getreidemangels: „Sie ernähren sich von Kohl und von Pflaumen und von Lattich und von Wurzeln, von Melonen und von Kresse, gekocht und roh. Und von verschiedenen Fleischsorten, manche vom Pferd und manche vom Büffel, aber alles das ohne Brot.“[11] Solche Szenen traten dann besonders nach 1347 verstärkt auf, als die ersten großen Pestwellen Europa erreichten, die bis ins 17. Jahrhundert hinein auftreten sollten. Vor dem Hintergrund dieser Katastrophenszenarien ist es mehr als unwahrscheinlich, dass Bier im hohen und späten Mittelalter kontinuierlich getrunken werden konnte. Vielmehr haben wir es mit einer hochdynamischen Zeit zu tun, in der der Mangel – und damit der Durst – an der Tagesordnung waren, während bei sich bietender Gelegenheit umso ausgiebiger getrunken und gefeiert wurde.

Grutbier: Der fade Geschmack des Mittelalters

Von den gravierenden Veränderungen und den Innovationen bei der Bierherstellung bekamen die Menschen in den ländlichen Regionen – vor der Ausbreitung des Städtewesens und abseits der Klöster – zunächst kaum etwas mit. Über das hohe und späte Mittelalter hinweg wurde hier Grutbier produziert – ein wenig lagerfähiges Bier für den regionalen Verzehr.[12]

Die für dessen Produktion notwendigen Würzmischungen waren spätestens gegen Ende des 10. Jahrhunderts zum überregionalen Handelsgut geworden. 974 begegnet uns Bierwürze als *cervise materia* in einer Urkunde von Kaiser Otto II.[13] Im Jahr 999 gestattete sein Nachfolger Otto III. der Kirche der niederländischen Stadt Utrecht den allgemeinen Handel mit, so die Quelle, jener Bierwürze, die im Volksmund Grut genannt werde *(negotium generale fermentatae, quod vulgo grut nuncupatur)*.[14]

Wie sich die Würzmischungen, deren Bestandteile auf dem Markt gekauft, aber gewiss auch zu beträchtlichen Teilen selbst hergestellt wurden, im Einzelnen zusammensetzten, verraten die Quellen nicht. Die Blätter des Gagelkrauts *(Myrica Gale)* dürften aber den Hauptbestandteil gebildet haben. Das Verbreitungsgebiet des Gagels wiederum verweist auf jenen Raum, in dem dieser mittelalterliche europäische Biertypus verbreitet war: Die Sumpfpflanze kannte man unter diversen Namen vor allem in den Feuchtgebieten Nordwesteuropas, aber auch im südlichen Skandinavien, an der Ostseeküste und in England. Das Verbreitungsgebiet reichte bis in das Rheinland hinunter, während im Süden Deutschlands und im Raum südlich der Alpen andere Pflanzenmischungen als Bierwürzbasis dienten.

Neben Gagel fand eine fast unüberschaubare Menge an Ingredienzien bei der Herstellung der Grut Verwendung. Harz scheint eine besondere Rolle gespielt zu haben, denn es diente der Haltbarmachung des Bieres ebenso wie der Abdichtung der Fässer. In den südlichen Verbreitungsgebieten des Bieres war das Berg-Laserkraut *(siler montanum*, bot. *Laserpitium siler)* wichtig, das über eine Bitterkomponente verfügte und auch als Heilpflanze genutzt wurde.[15] Wacholder, Lorbeer, Ingwer, Anis, Kümmel und weitere heimische Ingredienzien sind ebenfalls belegt. Wir können also einerseits davon ausgehen, dass die Zubereitungsarten und damit auch der Geschmack des Bieres ein breites Spektrum aufwiesen. Andererseits scheint es, als hätten in diesem Gebiet die Würztraditionen aus keltischer und germanischer Zeit in den Bieren des hohen Mittelalters fortgelebt.

Ergebnis des obergärigen Brauprozesses war in der Regel ein nur schwach alkoholhaltiges, trübes, süßliches und kohlensäurearmes Getränk, das sich von den späteren Hopfenbieren in Geschmack und Aussehen deutlich unterschied.[16] Mit der Etablierung der Stadtwirtschaften des späten Mittelalters zeichnete sich seit dem 14. Jahrhundert eine gewisse regionale Homogenisierung ab. Viele Stadtherren statteten einzelne Pächter oder Gruppen von Pächtern nun mit einem Grutmonopol aus. Nur diese durften die fertigen Würzmischungen auf den jeweiligen Markt bringen – eine Entwicklung, die später in die Reinheitsgebote münden sollte.[17]

Bierrevolution: Hopfen verleiht Haltbarkeit und Würze

Im 13. Jahrhundert kam eine revolutionäre Neuerung zum Tragen. Irgendwann zu Beginn des 2. Jahrtausends müssen einzelne Gruter begonnen haben, ihren Würzmischungen Hopfen *(Humulus lupulus)* hinzuzufügen. Wahrscheinlich vom Baltikum aus hatte sich die Pflanze über die Häfen entlang der Ostseeküste und über die slawische Expansion nach Mitteleuropa verbreitet. Die Vorteile haben sich wohl herumgesprochen: Denn durch Hopfen wurde das Bier nicht nur würziger, sondern auch haltbarer.[18] Die in den Lupulindrüsen *(Glandulae lupuli)* des Hopfens enthaltenen Stoffe wirken beruhigend, hypnotisch und – hochdosiert – auch betäubend. Dass sie zugleich auch antibakteriell wirken, macht sie zur Bierherstellung besonders geeignet.

Der erste Nachweis für die Verwendung des Hopfens als Bierwürze datiert aus dem Jahr 822, als die Pflanze im nahe der ostwestfälischen Stadt Höxter gelegenen Kloster Corvey beim Brauen eingesetzt wurde. Bayerischer Hopfenanbau begegnet sogar noch früher, zum Beispiel in einer Urkunde des Hochstifts Freising. Daraus geht hervor, dass dort zwischen 859 und 875 Hopfengärten bewirtschaftet wurden. Zu Beginn des 1. Jahrtausends nehmen die Hinweise auf vermehrten Hopfengebrauch zu. Sie stammen aus jenen Gebieten, die später zu Zentren der Hopfenbierherstellung wurden, nämlich aus dem niedersächsischen und aus dem böhmisch-schlesischen Raum – etwa aus Breslau, Troppau, Brüx, Braunschweig oder Lübeck. Bereits im 13. Jahrhundert galt das gehopfte Bier der Ostseehafenstädte als „deutsches“ oder „preußisches“ Bier. Über den blühenden Seehandel mit Skandinavien erreichte es Dänemark, Schweden und Norwegen, wo es zum Standardbier dieser Zeit avancierte. Der Hopfenanbau in diesen Ländern erfuhr in der Folge einen enormen Aufschwung.[19]

Hopfenbiere ohne Zusatz von Grut kamen offenbar spätestens ab dem 13. Jahrhundert in Mode: Albertus Magnus (1193–1280) beschrieb um 1260 die dämpfende, beruhigende Wirkung des Hopfens.[20] Konrad von Megenberg (1309–1374), der seit 1342 in Regensburg wirkte, bestätigte dies, nicht ohne dabei auch näher auf dessen verdauungsfördernde Wirkung einzugehen.

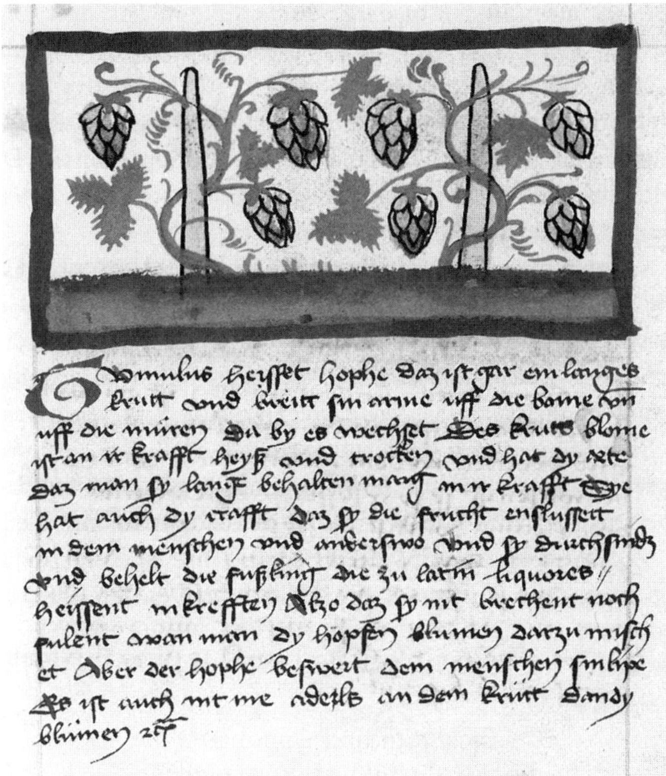

Darstellung und Ausführungen zum diätischen Nutzen von Hopfen in einer mittelalterlichen Handschrift nach Konrad von Megenberg (1309–1374). Kurpfalz (um 1455).

Voraussetzung war, dass die Hersteller an Geldverkehr und Güterhandel angeschlossen waren. Daher setzte sich der Hopfen zunächst vor allem in den Städten und den größeren Klöstern durch. Das dort produzierte Bier wurde nicht nur standardisierter, würziger, bekömmlicher, lagerfähiger und als Handelsgut profitabler, sondern auch billiger. Denn Hopfen kostete, auf die Menge des gebrauten Bieres gerechnet, nur etwa ein Drittel des Preises der entsprechenden Menge an Grut.[21] Ein Vorteil, den die kapitalstarken, innovationsfreudigen und gut vernetzten Hansestädte für sich zu nutzen wussten: Über Bremen und seit dem 14. Jahrhundert zunehmend über Hamburg wurden die Biere vor allem in den niederländischen Raum verschifft. Dort allerdings, etwa in Dodrecht, Haarlem oder Delft, wurde es bald auch von einheimischen Brauern Hopfenbier gebraut. In der zweiten Hälfte des 14. Jahrhunderts waren es dann vor allem Ostseestädte wie Wismar, die Hopfenbier nach Skandinavien verschifften, während Danzig das Baltikum versorgte. Zeitgleich stieg Einbeck zum bevorzugten Lieferanten des norddeutschen Binnenlandes auf.[22]

In Anbetracht der unbestreitbaren Vorzüge des Hopfenbieres stellt sich die Frage, warum es sich in einigen Regionen trotz guter Grundvoraussetzungen so zögerlich durchsetzte. Das Beispiel Köln zeigt die Verflechtung mit der städtischen Wirtschaftspolitik. Hier waren Grutrecht und -handel genau geregelt. Wegen der besonderen wirtschaftlichen Bedeutung hielten die Grutherren zäh an ihrem Monopol fest und agierten über Jahrzehnte hinweg gegen die Herstellung und die Einfuhr von Hopfenbieren. Erst nachdem die Brauerzunft alle Braurechte gepachtet hatte, schwenkten auch Köln, und mit der rheinischen Metropole eine ganze Großregion, auf die Produktion von Hopfenbieren um.[23]

Dickbiere und Dünnbiere: Große Vielfalt, großer Genuss?

Die Biere des Hoch- und Spätmittelalters waren nicht nur weit vielfältiger als die frühmittelalterlichen Varianten, sondern auch als ihre neuzeitlichen Nachfolgerinnen. Erst im 21. Jahrhundert steht im deutschsprachigen Raum durch den craft-beer-Trend ein ähnlicher Variantenreichtum in Aussicht.

Der Faktor Grut war der Grund, dass die Bezeichnung Bier früher eigentlich eine Sammelbezeichnung für ein breites Spektrum an vergorenen Getränken auf Getreidebasis war. Dies wurde dadurch verstärkt, dass zunächst alle Getreidesorten verbraut wurden, die verfügbar waren, beispielsweise auch der weniger geeignete Hafer. Gerste dominierte erst, nachdem sie sich wegen des Klimawandels gegen den Emmer durchgesetzt hatte. Sie eignete sich am besten für die Malzherstellung und wurde aus Gründen der Qualitätssicherung auch

Ein Braumeister rührt mit einem langen Stab in der Braupfanne.
Mendelsche Hausbücher, Nürnberg um 1400.

von einigen Stadtherren favorisiert.[24] Auf Beschluss des Nürnberger Stadtrates etwa durfte ab 1393 nur noch Gerste zum Brauen verwendet werden.[25] Zum Variantenreichtum früherer Biersorten dürften nicht zuletzt die Braugeräte beigetragen haben. Bei ihnen handelte es sich um dieselben Gerätschaften, die man auch zum Kochen oder zum Konservieren benutzte.[26]

Dünnbiere und Dickbiere: Diese beiden Kategorien wurden dabei grundsätzlich unterschieden. Für die Dickbiere wurde etwa die doppelte Menge an Braugetreide verwendet, was sich im Preis, in der Stärke des Bieres und in seiner Wertschätzung widerspiegelte. Daneben gab es Bezeichnungen, die sich auf das Aussehen der Biere bezogen. Besonders beliebt waren Rotbiere. Ihr Name ging auf die durch scharfes Darren entstandene rotbraune Farbe des Malzes zurück. Sie waren nicht nur weniger fad und etwas bitterer als andere Sorten, sondern durch die Art der Malztrocknung auch besonders haltbar. Die Rotbiere dominierten den mitteleuropäischen Markt, während die etwas leichteren, hellen Vollbiere, die auch Weißbiere genannt wurden, nur regional, etwa in Hamburg, verfügbar waren. Das Hamburger Bier übrigens traf offensichtlich den Kundengeschmack der Zeit – nicht umsonst bildete das Braugewerbe zwischen 1350 und 1500 den stärksten Wirtschaftszweig an der Elbe: Um 1367 besaß Hamburg bei gut 7.000 Einwohnern 531 Brauhäuser.[27]

Auf den Fernhandelsmärkten setzten sich die malzigen, gehopften Biere des norddeutschen Binnenlandes und des böhmischen Raumes durch.[28] Die Qualitäts- und Preisspannweite der Biere fand dabei ihre Entsprechung in der sozialen Herkunft der Käufer: Über weite Strecken gehandelte Biere waren teuer. Sie wurden bevorzugt über Binnenwasserstraßen transportiert; gelegentlich und risikobehaftet erfolgte der Transport auch über das offene Meer oder auf holprigen Wegen, was die Qualität naturgemäß minderte.

Biere einfacherer Qualität wurden als Tafel-, Tonnen- oder Tischbier bezeichnet. Dabei handelte es sich um Standardware für den Verzehr am meist städtischen Brauort. Am preiswertesten und wohl auch weitesten verbreitet war das Bier, das im Rahmen eines letzten Aufgusses gebraut wurde. Für die nur schwach alkoholhaltigen Dünnbiere gab es eine Vielzahl von Bezeichnungen, etwa „drungk", „kofent" oder „konfet".[29]

Was die Herstellung, Lagerung und den Verkauf der begehrten Ware Alkohol angeht, so wurden im hohen und späten Mittelalter zunehmend Unregelmäßigkeiten moniert: Der Franziskaner Berthold von Regensburg (1210–1272) etwa klagte in einer Predigt über den Betrug mit fauligem Bier und unsachgemäß hergestelltem Met: „Sô betriegent etelîche die liute mit fûlem wîne unde mit fûlem biere oder mit ungesotem met, oder gibet der rehten mâze niht, oder mischet wazzer zuo dem wîne."[30] Die aufstrebenden Städte gingen mit der Zeit dazu über, das Brauwesen zu kontrollieren. München beispielsweise übertrug 1363 einem städtischen Zwölfergremium des Rates die Bieraufsicht. Zudem wurden die Bestimmungen immer ausgefeilter. So schrieb München im Jahr 1420 die Lagerung frisch gebrauten Bieres vor, und 1447 verlangten die Stadträte von den Brauern, zum Bierbrauen nur noch Gerste, Hopfen und Wasser zu verwenden – „... und sonst nichts darein oder darunter tun oder man straffe es fuer valsch". Herzog Georg der Reiche erließ 1493 für sein gesamtes Herzogtum Bayern-Landshut eine Vorschrift, die zum Brauen die alleinige Verwendung von Malz, Hopfen und Wasser gebot. Neu war, dass die Behörden nun mit Nachdruck versuchten, ihre Bestimmungen mittels regelmäßiger Kontrollen durchzusetzen.[31] Auf dem Weg zum Reinheitsgebot war man fast am Ziel.

Dies war auch in England der Fall. Die Aufgabe, über die Qualität des Bieres zu wachen, oblag den „alekunners". Diese Bieraufsichtsbeamten hatten zunächst vor allem ein Auge auf die Trinkbarkeit und die Qualität des in Schenken verkauften Bieres. Unter Henry III. erhielten die Bierwächter zudem die Befugnis, den Bierpreis zu verändern, sollte sich ein Bier als nicht adäquat erweisen. Die Aufgabe des „alekunners" war gerade in den Städten, wo eine permanente Gefahr der Seuchen und Verunreinigung bestand, von hoher Bedeutung. Der Bierwächter prüfte das Bier dabei beim Ausschank eines neu gebrauten Suds. Diesen Zeitpunkt machten die Kneipenwirte durch einen langen Stab mit einem Efeubusch kenntlich, den sie über der Tür ihrer Gaststätte anbrachten. Der Wettbewerb unter den Londoner Wirten führte dazu, dass die „ale stakes", die Bierstäbe, immer größer und spektakulärer geschmückt wurden. Da sie oft sogar den Verkehr behinderten, legte die Stadt London bereits im 14. Jahrhundert per Dekret fest, dass die Bierstäbe nicht länger als sieben Fuß sein sollten.[32]

Im Bierhimmel: Das „flüssige Brot" der Klosterbauereien

Hinsichtlich des Know-hows, der technischen Möglichkeiten und rechtlichen Rahmenbedingungen herrschten im Hoch- und Spätmittelalter gravierende strukturelle Unterschiede zwischen Klöstern, Stadt und Land sowie zwischen privatem und öffentlichem Raum. In der besten Ausgangsposition waren zunächst die Klöster. Viele von ihnen waren bereits bald nach der Wende zum 2. Jahrtausend dazu übergegangen, ihr professionell gebrautes Bier selbst auszuschenken und zu verkaufen. Diese Entwicklung ist zunächst bei den Zisterziensern zu beobachten und weitete sich bald auf andere Orden aus. Auch bei der Einführung der Hopfenbiere waren die Klöster wegweisend – der Beginn der Hopfenbrauerei im oberbayerischen Weihenstephan ist hierfür ein gutes Beispiel. Mit dem Aufschwung der Geldwirtschaft traten die Klosterschenken auf den Plan. Des Weiteren erfuhren die Privilegien für den Klerus im 12. Jahrhundert mit dem *privilegium immunitatis*, das durch Kaiser Friedrich II. bestätigt wurde, ihre rechtliche Fixierung: Der Klerus im gesamten Reich wurde von bürgerlichen Abgaben und Lasten befreit.[33]

Auch fiel die Tatsache ins Gewicht, dass gegen die Klöster keine weltlichen Brauverbote verhängt werden konnten. Derartige Verbote wurden von den Landesherren immer dann erlassen, wenn Kriege oder Missernten zu Mangel an Brotgetreide und Preissteigerungen geführt hatten. Blieb das Wirtshaus also geschlossen, boomte die Klosterschenke umso mehr. All diese Faktoren hatten zur Folge, dass die Stellung der Klöster und Stifte im mittelalterlichen Bierhandel kontinuierlich stieg und auch dann noch stark blieb, als das städtische Braugewerbe zu seinem Höhenflug ansetzte. Nicht wenige Brauabteien entwickelten in dieser Zeit große überregionale Strahlkraft, etwa Corvey, St. Gallen, Saint-Mond, Westminster und Corbie.[34]

Dass Bier in den Klöstern beliebt war, liegt auf der Hand, denn auch unter den Bedingungen der mittelalterlichen Landwirtschaft ließ es sich in passablen Mengen produzieren. Dass es aber auch wertgeschätzt wurde, muss verwundern, denn im Reigen der alkoholischen Getränke konnte es nicht mit dem Wein konkurrieren; zumal dieser als grundsätzlicher Zentralbaustein des Abendmahls besonderes Ansehen genoss, das weit über seinen aus der Antike und den Schriften des frühen Christentums tradierten Symbolgehalt hinausging. Aber Wein war in der Produktion stets viel aufwendiger und damit auch teurer, sodass er vielerorts vornehmlich für das Abendmahl eingesetzt wurde und als Alltagsgetränk für die einfachen Brüder und Schwestern kaum infrage kam. Diese Schieflage scheint man bereits auf den Synoden von Aachen (816–819) erkannt zu haben, denn das Bier wurde hier als Heilgetränk deklariert.

Immer wieder hat die Literatur, insbesondere die populärwissenschaftliche, auf die enormen Mengen an Bier hingewiesen, die im Mittelalter getrunken worden seien – etwa wenn es heißt, fünf Maß täglich im Kloster St. Gallen für jeden Frater seien an der Tagesordnung gewesen.[35] Einer genaueren Überprüfung halten solche Schätzungen kaum stand. Den plausiblen Schätzungen Marianne Gechters zufolge lag der durchschnittliche Verbrauch selbst in Köln, einer der reichsten Städte des Spätmittelalters mit besonders vielen geistlichen Institutionen, allenfalls zwischen 175 und 295 Litern Bier pro Kopf und Jahr;[36] andere neuere Forschungen gehen von 300 bis 400 Litern aus, wobei es sich dann auch oft um alkoholarmes Dünnbier handelte.[37]

Letztendlich waren die Klöster stets auch ein Spiegel jener Gesellschaften, in die sie eingebettet waren. So wird es viele Einrichtungen gegeben haben, in denen man sich wenige Rohstoffe leisten konnte, sodass entsprechend nur wenig gebraut und getrunken wurde. In den zahlreichen mittelalterlichen Klöstern dürfte man dann ganz auf das Bier verzichtet haben. Dies war nicht zuletzt deshalb schmerzlich, weil das nahrhafte Bier ja auch einen Bestandteil der Ernährung ausmachte. Möglicherweise ist auch die Aussage Abt Wilbalds von Corvey (1098–1158) in diesem Zusammenhang zu sehen, der über seine Mönche klagte: „Kein Probst, kein Cellularius kann sie zufriedenstellen, denn Brot, Bier und Fleisch gibt es ihrer Ansicht nach stets zu wenig."[38] Aber letztendlich liegt die klösterliche Praxis weitgehend im Verborgenen, denn die wichtigen Programmatiker des monastischen Lebens wurden in ihren Schriften nur selten konkret.

Wir können festhalten, dass Bierbrauerei und Bierkonsum integrativer Bestandteil des mittelalterlichen Klosterlebens waren. Die Bedeutung des Bieres nahm mit der Kommerzialisierung des Verkaufs und Ausschanks seit dem 11. Jahrhundert zu. Das Klosterbier war im Vergleich zum weltlich gebrauten Bier von guter Qualität. Der Konsum in den Klöstern war regelmäßig, aber stets eingebunden in eine feste Ordnung der Chronologie und der Menge. Je höher der soziale Status eines

Klosterbewohners war, desto mehr Bier stand ihm zu, was auch für Frauen galt. Eine besondere Bedeutung kam den Bieren in den Fastenzeiten zu: Als „flüssiges Brot“ waren sie beliebt, halfen die entbehrungsreichen Phasen – jeweils 40 Tage vor Weihnachten und vor Ostern – zu überstehen.

Neuanfang: Wie der Bierexport die Städte reich machte

Gleichzeitig bahnte sich in den Städten Revolutionäres an. Mit dem Römerreich war das Städtewesen nördlich der Alpen weitgehend zusammengebrochen. Als sich die gesamtwirtschaftlichen Rahmenbedingungen um die Jahrtausendwende deutlich verbesserten, erfuhren die alten Städte wie Mainz, Worms oder Köln einen Aufschwung. Vor allem aber entstanden planmäßig neue Städte; Speyer war 1030 das früheste Beispiel. Nach der Erbauung Freiburgs im Breisgau im Jahr 1118 setzte sich die Gründungswelle fort. Sie sollte bis zur Klima- und Pestkrise in der Mitte des 14. Jahrhunderts andauern. Nicht nur im deutschsprachigen Raum entstanden zahlreiche Städte, sondern auch im Bereich der späteren Beneluxstaaten, die im Spätmittelalter ebenso zum Reichsverband gehörten wie die Schweiz, ferner in den prosperierenden Gebieten Südwestfrankreichs oder Mittelitaliens.[39] Vor allem aber strahlte das mitteleuropäische Städtewesen weit nach Nord- und Osteuropa hinein. Die Urbanisierung betraf ein Gebiet, dessen Linie von Oslo und Stockholm bis nach Danzig und in das Baltikum führte und im Osten bis tief in den böhmischen, schlesischen und polnischen Raum reichte.[40]

Drei für die Geschichte des Bieres überragend wichtige Strukturmerkmale sind mit dem neuen mittelalterlichen Stadttypus verbunden: die Genese einer kommerziellen Gastlichkeit und damit des europäischen Wirtshauswesens, die Professionalisierung des Braugewerbes und der überregionale Handel mit Bier.

Besonders stark war die Stellung des Bieres in den Städten jener Regionen, in denen es wenig oder keinen Weinbau gab und wo lediglich teure Importweine dem Bier Konkurrenz machten. Dies betraf ein

Der hl. Arnulf von Soissons (um 1040–1087),
Schutzpatron der Bierbrauer und Müller.

Gebiet, das die Britischen Inseln, Nordfrankreich, den Beneluxraum mit Ausnahme des südlichen Luxemburg, den Raum nördlich des Mains mit Ausnahme des Mittelrheintals und alle Gebiete östlich der Anbaugebiete an Saale und Unstrut umfasste – also das ganze mittlere, nördliche und östliche Deutschland mit seinem jeweiligen Hinterland. In diesem Zusammenhang steht obenstehende Abbildung: Sie zeigt Arnulf (um 1040–1087), der als Bischof im nordfranzösischen Soissons residierte. Er hält einen Maischescheit – ein Attribut, das ihn als Schutzpatron der Bierbrauer und Müller ausweist.

Von der Stellung des Bieres zeugt ein Konflikt, der als „Breslauer

Bierkrieg" (tschechisch *Pivní válka*) bekannt wurde. Dabei geriet die Stadt Breslau, der der böhmische König Wenzel IV. zur Seite stand, mit den Herzögen von Liegnitz aneinander, die sich mit dem Breslauer Domkapitel verbündet hatten. Anlass war ein Weihnachtsgeschenk, das Ruprecht I., Herzog von Liegnitz, seinem Bruder Heinrich II. nach Breslau geschickt hatte: ein Fass Bier aus dem 60 Kilometer südlich gelegenen Schweidnitz. Darin manifestiert sich die damalige außerordentliche Wertschätzung für das Bier: Immerhin handelt es sich um das Geschenk eines Herzogs, das aus dem niederschlesischen Liegnitz (Legnica) in die etwa 80 Kilometer entfernte Fernhandelsmetropole Breslau (Wroclaw) gebracht worden war. In Breslau allerdings hatte man die Bedeutung des Bieres als Handelsgut bereits erkannt und ein Einfuhrverbot verhängt, um die heimische Exportwirtschaft zu schützen. Deshalb ließ der Rat das Bier beschlagnahmen. Das Domkapitel verhängte zudem eigenmächtig ein Interdikt über die Stadt: Also ein Gottesdienstverbot, das die schwerste gewaltfreie Strafe darstellte – eine Eskalation war mithin vorprogrammiert. Im folgenden Sommer, man schrieb das Jahr 1381, reiste der böhmische König Wenzel persönlich nach Breslau. Als das Domkapitel seiner Forderung, das Interdikt aufzuheben, nicht Folge leistete, ließ Wenzel die umliegenden Kapitelgüter von seinen Truppen plündern.[41]

Das Breslauer Beispiel fügt sich in ein geschlossenes Bild: Im 14. und 15. Jahrhundert erlebten Produktion, Handel und Konsum der Hopfenbiere im urbanen Einzugsbereich der Hanse, also in weiten Teilen Nordwest-, Nord- und Nordosteuropas, ihre Blütezeit. Dabei nahmen bierproduzierende Städte mit starkem Exportgewerbe eine Spitzenstellung ein: Dortmund, Wismar, Goslar oder Bremen spielten dabei eine exponierte Rolle.[42]

Im Falle Einbecks war das Bier als Marke bald so stark, dass die Herkunftsbezeichnung mit der des Produktes verschmolz. So leitet sich die Bezeichnung für das Bockbier auch vom Namen Einbeck her. Die an der Leine gelegene Kleinstadt im südlichen Niedersachsen, der 1279 das Stadtrecht verliehen worden war, entwickelte sich zu einem überregionalen Zentrum der Hopfenbierproduktion. Spätestens seit 1351 wurden Einbecker Biere exportiert. Mit dem 1368 vollzogenen Eintritt der Stadt in die Hanse, dem wichtigsten internationalen Handelsnetz der Epoche, weiteten sich Produktion und Handel stark aus. Einbecker Bier wurde gewissermaßen zum prestigeträchtigen Modegetränk des späten Mittelalters – wohl nicht zuletzt deshalb, weil die feinherben Hopfenbiere geschmacklich mit den einfachen, lokal erzeugten Grutbieren kaum mehr etwas gemein gehabt haben dürften. Einbeck war auch in Bezug auf die Brauorganisation wegweisend: Einer festgelegten Zahl von Bürgerfamilien wurde das Braurecht verliehen, und zwar ohne Mengenbeschränkung. Die Produktion erfolgte dezentral im Rahmen von kleineren und mittelständischen Betrieben, während die Vermarktung zentral durch den Rat erfolgte. Das Modell erwies sich als so erfolgreich, dass Einbecker Bier bald bis in weit entfernte Kaufmannsstädte exportiert wurde – dorthin also, wo man sich, wie etwa in Antwerpen, Riga, Stockholm und sogar München, das teure Exportbier leisten konnte. Erst der dramatische Brand des Jahres 1540, der die Stadt fast vollständig zerstörte, beendete die Strahlkraft Einbecks.[43]

Bemerkenswert ist, dass das Thema Bier schon in der Gründungsphase der mittelalterlichen Städte politisch relevant war: Bier war ein bedeutendes Handelsgut und ließ sich gut besteuern. Freilich verlief diese Entwicklung unterschiedlich. Die frühesten Belege datieren aus jenem Raum, der im hohen Mittelalter ohnehin den größten wirtschaftlichen und kulturellen Entwicklungsvorsprung aufwies. Im Maasland, in Flandern und in Nordfrankreich, wo Weinbau klimabedingt kaum möglich war, ist die städtische Reglementierung des Brauens bereits im 11. Jahrhundert nachweisbar.

Aber auch in anderen Gegenden tranken die Bürger gerne, und die Städte nutzten die Gelegenheit, Steuereinnahmen zu erzielen. Schon im 12. Jahrhundert sind gewerbsmäßige Bierbrauer belegt, die auch Ausschank betrieben. Dabei waren private Brauereien in Betrieb, aber auch städtische Brauhäuser. Und überall versuchten die Städte, etwas vom Gewinn abzuschöpfen: „Bierpfennig“, „Biergeld“, „Malzpfennig“, „Bierzoll“, „Keuteakzise“, „Bierakziese“, „Ziese“ – die Liste der möglichen Abgaben ist lang, und vielerorts bildeten sie die städtische Haupteinnahmequelle.[44] In der Regel waren die Städte deshalb bemüht, das Brauwesen mittels eines Behördenapparats zu regulieren und dafür überproportional viel vereidigtes Personal wie etwa Bierführer, Träger, Makler und Finanzbeamte zu stellen.[45] Exemplarisch sei

Augsburg genannt, wo bereits in den Stadtrechten der Jahre 1104, 1156 und 1157 Strafen über Wirte verhängt wurden, die schlechtes Bier ausschenkten oder sich nicht an das vorgeschriebene Maß hielten. Es ist bezeichnend für das christlich geprägte mittelalterliche Rechtsverständnis, dass das konfiszierte Bier dann an die Armen verteilt wurde. Man gestand auch den völlig Mittellosen Bierkonsum zu und wertete Biergaben als besonderes Geschenk.

Die rechtlichen Rahmenbedingungen waren in mehrfacher Hinsicht von besonderer Bedeutung für die Entwicklung des städtischen Braugewerbes. Sie entwickelten sich allerdings im Norden ganz anders als im Süden. Im Gebiet der Hanse durfte in der Frühzeit des Städtewesens jeder Bürger Bier brauen, während sich in einer Region, die vom oberdeutschen Raum bis ins Rheinland reichte, früh Brauerzünfte entwickelten. Auch für England finden wir bereits 1312 in London einen Hinweis auf eine Brauerzunft.[46]

Dabei handelte es sich um institutionell festgeschriebene und zugangsbeschränkte, exklusive Handwerkerzusammenschlüsse, die über ein rechtlich verbrieftes Herstellungsmonopol verfügten. Die Brauerzünfte entstanden vor allem in Weinbauregionen, so dass es den Bürgern nicht schwerfiel, eigene Braurechte aufzugeben. Diese Entwicklung hatte aber auch zur Folge, dass das Brauwesen im Norden praktisch unter die Kontrolle des Rates kam. Stadtpolitik und Braugewerbe verschmolzen dort, während sie im Süden oft ein Gegensatzpaar bildeten. Das trug dazu bei, dass Bier nur im Norden zu einem wichtigen Fernhandelsgut werden konnte. Als im Verlauf des 15. Jahrhunderts der Bierabsatz zurückging und die Gewinnmargen wegen hoher Getreidepreise, Zölle und Abgaben sanken, änderte sich allerdings die Praxis der Brauorganisation im Norden. Nun überließen viele Bürger die Bierherstellung den Mietbrauern. Diese übten die Braurechte gegen Gebühr aus und führten damit Herstellung und Handel zusammen.[47]

Schwankende Konjunkturen und wachsende Konkurrenz führten in spätmittelalterlichen Städten oftmals zu Konflikten bei der Bierproduktion und ihrer Organisation. Auch erfuhr das Braurecht Einschränkungen, mancherorts etwa durfte nicht mehr jeder Bürger brauen, sondern nur noch jeder Hausbesitzer. Feuerschutzordnungen schränkten den Kreis der Brauberechtigten zusätzlich ein, z. B. auf Eigentümer von Steinhäusern. Das Instrument des Reihebrauens, eine von den Städten festgelegte zeitliche Limitierung des Brauvorgangs, diente dabei auch der Qualitätssicherung: Brauen musste häufig unter Zeitdruck erfolgen, denn wegen der niedrigen Temperaturen verlief der Prozess vor allem zwischen Dezember und März optimal. Beim Reihebrauen wurde mittels eines Losverfahrens entschieden, wer in den zentralen Braueinrichtungen zuerst zum Zuge kam.[48] Streitigkeiten entzündeten sich auch am Thema des steuerfreien Ausschanks: Schenken, die in adeligem oder klösterlichem Besitz waren, beharrten oft auf abgabefreiem Schank, auch wenn ihre Gaststätten innerhalb der städtischen Bannmeilen lagen. Die Bierabgaben waren häufig von solcher Bedeutung, dass die Städte erbittert um ihre Rechte kämpften. Der von 1380 bis 1382 andauernde Breslauer Bierkrieg oder der Krieg, den die niederschlesischen Städte Görlitz und Zittau am Ende des 15. Jahrhunderts ausfochten, sind in diesem Zusammenhang zu sehen.[49]

Die Wechselwirkungen zwischen Stadtpolitik und Bierherstellung sind für München besonders gut erforscht. Die Gründung der Stadt steht in direktem Zusammenhang mit der Marktrechtsverleihung durch Heinrich den Löwen im Jahre 1158. Spätestens um 1280 hatte sich an der Isar ein leistungsstarkes Braugewerbe entwickelt, das dem Herzog unterstellt war. Landespolitik und städtisches Brauwesen waren dabei eng verzahnt: die Münchner Brauberechtigten hafteten mit erheblichen Summen für die herzogliche Verleihung der Braugerechtigkeit. Die Brauer ihrerseits bildeten bald eine Interessengemeinschaft, die die Quellen als „officium praxacionis“ oder „Prewambt“ (Brauamt) bezeichneten. Spätestens in der Mitte des 14. Jahrhunderts entstand daraus eine Brauerschaft, die von vier gewählten Brauern getragen wurde und die zwischen landesherrlichen und städtischen Interessen vermittelte. Keine leichte Aufgabe: Zunächst weil die Interessen durchaus divergierten – aber auch, weil der Herzog die Braurechte ebenfalls an die Konkurrenzstädte Landshut, Ingolstadt und Straubing verlieh. Zudem besaß er als stadtherrlicher Vertreter auch gewerbehoheitliche Befugnisse über einen Teil der Brauer in der Reichsstadt Regensburg. Seit dem 15. Jahrhundert weitete der Herzog, nicht zuletzt wegen des steigenden Organisationsgrades der Verwaltung und der großen ökonomischen Bedeutung des Bieres, seinen Einfluss auf das bayerische Brauwesen aus. Nun wurden zunehmend Brauordnungen verfügt, aber auch preisliche Regulierungsmaßnahmen getroffen und Qualitätskontrollen eingeführt.[50]

Die Neuerungsschübe des städtischen und des klösterlichen Brauwesens hatten im ländlichen Raum Europas keine Entsprechung. Zwar konnten die spätmittelalterlichen Hopfenbiere über die großen Handelsrouten und -plätze in Dörfer und auf Hofstellen gelangen, doch der überwiegende Teil der Landbevölkerung mochte davon nur träumen. Allenfalls dort, wo überhaupt Bargeld verfügbar war, also am ehesten entlang des Rheins und im niederländischen Raum, vielleicht auch in den oberdeutschen Leinwandproduktionsgebieten, mag man das Importbier getrunken haben. Für den Mittelgebirgsraum, den Norden Skandinaviens und die Weiten Osteuropas ist davon keinesfalls auszugehen. Während sich also die Bierkultur im 2. Jahrtausend in vielerlei Hinsicht modernisierte, blieben an der europäischen Peripherie in Sachen Brautechnik und in der Art des Konsums ältere Muster vorherrschend; nicht nur was die Brautechnik betraf, sondern vor allem die Art des Konsums. Die vermutlich zwischen 1220 und 1240 verfasste „Egils saga", die von einem isländischen Bauern und seiner Familie erzählt, schildert das Ende eines prototypischen Trinkwettstreits:

> „Dann wurde Bier hereingetragen … Bald gab es ein Einzeltrinken, und da sollte immer ein Mann allein jedesmal ein Trinkhorn leeren; dabei gab man besonders acht auf Egil und seine Gefährten … Egil trank zuerst … und hielt sich nicht zurück; und als seine Fahrtgenossen unfähig wurden zu trinken, da trank er das an ihrer Stelle, was sie nicht mehr bewältigen konnten. Das ging so weit, bis man die Tische abtrug. Da waren auch alle, die drinnen waren, sehr betrunken; aber bei jedem vollen Horn, das Armod trank, sagte er: ‚Ich trinke dir zu, Egil' …
>
> Egil fand nun, daß er es so nicht mehr bewältigen würde; da stand er auf und ging quer durch den Raum, dorthin wo Armod saß; er faßte ihn mit den Händen bei den Schultern und drückte ihn gegen die Pfosten an der Rückseite seines Sitzes. Dann erbrach sich Egil gewaltig und spie Armod alles ins Gesicht, in die Augen und in die Nase und in den Mund, … und Armod verlor fast den Atem, und als er wieder Luft bekam, mußte auch er

> gewaltig speien. Aber alle Hausleute Armods, die dabei waren, sagten, Egil könnte man doch den niederträchtigsten aller Menschen heißen … wenn er sich so aufführe, daß er nicht hinausging, wenn er speien wollte, und daß er hier drinnen in der Halle beim Trinken solches Ärgernis erregte. Egil sagt: ‚Man soll mir deshalb keine Vorwürfe machen; ich mache es so, wie es auch der Bauer macht – er hat auch mit aller Kraft gespieen, nicht weniger als ich.'"[51]

Es ist nicht einfach, diesen Beleg in Bezug auf die europäische Bierkultur zu interpretieren; aber es fällt doch auf, dass Trinken hier in Gemeinschaft und ritualisiert ablief. Die Menge des getrunkenen Bieres korrelierte dabei wie in den frühen Trinkgelagen der Germanen und Kelten, von denen antike und frühchristliche Autoren berichteten, mit der vermeintlichen Männlichkeit. Allerdings liegen so wenige schriftliche Quellen vor, dass sich kaum Rückschlüsse auf regelmäßige Alltagspraxen ableiten lassen. Möglicherweise waren derartige Trinkgelage eine eher seltene Erscheinung, eine Ausnahme, die dazu führte, dass die Männer den besonderen Gerstensaft nicht unbedingt gut vertrugen und kaum Erfahrung mit ihm hatten. Vielleicht handelte es sich aber auch um eingeschliffene Kulturmuster, die in langen Linien tradiert worden waren.

War das Bier in Mitteleuropa zu dieser Zeit zum Standardgetränk avanciert, so war es im Mittelmeerraum immer dem Wein unterlegen. Der hohe Norden verharrte in den Konsum- und Wertigkeitsmustern des frühen Mittelalters.

Die Verfügbarkeit von Hopfenbier war im späten Mittelalter der Lackmustest für wirtschaftliche Potenz. Das bedeutet im Umkehrschluss: In den meisten ländlichen Regionen Europas wurde dort, wo kein Weinbau betrieben wurde, weiterhin einfaches Grutbier gebraut. Eine flächendeckende Versorgung mit Klosterbier kann kaum stattgefunden haben. Zwar ist von mehr als 500 Klosterbrauereien im Mittelalter auszugehen. Aber auf die große Fläche gerechnet war das nicht viel, verglichen etwa mit den rund 30.000 Brauereien, die es zu Beginn des 19. Jahrhunderts allein in Bayern gab.[52]

So verharrten der ländliche Raum Europas und selbst Städte wie zum Beispiel Aachen in der ersten Hälfte des 2. Jahrtausends in der

Grutbierphase. Aus Mangel an Quellen bleiben die Praxis des häuslichen Brauens und die Verbrauchsmengen auf dem Land überwiegend im Dunkeln. Wir dürfen aber davon ausgehen, dass die Mehrzahl der Frauen, Kinder, Mittellosen und vielleicht auch viele alte Menschen dort wenig oder kein Bier haben trinken können.[53] Gehen wir davon aus, dass damals fast 90 % der Bevölkerung auf dem Land lebten, dann wird die Exklusivität des professionell in den Städten hergestellten Hopfenbieres deutlich. Wahrscheinlich konnte es das Bier hinsichtlich seines Ansehens oft sogar mit dem Wein aufnehmen.[54] Als der Engländer Thomas Becket 1158 auf den Kontinent reiste, brachte er seinen französischen Gastgebern jedenfalls zwei Wagenladungen Alefässer mit – Bier konnte eben durchaus ein Prestigeprodukt sein.[55]

Zwischen Arbeit und Vergnügen: Die Bedeutung des Wirtshauses

Wurde Bier bis dahin in den Familien, auf den Adelshöfen oder auch in den Klöstern ausgeschenkt, so rückte jetzt eine Institution in den Blickpunkt, die bald überragende Bedeutung gewinnen sollte. Gemeint sind die professionell betriebenen Gaststätten, die seit dem Niedergang des Römerreiches, zumindest im Raum nördlich der Alpen, allenfalls ein Schattendasein gefristet hatten.

An der Genese des Gaststättenwesens lassen sich der ökonomische und damit auch der kulturelle Aufschwung des Mittelalters direkt ablesen. So ist es kein Wunder, dass die Wirtshäuser sich zunächst im besonders weit entwickelten Nordwesteuropa verbreiteten. Einem Güterverzeichnis des 9. Jahrhunderts zufolge gab es in der stadtartigen Siedlung um die Abtei St. Riquier bei Amiens eine Gasse der Tavernenwirte („vicus cauponum"), die der Abtei täglich 30 Sextar Bier, also etwa 150 bis 200 Liter, lieferte. Bereits zu dieser frühen Zeit hatten die Tavernen viele Funktionen: Man konnte Bier konsumieren oder zum Mitnehmen kaufen. Gleichzeitig ging man in die Gaststätte, um Abgaben und Zölle einzunehmen.[56] Bereits vor der Wende zum 2. Jahrtausend wird deutlich, dass Gaststätten auch für die Etablierung der Verkehrswege unverzichtbar waren. Handel braucht Infrastruktur, vor allem dann, wenn er zu Fuß oder mit Reit- und Zugtieren abgewickelt wird. Das wichtigste Element dieser Infrastruktur war ein Typus der Fernverkehrsgaststätte, der für den Nordwesten Frankreichs seit dem 10. Jahrhundert belegt ist. So befand sich damals unweit von Amiens an der Straße nach England eine große Viehweide mit einer Bierschenke. Dort kehrten die Bauern ein und spielten eine Art Fußballspiel mit einem Lederbeutel.[57] Hier zeigt sich die Multifunktionalität, die viele Wirtshäuser über das gesamte weitere Mittelalter hinweg auszeichnete: Sie waren Bierschenke, Rast- und Pferdewechselstation, Ort für Fest und Spiel, Schutzraum vor Kälte und Witterung – und nicht selten der einzig beleuchtete Ort in einer oft dunklen Welt.

Hinzu kam eine Funktion, die in ihrer Bedeutung kaum überschätzt werden kann: die Rolle der Gaststätte bei der Versorgung von Pilgern und später von Wallfahrern. Da sich die meisten von ihnen keinen Wein leisten konnten, war Bier vielerorts das unangefochtene Pilgergetränk. Dies zeigte sich an Warenverkehrsknotenpunkten, die gleichzeitig an Pilgerrouten lagen, etwa dem am Hochrhein gelegenen, schweizerischen Schaffhausen. Nach der Güterbeschreibung des Klosters Allerheiligen gab es dort bereits um das Jahr 1100 neun Bier- und zwei Weinschenken – damit war jedes zehnte Haus eine Schenke! Diese geballte Ansammlung von Wirtshäusern lag aber nicht nur an der wirtschaftlichen Bedeutung des Ortes durch die Schifffahrt, sondern auch an den nahen Pilgerorten Reichenau, St. Gallen, Kloster Rheinau sowie Zurzach. Auch Rom- und Santiagopilger führte ihr Weg oft über Schaffhausen.[58]

Das Gaststättenwesen breitete sich seit dem 11. Jahrhundert allmählich, seit dem 12. Jahrhundert rascher aus. Ab dem 13. Jahrhundert drang es sogar in strukturschwächere Regionen vor. In den Raststätten und Dorfschenken wurde vielerorts auch gebraut. Größere Braubetriebsanlagen ließen die Grundherren von ihren Untertanen auf Grundlage des Bannrechts gegen ein Entgelt nutzen. Doch mit zunehmendem Erfolg versuchten einige Dörfer, sich aus dem Zwang der Bierbrauerei durch Zahlung von Brauzinsen zu befreien.[59]

Zwar war die mittelalterliche Land- und Dorfschenke weit verbreitet, trotzdem gab es viele strukturschwache Regionen, die allenfalls über wenige Tavernen verfügten. Diese waren keinesfalls ganzjährig und ganztägig geöffnet, vielmehr wurden sie oft als Nebengewerbe geführt. Es gab dort meist Grutbier, vor allem in der winterlichen Brausaison. Im dünner besiedelten und später urbanisierten östlichen Europa fand diese Entwicklung mit einiger Verzögerung statt. Die Weite des Raums führte dazu, dass sich ein ausdifferenziertes Gaststättenwesen etwa in Polen nicht vor dem 15. Jahrhundert entwickelte.

Bunt war das Bild, das sich in den mittelalterlichen Städten bot. Weil fremde Kaufleute, weltliche und geistliche Funktionsträger, Bauern und Pilger hier zusammenkamen, war ein ausdifferenziertes, kommerzielles Gaststättenwesen unverzichtbar.[60] Ein Strukturwandel des Bierkonsums macht sich bemerkbar: Vor der Verbreitung des Branntweins und der alkoholfreien Heißgetränke sowie in Regionen, in denen kein Wein angebaut wurde, war das heimische Bräu oft das einzige Getränk, und die Städte pochten auf Schankfreiheit für ihre Bürger.[61] Ähnlich wie auf dem Land waren viele Gaststätten kaum von Privathäusern zu unterscheiden. Mit der Zeit aber wurde die Trennlinie zwischen privater und öffentlicher Sphäre schärfer gezogen: Das Wirtshausschild wurde schließlich zum klaren Unterscheidungsmerkmal.

Die Öffnungszeiten der Gaststätten verraten viel über die Zeiten des Bierkonsums. Das Biergeschäft folgte dem Rhythmus von Handel, Gewerbe und Landwirtschaft. Daher öffnete man in der Regel bereits im Morgengrauen. Der Bierkonsum konzentrierte sich nicht wie heute auf die Abendstunden, sondern war gleichmäßig über den Tag verteilt. Aus ordnungspolitischen Gründen wurden die Öffnungszeiten bald reglementiert. In der spätmittelalterlichen Stadt war meist abends um acht oder spätestens um zehn Uhr Sperrstunde – aber man ging ohnehin früh zu Bett. An hohen Feiertagen und während des Gottesdienstes blieben die Gasthäuser geschlossen.[62]

Trotz zahlreicher Kontrollen, denen die spätmittelalterlichen Wirtshäuser unterlagen, wurden immer wieder Strafen verhängt, insbesondere wegen Panschens von Bier.[63] Ein Kölner Ratsbeschluss des Jahres 1456 legt dar, wie stark die Behörden in das Wirtswesen eingriffen. Darin wurde festgelegt, dass es wegen vieler schandbarer Vorkommnisse, die sich Tag und Nacht in den Tavernen und Schankstuben gerade auch zwischen Männern und Frauen ereignet hätten, zukünftig verboten sei, dort noch Bier auszuschenken. Das durften von nun an nur noch die konzessionierten Brauhäuser.[64] Eine Sperrstunde wurde offenbar also noch nicht konsequent eingehalten. Außerdem lässt sich aus diesem Dokument schließen, dass die Gaststätten spätestens zu dieser Zeit Zentren urbaner Geselligkeit waren und Männer und Frauen hier offenbar gemeinsam tranken. Auch hatten anscheinend immer mehr Bürger „biertavernen" eröffnet, um dort das von gewerbsmäßigen Brauern im Rahmen der Hausbrauerei hergestellte Bier zu verkaufen. Die Stadt erließ das strenge Verbot nun aber nicht etwa in erster Linie wegen des schlechten Betragens der Gäste. Vielmehr entzogen sich die freien Wirtschaften häufig der Kontrolle, und dem Gemeinwesen entgingen auf diese Weise Steuereinnahmen. Deshalb sollte der Ausschank fortan an die offiziellen Brauhäuser gebunden sein, die Herstellung und Ausschank unter einem Dach vereinten. Diese neue Form sollte den Kölner Gaststättenmarkt bald dominieren. Im 16. Jahrhundert zählte die Stadt über 60 Brauhäuser, die sich erfolgreich neben den zahlreichen Weinschenken behaupteten.[65]

Trinken ohne Reue: Konsum und kulturelle Wertigkeiten

Die gesellschaftliche Bewertung des Bieres und die getrunkenen Mengen sind angesichts des dünnen Quellenmaterials am schwierigsten zu rekonstruieren: Fest steht, dass Alkoholkonsum zur damaligen Zeit wertgeschätzt wurde und eine grundsätzliche Enthaltsamkeit nicht gefordert wurde.[66] Im Gegenteil: Gutes Leben wurde mit Alkoholkonsum konnotiert – und Bier war für die meisten das einzig verfügbare alkoholische Getränk. Vor diesem Hintergrund ist auch das Bild mittelalterlicher Nahrungsreduktion unter Arrest zu interpretieren: Jemanden auf Wasser und Brot zu setzen und damit zum Bierverzicht zu zwingen, war ein so hartes und auch bekanntes Strafmaß, dass Kaiser Karl IV. dieses Druckmittel im Jahr 1356 per „Goldene Bulle" gegen die zaudernden deutschen Kurfürsten einsetzte.[67]

Dennoch war die Bewertung des Bierkonsums durchaus ambivalent. Ein gutes Beispiel für die weit verbreitete und normsetzende höfische Dichtung ist das Epos *Rennewart* von Ulrich von Türheim (ca. 1195–1250). Darin wird das Bier für den Adel zunächst als kaum standesgemäß dargestellt:

> „... da sah man niemanden Bier trinken, sondern man becherte Wein, Claret, Syropel und süßen Met". Im *Iwein*, einem um 1200 in Versform verfassten Artusroman Hartmann von Aues, fällt die Bierkritik noch schärfer aus: „Ein einziger Becher Wein, das sei Euch gesagt, gibt mehr große Worte und Tapferkeit ein als vierundvierzig mit Wasser oder mit Bier."[68]

Der Kritik der höfischen Dichtung steht die Realität gegenüber. Im hohen und im späten Mittelaltar war Bier – zumindest außerhalb des eng umgrenzten Gebietes, in dem Weinbau betrieben wurde – ein beliebtes Getränk von Bürgern und oft wohl auch von Adeligen. Der sächsische Annalist beschreibt den Verbrauch des sich auf Reisen befindenden Hofes Kaiser Ottos I. in der zweiten Hälfte des 12. Jahrhunderts folgendermaßen:

> „Jener Kaiser hatte für jeden Tag, wie sich verzeichnet findet, folgenden Speisevorrath: tausend Schweine und Schafe, zehn Fuder Wein und zehn Fuder Bier, tausend Malter Korn, und acht Rinder, außer den Hühnern, Ferkeln, Fischen, Gemüsen und anderem mehr."[69]

Zwar darf man diesen Mengenangaben nicht zu großen Glauben schenken, aber Bier und Wein tauchen hier doch gleichberechtig und in gleicher Größenordnung auf.

Was die durch Alkohol bewirkten rauschartigen Zustände angeht,[70] so dürften diese im hohen und späten Mittelalter, zumindest in Mittel-, Nord- und Osteuropa, aus übermäßigem Bierkonsum resultiert haben. Folgen wir der bisherigen Forschung, so scheint man dem Rausch eher unreflektiert begegnet zu sein und seine physischen und psychischen Folgen nicht zur Kenntnis genommen zu haben. Ebenso ist davon auszugehen, dass der Bierkonsum weit häufiger in Gemeinschaft als alleine realisiert wurde: Der Rausch war eine Sache der Gruppe, fand also unter sozialer Kontrolle statt, mithin nach kulturellen Normen.[71]

Immer wieder ist behauptet worden, im Mittelalter habe man prinzipiell einen ungezwungenen und von psychisch internalisierten Hemmungen nicht belasteten Rausch geschätzt und auch gesucht. Zudem habe es eine relativ geringe Affektkontrolle und eine ebenfalls geringe Rauschkontrolle gegeben.[72] Nach kritischem Abwägen der Forschungslage muss man aber konstatieren, dass die Quellen solche Schlüsse nur selten zulassen. Eher sind Einzelbeispiele belegt, etwa die englischen „church ales", kirchliche Veranstaltungen, auf denen von den Gemeindemitgliedern regelmäßig gemeinsam Bier getrunken wurde. Besonders zahlreich belegt sind die fünfmal jährlich stattfindenden „glutton masses", in deren Rahmen nach der Messe gemeinsam gegessen und getrunken wurde und bei dem die Trunkenheit aller Teilnehmerinnen und Teilnehmer inklusive des Klerus eines der Ziele war. Zwischen den Gemeinden wurden regelrechte Wettbewerbe ausgetragen, wer zu Ehren der Heiligen Jungfrau am meisten Fleisch vertilgen und am meisten Bier trinken konnte.[73] Wie oft es aber in der Praxis abseits solcher Sonderfälle zu Rauschzuständen kam und wie sie kulturell verhandelt wurden, muss weitgehend im Dunkeln bleiben.

Trinkpraxis und Trinkbewertung der Oberschicht im Mittelalter sind derzeit nicht abschließend zu beurteilen. Hier aber entwickelten sich im Verlauf des Mittelalters eher Normierungstendenzen als bei der Landbevölkerung.[74] Dabei zeigt sich, dass die Britischen Inseln und Europas Norden in diesem Prozess der Domestizierung des Bierkonsums etwas hinterherhinkten.

Von den Disziplinierungsmaßnahmen war auch der Klerus betroffen. Bereits bei den Visitationsfragen des Regino von Prüm mussten die dem Eifelkloster unterstellten Geistlichen angeben, ob sie sich bei Begräbnisfeiern oder Gedächtnisgottesdiensten zu Ehren Verstorbener betrinken oder gar andere zum Trinken zwingen würden – Bestimmungen, die so nicht erlassen worden wären, wenn es keinen Handlungsbedarf gegeben hätte.[75] In der Folgezeit wurden solche Ausschweifungen systematisch geahndet. Immer wieder verboten Synoden und Konzile bis zum 13. Jahrhundert Geistlichen den Besuch von Wirtshäusern und legten Strafen für betrunkene Kirchenleute fest. Strafgesetze gegen Trunkenheit setzten sich aber erst an der Wende zur Neuzeit durch. Klare legislative Maßnahmen ergriff das Heilige Römische Reich 1495, während Frankreich erst 1536 nachzog.[76]

Kontexte und Wirksamkeit all dieser begrenzenden Maßnahmen sind heute kaum zu rekonstruieren. Für den Alltag der breiten Bevölkerungsmehrheit waren sie ohnehin nur wenig bedeutsam. Hier spielte etwa die medizinische Verwendung des Bieres eine weit größere Rolle. Angaben über exorbitanten Bierkonsum sind in der älteren Forschung immer wieder genannt, an dieser Stelle aber bereits als Topos entlarvt worden. Klar dürfte sein, dass der Bierkonsum insgesamt gesehen im Verlauf des Spätmittelalters stieg. Immerhin blieb der Wein aber als Getränk der Mittel- und Oberschichten verbreitet.[77]

Was den Umfang des Bierkonsums betrifft, erlaubt die vergleichsweise günstige Überlieferungssituation zwar erste Zahlenangaben und Berechnungen; danach tranken die Erwachsenen in vielen Gegenden im Schnitt etwa zwei Liter Bier täglich. Die spätmittelalterliche Ökonomie war jedoch noch sehr labil, und die periodischen Schwankungen waren so stark, dass letztlich kaum verlässliche Quantitäten genannt werden können. Die Ausnahme scheint der höhere Klerus gebildet zu haben; die Bierrationen könnten hier mehrere Maß pro Tag betragen haben. Ob das Bier tatsächlich getrunken oder verrechnet wurde, muss allerdings offenbleiben, denn der Anspruch auf ein festgeschriebenes Deputat muss nicht mit dem tatsächlichen Konsum übereinstimmen.[78]

Ein Schlaglicht auf den mittelalterlichen Alltag wirft die neue Landesordnung, die die Herzöge von Sachsen 1482 erlassen hatten. Sie bestimmte unter anderem die Kost der Untertanen, die zur Arbeit zwangsverpflichtet waren:

> „Es soll auch von niemand anders gehalten werden und man soll denselben Werkleuten allezeit zu ihrem Mittag- und Abendmahl 4 Essen geben. An einem Fleischtag ein Suppen, zwei Fleisch und ein Gemüse. Auf einen Freitag und anderem Tag, da man nicht Fleisch isset, ein Suppen, ein Essen grün oder dürre Fisch, zwei Zugemüse. So man fasten muss fünf Essen: ein Suppen, zweierlei Fische dürre oder grün, und zwei Gemüse. Zudem morgens und abends Brot. Zwischen den Mahle soll man ihnen nicht mehr

> denn Käse und Brot und sonst keine gekochte Speis geben, man mag ihnen aber das Mittag- und Abendmahle und sonst über Tag Konfent (dünnes Bier) zu trinken geben."[79]

Dünnbier war hier ein Standardgetränk, das auch als Durstlöscher fungierte – die verabreichten Mengen bleiben auch hier im Dunkeln.

8. Technik, Krieg und Neue Welt

Die heterogene Bierkultur der frühen Neuzeit

Zu Beginn des 16. Jahrhunderts geriet die mittelalterliche Welt aus den Fugen. Bereits zwei Generationen zuvor hatten sich fundamentale Veränderungen angebahnt: Das Jahr 1453 steht für die Erfindung des Buchdrucks und die damit verbundene Informationsrevolution. Zugleich ist es das Jahr, in dem das Byzantinische Reich mit seiner Hauptstadt Konstantinopel in die Hände der osmanischen Eroberer fiel und unterging.

Die Eroberung der Bosporus-Metropole bewirkte, dass die byzantinischen Gelehrten ins Abendland flohen und dort maßgeblich am Beginn der Renaissance beteiligt waren. Die Wissenschaften erlangten einen neuen gesellschaftlichen Stellenwert. Da die alten Handelswege nach Indien durch die osmanische Herrschaft in Kleinasien unterbrochen waren, mussten neue Routen gesucht werden. Im Jahre 1492 resultierte aus dieser Suche die Entdeckung Amerikas. Den Abschluss der Epochengrenze markiert die Reformation, die nach populärer Deutung im Herbst 1517 mit Luthers Thesenanschlag an der Schlosskirche Wittenberg begann. Dies waren fundamentale Veränderungen, die allesamt Auswirkungen auf die Bierkultur nach sich ziehen sollten.[1]

In Bayern hatte man zunächst ganz andere Sorgen. Um die Wende zum 16. Jahrhundert wurden Klagen über schlechtes Bier laut. Einige Brauer hatten minderwertiges Braugetreide verwendet oder dem Bier gar berauschende Substanzen beigefügt, und dies nicht ohne Grund: Wiederholte Missernten hatten die Getreidepreise in die Höhe getrieben. Damit die Brauer und Gastwirte die Bierpreise nicht eigenmächtig anheben konnten, setzten die Behörden diese vielerorts fest.[2] Mit den Qualitätsabstrichen reagierten die Brauer auf die neuen Preisregelungen: Es galt, trotz gestiegener Rohstoffpreise profitabel zu arbeiten.[3]

Das Reinheitsgebot von 1516: Struktur und Konsequenzen

Die bayerischen Herzöge reagierten auf das Problem, wie Behörden auch heute reagieren würden: auf dem Verordnungsweg. Drei Ziele strebten sie mit ihren Regulierungsmaßnahmen an: Die Optimierung der staatlichen Einnahmen und damit die Stärkung der heimischen Wirtschaft, die Kontrolle über das Marktgeschehen – vor allem über die kritische Getreideversorgung – sowie die Sicherung der Produktqualität und des Verbraucherschutzes.[4]

Bis dato galten unterschiedliche, teils kleinräumige Territorialrechte, die nach der Vereinigung diverser bayerischer Teilherzogtümer harmonisiert werden mussten. Die zuständigen Herzöge Ludwig X. und Wilhelm IV. erließen daher am 23. April 1516 im oberbayerischen Ingolstadt eine neue Landesordnung, in der das Bier eine prominente Rolle spielte und die als die Geburtsstunde des Reinheitsgebotes gilt. Dieser Erlass ist vor dem Hintergrund des Interessenausgleichs zwischen Landständen und Zentralgewalt, der Ablösung des Weins durch Bier und der häufigen Getreideknappheit zu sehen.[5] (Vgl. S. 130.)

Diese Verordnung sollte überall im Fürstentum Bayern zur Anwendung kommen, und zwar sowohl auf dem Land als auch in allen Städten und Marktorten. Offenbar ging man also davon aus, dass flächendeckend ein Bier gebraut wurde, das hinsichtlich seiner Qualität eine gewisse Homogenität aufwies. Wenig verwunderlich ist die zeitliche Begrenzung: Die jährliche Geltungsdauer bezog sich auf die Spanne zwischen Michaeli am 29. September und dem St. Georgstag am 23. April. Damit war der übliche Braukorridor beschrieben. In diesem Zeitraum sollte eine Maß, die damals 1,069 Litern entsprach, maximal einen Münchner Pfennig kosten. Auffallend hoch war der Preis für das im Sommer verkaufte Bier, das zwischen dem 24. April und dem 28. September ausgeschenkt wurde: Der Preis durfte doppelt so hoch liegen! Ein Hinweis darauf, dass im Winterhalbjahr mehr Bier getrunken wurde als im Sommerhalbjahr. Offenbar bot sich in diesem Jahresabschnitt, im Rahmen von Wirtshausbesuchen oder Festen, vermehrt die Gelegenheit zum Bierkonsum.

Das Reinheitsgebot
in der bayerischen Landesordnung von 1516

Item wir ordnen / setzen / und wöllen mit Rathe unnser Lanndtschaft / das füran allennthalben in dem Fürstenthumb Bayrn / auff dem Lande / auch in unnsern Stettn unn Märckthen / da deßhalb hieuor kain sonndere ordnung ist / von Michaelis biß auff Georij / ain mass oder kopffpiers über ainen pfenning Müncher werung / unn von sant Jorgentag / biß auff Michaelis / die mass über zwen pfenning derselben werung / und derenden der kopff ist / über drey haller / bey nachgesetzter Pene / nicht gegeben noch außgeschenckht sol werden. Wo auch ainer nit Mertzn / sonder annder pier prawen / oder sonst haben würde / sol Er doch das / kains wegs höher / dann die maß umb ainen pfenning schencken / und verkauffen. Wir wöllen auch sonderlichen / das füran allenthalben in unsern Stetten / Märckthen / unn auf dem Lannde / zu kainem Pier / merer stückh / dann allain Gersten / Hopfen / unn wasser / genommen unn gepraucht sölle werdn. Welher aber dise unsere Ordnung wissentlich überfaren unnd nie hallten wurde / dem sol von seiner gerichtzöbrigkait / dasselbig vas Pier / zuestraff unnachläßlich / so offt es geschicht / genommen werden. jedoch wo ain Grüwirt von ainem Pierprewen in unnsern Stettn / Märckten / oder aufm lande / jezuezeitn ainen Emer piers / zwen oder drey / kauffen / und wider unnter den gemaynen Pawrsuolck ausschenken würde / dem selben allain / aber sonßt nyemandes / soldyemass / oder der kopffpiers / umb ainen haller höher dann oben gesetzt ist / ze geben / unn / außzeschencken erlaubt unnd unuerpotn.[6]

Die genannte Mengenangabe darf nicht zur Annahme verleiten, dass die Bayern früher aus noch größeren Maßkrügen tranken als heute – die Krüge waren, sofern vorhanden, sogar weit kleiner. Geregelte Preise gab es auch für einen „Kopf", ein halbkugelförmiges Gefäß. Bestraft werden sollten nach der Landesordnung künftig all jene, die versuchten, Bier teurer zu verkaufen – was darauf hindeutet, dass die Konkurrenzsituation zunächst noch überschaubar war: Die Biernachfrage war größer als das Angebot, denn sonst hätte die Preisbeschränkung kaum Sinn ergeben. Am bekanntesten und wichtigsten ist jene Passage der Landesordnung, die vorschreibt, welche Inhaltsstoffe zum Brauen verwendet werden durften. Sie lautet in der Übersetzung: „Ganz besonders wollen wir, dass fortan überall in unseren Städten, Märkten und auf dem Lande zu keinem Bier mehr Stücke als allein Gerste, Hopfen und Wasser verwendet und gebraucht werden sollen." Zuwiderhandlung wurde unter Strafe gestellt.

Auffallend an der Brauzutatenverordnung ist, dass Hefe keine Erwähnung fand. Es erschien einfach nicht bemerkenswert, denn die genaue Funktionsweise der Hefe war unbekannt. Man wusste nur, dass der Brauvorgang eines Stoffes bedurfte, der meist nicht zugekauft, sondern als Rest vom letzten Gärvorgang einfach zur Bierwürze zugegeben wurde. Die Verordnung des Jahres 1516 markiert den Höhepunkt einer ganzen Serie von Maßnahmen. Bereits seit dem 12. Jahrhundert hatte man vor allem im urbanen Bereich versucht, die Bierherstellung sicherer zu machen und zumindest ansatzweise zu standardisieren.

Im Laufe der Jahre erfuhr das Reinheitsgebot diverse Veränderungen. So wurden 1551 etwa die Zutaten Koriander und Lorbeer legalisiert. Dass Bilsenkraut und Seidelbast dagegen ausdrücklich verboten wurden, zeigt, dass sich die bayerischen Brauer trotz der Regularien nicht davon abhalten ließen, dem Bier immer wieder berauschende Substanzen beizumischen. Insgesamt erweist sich: Das Reinheitsgebot des Jahres 1516 ist als eine Art kleinster gemeinsamer Nenner der Bierproduktion zu sehen. Es sollte bestimmte Getreidesorten ausschließen, dabei aber nicht alle würzenden Zusatzstoffe vorgeben. Somit ist es auch nicht als programmatisches Plädoyer für eine Bierreinheit zu sehen. Das Reinheitsgebot steht paradigmatisch für einen klaren Trend zum Bier als gehopftem alkoholhaltigen Getränk auf Gerstenbasis. Die Ehre, ein fundamentales, legislatives Instrument für eine grundsätzlich neue Bierkultur zu sein, gebührt ihm dagegen nicht.

Zwischen „Kleiner Eiszeit" und technischem Fortschritt: Frühneuzeitliche Biervielfalt

Im Verlauf der Frühneuzeit kam ein Faktor ins Spiel, der weite Teile der europäischen Lebenswelten dramatisch verändern sollte: eine massive Klimaveränderung, die sich im späten 15. Jahrhundert andeutete und sich bis ins frühe 19. Jahrhundert auswirkte. Die Klimaforschung hat ihr das Etikett „Kleine Eiszeit“ verliehen. Die Zeitgenossen litten unter den Veränderungen – vor allem in jenen Phasen, in denen die Winter klirrend und lang waren und der Sommer so spät kam, dass Spätfröste die Vegetation massiv schädigten. Bereits im späten 15. Jahrhundert missrieten diverse Weinjahrgänge, und vom Nieder- und Mittelrhein bis in den österreichischen Raum hinein wandte man sich verstärkt dem Bierkonsum zu. Besonders kalt war es etwa in der Zeit von 1566 bis 1630 und erneut zwischen 1675 und 1715.[7]

Dieser Prozess wirkte sich massiv auf die europäische Getränkekultur aus. Am Unterlauf des Mains etwa hatten zahlreiche Bauern in der ersten Hälfte des 16. Jahrhunderts ertragreiche Weinstöcke angepflanzt. Nun schädigten die Spätfröste die empfindlichen Pflanzen unwiederbringlich. Die Bierproduktion dagegen war von den klimatischen Veränderungen kaum betroffen, denn die robuste Gerste verträgt Kälte ebenso gut wie der Hopfen. Die Folge: Das Bier verdrängte den Wein als wichtigstes Volksgetränk in der Frühneuzeit endgültig.

Außerhalb der Weinbauregionen wurde Wein zunehmend zum Getränk des Adels und des gut verdienenden Stadtbürgertums – eine Entwicklung, die bereits im Spätmittelalter begonnen hatte. Der überwiegende Teil der Landbevölkerung, die städtischen Unterschichten, Handwerker und der niedere Klerus hingegen tranken vor allem Bier. Durch die Reduzierung des Weinangebots stieg gleichzeitig der Bedarf an qualitativ hochwertigem Bier.[8] Auch in Bayern war der Weinbau zusammengebrochen. Die Landesherren förderten den Hopfenanbau – das einstige Weinland Bayern wurde zum Bierland. Das Reinheitsgebot ist also auch im Kontext des angeordneten und geförderten Hopfenanbaus zu lesen.

Die Bierkultur der Frühneuzeit war weiterhin von den Rohstoffen und den Herstellungsprozessen abhängig. Hatte das Mittelalter diesbezüglich revolutionäre Neuerungen erlebt, trat in der Frühneuzeit eine breitere Konsolidierung ein. Das betraf zunächst die Produkte selbst: Die lagerfähigen, untergärigen Hopfenbiere verdrängten zunehmend die älteren Grutbiere, auch in England oder im Rheinland.[9] Diese Konsolidierung war der Homogenisierung der Brautechniken und der zunehmenden Professionalisierung des Gewerbes geschuldet: Aus Schankwirten und Gelegenheitsbrauern wurden gewerbliche Brauer. Obwohl die Grundmuster des Würzens und Brauens in der Frühneuzeit homogener wurden, gab es innerhalb dieses Rahmens eine fast unüberschaubare Palette an Variationen: Man trank Weißbiere, Rotbiere oder auch Schwarzbiere. Intensität und Temperatur des Malzdarrens waren für die Farbe und für die Benennung der Biere verantwortlich. Daneben spielte die Wahl des Ausgangsgetreides eine wichtige Rolle. Gerste befand sich auf dem Vormarsch, und Rotbiere dominierten so vielerorts.

In Bayern versuchte eine Verordnung von 1567, die Weißbierbrauerei mit folgender Begründung einzuschränken: „Weil es unnützes Getränk ist, das weder führt noch nährt, noch Kraft und Macht giebt, sondern nur zum Trinken reitzt."[10] Herzog Maximilian I. wählte schließlich einen anderen Kontrollmechanismus: Er erklärte die Weißbierbrauerei 1602 zum landesherrlichen Privileg und ließ diverse Weizenbier-Brauhäuser errichten. Diese erwiesen sich bald als überaus profitabel, denn das Weißbier traf den Geschmack der Zeit. So verdiente die bayerische Staatskasse dank des landesherrlichen Monopols und hoher Steuern erheblich an der Popularität des Weizenbiers mit.

Ein weiteres Beispiel für die Sortenvielfalt findet sich im rheinischen Jülich. Hier sind die Brausteuerrechnungen des Wirtschaftsjahres 1757/1758 überliefert. Danach betrug der Anteil des Malzes an den Brauausgangsstoffen 68 %. Immerhin 23 % Roggen wurden verbraut sowie 5 % Gerste, die nicht vermalzt wurde, und 4 % Hafer.[11] Namengebend, und vor allem auch steuertechnisch relevant, waren aber weniger der Geschmack als vielmehr die Stärke dieses Bieres: In Jülich unterschied man im 18. Jahrhundert zwischen „Bürgerbräu", „Dünnbier" und „Doppelbier".[12]

Im mitteleuropäischen Raum blieb die Vielfalt in den ökonomisch rückständigen und verkehrsgeographisch abgelegenen Regionen größer als in den Innovationszentren. Die Menschen hielten sich an schwach alkoholhaltige Dünnbiere oder an die einfachen Biere lokaler Erzeugung. Die wachsende soziale Differenzierung und die im Verlauf der Frühneuzeit stark wachsende Armut vor allem im urbanen Raum dürften diesen Trend noch verstärkt haben: Die Stellung des Individuums auf der sozialen Rangleiter spiegelte sich in Preis und Qualität des getrunkenen Bieres.

Blickt man auf die europäische Braukultur der Frühneuzeit, so fallen im 16. und 17. Jahrhundert, neben den vielerorts nördlich der Alpen noch existierenden heimischen Braupraxen, vier Muster auf. Zunächst sind die nebengewerblichen Kleinbrauereien zu nennen, die oft an eine Schankstätte gebunden waren. Sie hatten nicht selten mit ineffizienten Produktionsanlagen und technologischem Rückstand zu kämpfen. Im städtischen Raum bildete sich zunehmend ein vollberufliches Brauhandwerk heraus, vor allem in der Mitte und im Süden Deutschlands, aber auch im Beneluxraum, im Norden Frankreichs und in den urbanen Räumen Mittel- und Osteuropas. Es dürfte mengenmäßig den größten Anteil am Bedeutungszuwachs des Bieres in der Frühneuzeit gehabt haben. Daneben existierten die mittelalterlichen Klosterbrauereien weiter und versuchten, ihren Bierausstoß zu erhöhen.

Im Hanseraum, also in Großstädten wie Hamburg und Bremen, mittleren Seestädten wie Wismar, verkehrsgeographisch günstig gelegenen Orten wie Dortmund oder auch im niedersächsischen Städtchen Einbeck, entwickelten sich unter protoindustriellen Bedingungen Braugroßbetriebe, die für den Land- und auch den Seeexport produzierten. Solche Brauereien wurden kaufmännisch geführt und verfügten über einen ganzen Stab von angestellten Brauknechten. Ausbildungsordnungen mit vorgeschriebener Lehrzeit, Gesellenwanderung und Meister-Prüfung führten hier zu einer immer stärkeren Professionalisierung des Brauberufs.[13] Das war insbesondere in den größeren Betrieben auch notwendig: Das Brauen geschah hier arbeitsteilig und bedurfte enormer Erfahrung, denn bei Ausgangsstoffen von wechselnder Qualität und der großen Menge an verarbeiteter Flüssigkeit lief man leicht Gefahr, Braufehler zu begehen. Das Wasser wurde nun in riesigen Kesseln oder Pfannen erhitzt und anschließend nach und nach in einen hölzernen Maischbottich mit dem geschroteten Malz geschöpft. Meist ließ man die Maische eine gewisse Zeit ruhen, wobei sich grobe Bestandteile absetzten. Filtriert wurden die Maische und das fertige Bier nicht. Vor allem die Dosierung und Einbringung des Hopfens vor dem abschließenden Aufkochen erforderte Fingerspitzengefühl.[14]

Der Aufschwung der Bierproduktion in der Frühneuzeit hängt eng mit dem flächendeckenden Einsatz von Hopfen als Würzmittel zusammen. Wo der Hopfen gute Bedingungen vorfand und mit Können kultiviert wurde, entstanden die großen Bierlandschaften der Frühneuzeit. Die Hopfenpflanze benötigt einen humusreichen Boden, sonnige und gut belüftete Lagen sowie Schutz vor kalten Nordwinden: Der Hopfenbauer musste bezüglich der Bodenbearbeitung, der Pflege der Pflanze und vor allem der Ernte über Fachwissen verfügen.

Die Qualitätsansprüche stiegen im Verlauf des 16. Jahrhunderts, und so hielt sich der Hopfenanbau nur dort, wo die Bedingungen für die Kletterpflanze günstig waren – etwa in Schlesien, Franken, Brandenburg und Sachsen. Manche Gegenden in Ober- und Niederbayern, in Böhmen und in den südlichen Niederlanden wurden bald so stark vom Hopfenanbau beeinflusst, dass sich dort weite Bereiche der Ökonomie und der Alltagskultur um das Bier, den Bierhandel und den Bierkonsum drehten.[15]

Das Beispiel Bayern zeigt, wie sich der Hopfenanbau typischerweise entwickelte. Hatte man die ganze Frühneuzeit über kleinflächigen Anbau für den lokalen Bedarf betrieben, so wurde der Anbau mit der Zeit professioneller. In den Hopfenregionen entwickelten sich bald auch Produktionsstätten für hochwertige Biere, sodass dort regelrechte Innovationszentren entstanden, von denen aus sich die neuen Techniken verbreiteten. So waren vor allem böhmische Brauer im nahen Bayern schon im 16. Jahrhundert sehr gefragt.[16] Im Laufe der Frühneuzeit unterlag der Hopfenanbau einem Konzentrationsprozess, der sich nach dem Dreißigjährigen Krieg noch einmal deutlich beschleunigte. Der Anbau in Niedersachsen und im deutschen Osten ging weiter zurück. Während der bayerische Anbau zunächst noch stagnierte, wurde der böhmische Export immer stärker. Kurfürst Ferdinand Maria versuchte 1657 deshalb, den Anbau mittels einer Verordnung zu fördern. Doch es sollte noch bis zum 19. Jahrhundert dauern, bis derartige Bemühungen Wirkung zeitigten. Böhmischer Hopfen blieb in der Frühneuzeit das Maß aller Dinge.[17]

Blickt man auf die frühneuzeitliche Kulturgeschichte des Hopfens, so entsteht leicht der Eindruck, hohe Qualität habe sich auf Dauer durchgesetzt. Das liegt nicht zuletzt daran, dass die Bierproduktion immer besser überwacht wurde und dass im Großen und Ganzen auch hinsichtlich der Bierqualität ein Homogenisierungsprozess stattfand. Dabei ist jedoch zu bedenken, dass die vormodernen Staaten allenfalls über rudimentäre Verwaltungen verfügten. Kontrollen kamen am ehesten in den Städten zum Tragen. Dort lebte aber noch nicht einmal ein Viertel der Bevölkerung.

Dass dem Bier in Einzelfällen berauschende Substanzen zugesetzt wurden, legen einige Quellen nahe. Exemplarisch sind Vorfälle, die sich in Köln ereigneten. Um 1672 hatte es Beschwerden gegeben, dass einige Gaststätten am gegenüberliegenden Rheinufer der Stadt Gäste in Scharen anzogen, aber keine Steuern zahlten, da sie nicht auf städtischem, sondern auf kurkölnischem Territorium lagen. Die Behörden kontrollierten die neuen Publikumsmagnete nun intensiver. Man stellte fest, dass ein „dollbier“ genanntes Getränk der Grund für die enorme Beliebtheit war, also ein Getränk, das „doll“ im Sinne von „töricht“ und „verrückt“ machte.

Der Konflikt schwelte über Jahrzehnte. Erst 37 Jahre später wurde ein scharfes Brauverbot erlassen. Aus den Aktenvermerken geht hervor, dass das nun „Knup-Bier“ genannte Getränk mit „allerhand Kräuter-Saamen und mehr anderen schädlichen Ingredientzien“ gebraut worden war.[18] Noch Jahrzehnte später kritisierte der Rat die „Dollen-Bier Zäpfferen“, weil wegen des „schädlichen dollen und ungewöhnlichen Getränks [...] in vielen Weegen grobe Excessen, Sünden und Laster begangen“ würden.[19] Es ist anzunehmen, dass das Bier systematisch mit heimischen Kräutern versetzt war, um ihm eine berauschende Wirkung zu verleihen. In Europa weithin bekannte Pflanzen, die hierfür in Frage kamen, waren Tollkirsche, Stechapfel, Bilsenkraut und Mandragora; sie wirken auf das zentrale Nervensystem und können das Bewusstsein verändern.[20]

Von Bier, Moral und dem Teufel: Die Folgen der Reformation

Wurde der Alkoholkonsum im Allgemeinen und der Bierkonsum im Besonderen zuvor kaum infrage gestellt, sollte sich dies mit dem Beginn der Neuzeit durch eine Reihe von sich wechselseitig verstärkenden Faktoren ändern. Zum einen wurde diese Epoche durch die Reformation markiert. Gravierende Auswirkungen auf die Alltagskultur waren die Folge. Zum anderen sorgte der Buchdruck für eine Revolution im Prozess der Informationsübermittlung – mit dem Flugblatt begann eine neue Form der Massenkommunikation. Gleichzeitig wurden die Menschen mobiler. Die Entdeckung Amerikas 1492 wirkte hier als Katalysator. In einem intensiveren öffentlichen und privaten Diskurs, der sich in dieser spannungsgeladenen Epoche herausbildete, machten die Menschen ihrer Meinung zu diesen gravierenden Veränderungen Luft.

Gelehrte Europäer entdeckten in dieser Phase ihre Vorliebe für Bildungsreisen. Sie durchquerten den Kontinent und schrieben über das, was ihnen auffiel. Da sie meist in Wirtshäusern nächtigten, rückten der Bierkonsum und seine Folgen stärker in das mediale Interesse. Zum Beispiel wurde immer häufiger mit Staunen über biertrinkende Engländer, Holländer oder eben auch Deutsche berichtet. Diese Fremdzuschreibungen führten in der Folge auch dazu, dass sich viele mit der Vorstellung, einem biertrinkenden Volk anzugehören, anfreundeten und sich schließlich sogar damit identifizierten.[21] Bierkonsum war in der Zeit um 1500 ein wichtiges Thema, und die lebensbejahende Geisteshaltung der Renaissance mag dazu beigetragen haben. Zugleich wurden durch die neuen Informationsmöglichkeiten Themen skandalisiert. Gerüchte verbreiteten sich, stereotype Vorstellungen hatten Konjunktur.

Vor allem die Reformatoren beäugten den Bierkonsum kritisch. Die Ausschweifungen, die an Heiligentagen und auf Festen vorkamen, waren ihnen ein Dorn im Auge. Luther sah darin vor allem religiöse Gefahren. Der Alkohol, so wetterte er, schwäche die Wachsamkeit im Kampf gegen den Teufel und verhindere das Beten. Aus übermäßigem Trinken resultiere die Verachtung Gottes und damit der innere Tod und ewige Verdammnis.[22] 1534 schrieb er:

> „Es muß aber ein jeglich Land seinen eigen Teufel haben. Unser deutscher Teufel wird ein guter Weinschlauch sein und muß Sauff heissen, daß er so durstig und hellig ist, der mit so großem Saufen Weins und Biers nicht kann gekühlet werden. Und wird ein solcher ewiger Durst Deutschlands Plage bleiben bis an den jüngsten Tag.“[23]

Die Verteufelung des übermäßigen Alkoholkonsums erfuhr bald große mediale Verbreitung. Publikationen wie das Bierbuch Heinrich Knausts (1520–1580) stellen den Saufteufel als Bock mit Hörnern und Ziegenfuß dar.[24]

Sowohl Zeitgenossen als auch Historiker sahen im 16. Jahrhundert gar die „Hauptzechperiode des deutschen Volkes". Luther hatte daran gehörigen Anteil: „Wie ein Wolkenbruch und eine Sündflut sind Völlerei und Trunkenheit in Deutschland eingerissen", konstatierte der Reformator 1539 in einer Predigt.[25] Dabei handelte es sich jedoch eher um Thematisierungskonjunkturen denn um realitätsnahe Zuschreibungen. Für eine flächendeckende Versorgung der Bevölkerung mit Bier und Wein oder gar Destillaten waren die europäischen Landwirtschaften zu ertragsarm. Alkohol war in erster Linie Luxus- und Statussymbol. Der Reformator lehnte hemmungsloses Trinken ab, gleichzeitig äußerte er sich mehrmals über die positiven Aspekte des Bierkonsums: Gott habe den Menschen Getreide gegeben, um die Grundformen der Nahrung sicherzustellen, Brot und Bier. Und weiter: „Wenn nicht das Maul voll ist von Speise, oder von Bier und Wein, so heißts nicht essen oder trincken."[26]

Daraus ließe sich vorsichtig schließen, dass er die deutsche Trunkliebe als Metapher für die seiner Ansicht nach verderbte Welt des Katholizismus einsetzte. Wie dem auch sei: Aus dem protestantischen Lager rollte eine Aktionswelle gegen den vermeintlichen Feind. Da in den Regionen, in denen sie wirksam wurde, meist wenig Wein und praktisch kein Branntwein getrunken wurde, richteten sich die jeweiligen Kirchen primär gegen den Bierkonsum. Das betraf etwa die Anhänger Huldrych Zwinglis in der Schweiz oder die von Jean Calvin ins Leben gerufenen reformierten Kirchen, die vor allem im bierorientierten niederländischen Raum und in Teilen West- und Norddeutschlands aktiv waren. Puritaner, Fundamentalisten, Methodisten und Baptisten in ganz Mitteleuropa propagierten den grundsätzlichen Verzicht auf Alkohol. Im Luthertum, das von Deutschland bis weit nach Skandinavien strahlte, sowie im Bereich der anglikanischen Kirchen bildete sich dagegen eine gemäßigtere Haltung gegenüber dem Alkohol aus.[27]

Protestantische und vor allem reformierte Städte, aber auch der Kaiser und sogar der Reichstag erließen in der Folge Mandate gegen

Wider den übermäßigen Alkoholkonsum und seine Folgen:
Der saufende Schuhmacher lässt die Arbeit liegen.
Am Fenster wartet schon der Pfandleiher.

das Zutrinken. Es handelte sich dabei um eine verbreitete ritualisierte Form des gemeinsamen Trunks, die zwar Gemeinschaft stiftete, aber auch zum Trinken verpflichtete. Vermehrt erließen Adlige Mäßigkeitsordnungen, und eine Vielzahl von Traktaten forderte die Abkehr vom Trunk.[28] Das Thema hatte im 16. Jahrhundert, als sich Religionsstreitigkeiten zu Religionskriegen ausweiteten, besondere Sprengkraft, denn die Einstellung zum Trinken versinnbildlichte den Kampf auf der richtigen Seite. Aus dieser Logik resultierten eine Vielzahl von behördlichen Reglementierungen, die zu dieser Zeit meist „Polizeyordnungen“ genannt wurden. Unmittelbare Erfolge stellten sich freilich nicht ein.[29]

Die Reformation brachte eine alltagskulturelle Gegenwelt zur alten katholisch geprägten Kultur hervor. Diese hatte scharf zwischen Wochen- und Sonntagen unterschieden und eine Fülle von Gedenk- und Heiligentagen umfasst. Neben den liturgischen Hochfesten wie Weihnachten und Ostern gab es die zum jeweiligen Festkreis gehörenden Feiertage, gebotene Heiligentage wie etwa Nikolaus und Sankt Martin. Daneben kannte man unzählige Heiligenfeste mit regionaler Bedeutung. Diese arbeitsfreien Tage waren aber nicht nur Anlässe zum Kirchgang, sondern ebenso zum gemeinsamen Feiern. Bier spielte in diesem Rahmen überall dort, wo es verfügbar war, eine wichtige Rolle als Nahrungs- und Genussmittel, als Zentralelement von Spiel und Spaß, als Katalysator von Kommunikation und Interaktion. Das mittelalterliche Fest war ohne Bier kaum denkbar.

Ein Hauptanliegen der Reformation war es, den katholischen Heiligenkult zu bekämpfen. Die bisherige Feierkultur und ihre Ausgestaltung waren durch diese Bewegung, die zeitweise drei Viertel der Fläche Mitteleuropas beeinflusste, bedroht. Erst mit der Gegenreformation in der zweiten Hälfte des 16. Jahrhunderts eroberten die katholischen Parteien einen Teil Europas für die katholische Welt zurück. Die europäische Bierkultur jedoch hatte sich fundamental gewandelt. Die mittelalterliche Feierkultur war neuzeitlicher Nüchternheit, neuem Rationalismus und eher asketischer Frömmigkeit gewichen.[30]

Bier in der Krise: Dreißigjähriger Krieg und Regionalisierung

Die Religionsstreitigkeiten bewirkten im Verlauf des 16. Jahrhunderts politische Krisen, die ihrerseits 1618 in den Dreißigjährigen Krieg mündeten. Dieser Konflikt betraf weite Teile Mittel- und Nordeuropas und warf Deutschland vorübergehend auf den Stand eines Entwicklungslandes zurück. Das Heilige Römische Reich deutscher Nation verlor in dieser Zeit beinahe die Hälfte der Bevölkerung und des Volksvermögens. Als der Westfälische Friede den Krieg 1648 beendete, waren Kaiser und Reich gegenüber den Territorialherren machtloser als zuvor. Ausländische Herrscher und Staaten übten großen Einfluss auf Gesellschaft und Kultur aus.[31]

Die Auswirkungen des Krieges auf die Bierkultur sind noch nicht genauer untersucht worden. Da aber Getreideknappheit stets zu Brauverboten geführt hat, um die Brotversorgung zu stabilisieren, ist von fundamentalen Produktionsrückgängen auszugehen.[32] Dieser Trend wurde dadurch verstärkt, dass viele Staaten und Städte – etwa Regensburg und Landshut in Bayern oder auch das hochverschuldete Frankreich[33] – versuchten, ihre enormen Schulden durch Steuererhöhungen abzutragen. Die Brauer waren hiervon in besonderem Maße betroffen, und ihre Gewinnspanne schrumpfte vielerorts. Freilich zeigte die Krise regional unterschiedliche Gesichter. Viele bayerische Brauhäuser konnten ihre alten Betriebsstrukturen wahren und die Steuerlast durch Abschlagszahlungen mindern. Klosterbrauereien, staatliche Brauereien und die meisten Landbrauereien waren von den hohen Steuern ohnehin kaum betroffen. Dagegen geriet das Brauwesen dort, wo es zu Beginn der Frühneuzeit am stärksten geboomt hatte, also in Norddeutschland und in Sachsen, im 18. Jahrhundert in eine schwere Krise.[34]

Der Dreißigjährige Krieg hatte auch unmittelbare Auswirkungen auf das Brauwesen: Vielerorts wurden nicht nur Städte, Dörfer und Klöster zerstört, sondern auch Kessel, Braupfannen und Hopfenkulturen. 1621 suchten die Truppen Ernst von Mansfelds das Umland der fränkischen Stadt Fürth mit knapp 22.000 Soldaten heim und zogen raubend und plündernd von Dorf zu Dorf. Schon im Folgejahr wurde die Gegend erneut überfallen, nun waren es 6.000 Kosaken. Die Liste dieser Ereignisse ließe sich beinahe endlos erweitern. Wir können folgern: Dort, wo nicht nur Gerätschaften und Rohstoffe verloren waren, sondern auch die Brauer getötet und das Know-how abhanden gekommen waren, konnte auf lange Sicht kaum Bier gebraut und getrunken worden sein. Wo sich die Bierbrauerei aber erholte, unterschied sie sich von jener der Renaissancezeit, denn der mitteleuropäische Raum war nun in Kleinstaaterei versunken. Der Fernhandel hatte massiven Schaden genommen und mit ihm der umfangreiche Bierexport innerhalb Europas. Die Regionalisierung der Kultur war im 18. Jahrhundert auf ihrem Höhepunkt angekommen, und weder zuvor noch danach war die neu aufblühende Biervielfalt so groß – Sorten wie das Hannoveraner „Broyhan", die Braunschweiger „Mumme" oder die Goslarer „Gose" sind Beispiele hierfür.[35]

In jenen Regionen, die von den Krisen der Frühneuzeit weniger oder gar nicht betroffen waren, nahmen Bier- und Braukultur naturgemäß andere Entwicklungen. Hier wirkte sich die Bierkrise der Frühneuzeit kaum aus. Zu verweisen ist insbesondere auf England. Dort stieg die Produktion von „ale" und dem stärker eingebrauten „beer" – nicht zuletzt wegen der günstigen wirtschaftlichen Entwicklung – signifikant an, und die Kultur der spezifischen Wirtshäuser, der *public houses*, gab der Alltags-, der Konsum- und der Kommunikationsstruktur ein ganz eigenes Gepräge. Nicht zufällig wurden die Gaststätten als „öffentliche Häuser" bezeichnet, und nicht minder zufällig hatte Bier dort fast eine Monopolstellung inne.[36]

Ein weiterer Faktor sollte sich als nachteilig für das Bier erweisen: die überseeischen Entdeckungen. Kaffee aus dem arabischen Raum, Tee aus Asien und Schokolade aus Lateinamerika waren nach ihrer Einführung in Europa zunächst eher bestaunte Exoten, die besonders im medizinischen Bereich Verwendung fanden. Seit dem späten 16. Jahrhundert setzten sie sich allmählich an den Adelshöfen durch, seit der Mitte des 17. Jahrhunderts überwanden sie schließlich den bürgerlichen Geschmackskonservativismus. Parallel bekamen die Wirtshäuser mit dem „Kaffeehaus" eine starke Konkurrenz. In Paris öffnete das erste Kaffeehaus nach orientalischem Vorbild schon 1643 seine Pforten. Venedig, London und Hamburg folgten 1645, 1652 und 1671, und nach 1685 avancierte Wien zum Zentrum der europäischen Kaffeekultur.[37] Aber auch in vielen kleineren Städten setzte sich die neue Institution durch. Je beliebter der Kaffee aber in breiten Kreisen wurde, desto mehr verlor er beim Adel an Ansehen. Im Verlauf des 17. Jahrhunderts verdrängte so der aus China importierte Schwarze und Grüne Tee den Kaffee aus der höfischen Kultur. Während Europa – mit Ausnahme der Niederlande – das Getränk allenfalls zögerlich übernahm, erfolgte in England bereits im 18. Jahrhundert eine rasche Diffusion quer durch alle Bevölkerungsgruppen.[38]

Was haben diese Prozesse mit der Geschichte des Bieres zu tun? Die Tasse Tee ließ sich unkompliziert in bestehende Mahlzeitensysteme integrieren, was vor allem im Zeitalter der Fabrikarbeit mit ihren knapp bemessenen Pausen wichtig wurde. Und ebenso wie der Humpen Kaffee in Mittel- und Nordeuropa das Morgen- und Abendbier verdrängte, übernahm der Tee in England die Rolle des wichtigsten Beigetränks zu den Mahlzeiten und wurde zum Sozialgetränk des bürgerlichen Milieus.[39] Welche Konsequenzen dieser Prozess für die Rolle des Bieres im Alltag spielte, zeigt eine Klage des schottischen Schriftstellers Mackintosh of Borlum (1658–1743):

> „Wenn ich morgens ins Haus eines Freundes kam, wurde ich gefragt, ob ich schon mein Morgenbier gehabt hätte. Jetzt werde ich gefragt, ob ich schon Tee getrunken hätte. Und anstelle des großen Bechers mit starkem Ale und Toast, und danach ein Schluck von gutem, gesundem schottischen Schnaps, wird nun der Teekessel aufs Feuer gestellt."[40]

Im 17. und vor allem im 18. Jahrhundert machten Kaffee und Tee dem Bier seinen Platz als Volksgetränk Mittel-, West- und Nordeuropas streitig.[41] Bier wurde zunehmend zum Getränk des einfachen Mannes. Dieser Prozess intensivierte sich am Ende des 18. Jahrhunderts, als Gemüseeintöpfe und vor allem die Kartoffel ihren Weg auf die europäischen Speisepläne fanden. Das Bier, bis dahin Bestandteil vieler Suppen, verlor damit einen Teil seiner Bedeutung als preiswerteste Kalorien- und Vitaminquelle.[42]

Brauhexen, Braumeisterinnen und Biertrinkerinnen: Die weibliche Seite des Bieres

Im Verlauf der Frühneuzeit erfuhr die Stellung der Frau in der Gesellschaft einen tiefgreifenden Wandel, der sich nicht zuletzt im Spannungsfeld Bier widerspiegelt. Grundsätzlich verschlechterte sich der Status der Frauen in der Zeit zwischen 1500 und 1800. Frauen waren fest in das System landwirtschaftlicher und handwerklicher Produktion eingebunden. Mit fortschreitender gewerblicher Verdichtung und Protoindustrialisierung nahm ihre Belastung nun weiter zu.[43] Da Frauen in der Vormoderne zudem den Großteil der häuslichen Arbeit verrichteten, ist anzunehmen, dass sie auch in den häuslichen Brauprozess eingebunden waren. Immerhin hat der Germanist und Volkskundler Kurt Ranke festgestellt, dass etwa in Westfalen so gut wie jede Hausfrau bis weit in das 19. Jahrhundert hinein an der häuslichen Bierherstellung beteiligt gewesen sei.[44]

Nicht nur bei der heimischen Selbstversorgung, sondern auch in der gewerblichen Brauerei kam den Frauen eine bedeutende Rolle zu, wie Wolfgang Behringer für den bayerischen Raum aufzeigen konnte. Mit Barbara Sternegger identifizierte er eine Brauerwitwe, die 1622 in einem Musterprozess durchgesetzt hatte, das Gewerbe ihres verstorbenen Mannes eigenständig weiterführen zu dürfen. Das Beispiel machte Schule. Im letzten Drittel des 18. Jahrhunderts war die Rolle der Frauen im Münchner Braugewerbe mit einem Marktanteil von über 20 % bedeutend.[45]

Eine besonders starke Stellung hatten die Frauen im englischen Braugewerbe inne. In zahlreichen Privathaushalten produzierten sie seit dem 14. Jahrhundert ihr eigenes Ale. Noch im frühen 17. Jahrhundert gab der Ratgeber *The English Housewife* Anweisungen zum Heimbrauen.[46] Auch im kommerziellen Bereich wurde das schlecht bezahlte Bierbrauen lange den Frauen überlassen. Erst als die Produktion um 1600 profitabel und prestigeträchtig wurde, wurden die Frauen aus diesem Bereich weitgehend verdrängt, verrichteten aber weiterhin weniger angesehene Arbeiten wie den Bierhandel und -verkauf.[47] Die „Alewives“, also all jene Frauen, die im Biergewerbe tätig waren, wurden in Quellen des vorindustriellen England gerne als unehrlich dargestellt und mit Prostitution assoziiert.[48] Die brauenden und ausschenkenden Frauen hatten damals also durchaus wirtschaftliche Chancen. Dafür hatten sie aber auch erhebliche Arbeitsleistungen zu erbringen und stets mit einem schlechten Ruf zu kämpfen.

Wie weit war diese protoindustrielle Welt vom Beginn der Frühneuzeit entfernt, als die Brauerei vielen noch als geheimnisumwoben erschien. Was die Zutaten zum Gären brachte, warum Alkohol berauschend wirkte – für viele ein Mysterium. Das Geheimnisvolle des Bieres wurde in zahlreichen, überwiegend frühneuzeitlichen Dokumenten thematisiert, in deren Mittelpunkt die Brauerinnen und weibliche Konsumentinnen standen. Die Hinweise, die das *Handwörterbuch des deutschen Aberglaubens* auflistet, müssen quellenkritisch betrachtet werden. Trotzdem belegen sie den komplexen Kosmos dieser Vorstellungen und deuten darauf hin, wie weit verbreitet der weibliche Bierkonsum in Europa zu dieser Zeit war. So ließen diesen Schriften zufolge etwa die Weiber aus Frau Holles Zug die Bierkanne nie versiegen, im Vogtland trank die Perchta den Mädchen das Bier aus, und in der bayerischen Oberpfalz sollen Hexen beim Trinken der Bierreste beobachtet worden sein.[49]

In diesem Kontext ist auch das Phänomen der Brauhexen zu sehen, die einen Nebenaspekt der frühneuzeitlichen Hexenverfolgungen bildeten. Als Brauhexen wurden Frauen bezeichnet, die im Verdacht standen, den Brauvorgang mittels ihres Zaubers negativ beeinflusst zu haben. Solche Anschuldigungen konnten erhoben werden, wenn der Gärungsprozess ohne erkennbaren Grund misslang und das Bier sauer wurde. Bisweilen wurde auch behauptet, die Angeklagten seien mit gestohlenen Bierfässern zum Hexensabbat geflogen. 1590 wurde eine vermeintliche Brauhexe in München verbrannt, weil sie gemeinsam mit anderen Hexen im Märzenbier gebadet haben soll:

> „Volgends um den anfang des Monats Julii sind irer bey fünffen in München verbrandt worden. Under welchen ein wolbekannte Prewin gewesen, die ausgesagt sol haben, wie sie und etlich hundert mit ir in dem Mertzenbier, eh sie dies ausgeschenckt, gebadet habe."[50]

Wie viele Frauen letztendlich als Brauhexen beschuldigt wurden, lässt sich nicht ermitteln. Das Delikt an sich dürfte geläufig gewesen sein; davon zeugt nicht zuletzt die zentrale Rolle des Braukessels in der Darstellung von Hexenszenen. Ein Massenphänomen war es wohl nicht. Die letzte Brauhexe wurde wahrscheinlich bereits im Jahr 1591 in der Mark Brandenburg verbrannt.[51]

Weit wichtiger waren Frauen in der frühneuzeitlichen Bierkultur als Konsumentinnen. Zunächst wurde es nicht als anstößig angesehen, wenn Frauen alkoholische Getränke konsumierten. Von einem vergleichsweise liberalen Umgang zeugen die Aufzeichnungen des Kölner Ratsherren Hermann Weinsberg: Im Jahr 1528 hatte eine ältere Frau die Wirtschaft seiner Eltern besucht, um alleine zu trinken. Beim Bezahlen protestierte sie und behauptete, sie hätte unmöglich 13 Pinten

Wein trinken können, also 4,2 Liter, sie vertrage nämlich allenfalls zwölf Pinten.[52] Das Beispiel zeigt: Zumindest in der Metropole Köln konnten Frauen durchaus allein in eine Schenke gehen und alkoholische Getränke zu sich nehmen. Das betraf auch geistliche Einrichtungen: 1567 musste, wer in ein Kölner Frauenkloster eintrat, einen Bierkrug mitbringen.[53] Der freizügige Umgang mit Bier wurde zwar seit dem Reformationszeitalter zunehmend kritisch bewertet, aber auf die Praxis hatte das lange keine großen Auswirkungen. Noch vom Beginn des 18. Jahrhunderts gibt es viele Belege aus Europa, die dies belegen. Bier wurde als Bestandteil der Ernährung gesehen, und hier herrschten recht große Freiheiten.

Das änderte sich im weiteren Verlauf des 18. Jahrhunderts. Bezeichnend ist ein Abschnitt, der sich in der 1762 erschienenen sechsten Auflage von Ethophilius' Sittenbuch findet: „Das Frauenzimmer zu zwingen, bei Gesundheittrinken die Gläser völlig auszuleeren, ist wider die Höflichkeit und Freyheit, welche diesem Geschlechte bey allen solchen Fällen zukömmt."[54] 1787 notierte der deutsche Reisende Johann Wilhelm von Archenholz in seinem Tagebuch, das Essen in London sei „eigenthümlich karg". Weiter heißt es: „Was jedoch an Speisen abgeht, ersetzt das Getränk; bey diesem Bedürfnisse findet keine Sparsamkeit statt. Wenn aber die Franzosen viel essen und wenig trinken, so ist dieses hingegen bey den Engländern auch umgekehrt, die das Trinken als den Hauptartikel bey Tische ansehen. Sie sitzen daher auch nur kurze Zeit bey der Eßtafel, um nur bald zu der geliebten Trinktafel zu kommen. An dieser nimmt das Frauenzimmer keinen Antheil, sondern sie entfernen sich, um den Mannspersonen desto mehr Freyheit zu lassen. [...] Nach der Trinktafel, die eine Stunde, auch länger dauert, begeben sich die Mannspersonen zu den Frauenzimmern."[55] Hier zeigt sich die Statusverschlechterung, die die Frauen im Spannungsfeld von Aufklärung und Protoindustrialisierung erfuhren.

Europaweit wurde den weiblichen Angehörigen der Mittel- und Oberschichten in der zweiten Hälfte des 18. Jahrhunderts der Bierkonsum zunehmend untersagt und jener der weiblichen Landbevölkerung eingeschränkt. Weibliche Trunkenheit wurde nicht länger toleriert und teilweise hart bestraft.[56] Bier wandelte sich vom Volks- zum Männergetränk.

Auf dem Weg zur Globalisierung: Europas heterogene Bierkultur

Die Bierkultur in Europa und weltweit gestaltete sich außerordentlich heterogen. In England hatte man von der Krise des Dreißigjährigen Krieges nichts bemerkt. Der Wohlstand der britischen Inseln spiegelte sich in einer blühenden Braulandschaft mit großer Biervielfalt und hohen Konsumzahlen. Gegen Ende der Frühneuzeit verstärkte sich die starke Stellung des Bieres nochmals. Das Beispiel London macht die Situation deutlich: Die Stadt wuchs infolge des boomenden Kolonialwesens, die Kaufkraft stieg. In der Mitte des 18. Jahrhunderts zählte London 675.000 Einwohner. 1801 entwickelte es sich zur ersten Millionenstadt des Kontinents und bald zur größten Stadt der Welt. Der große Wohlstand führte dazu, dass sich der Branntweinkonsum ausdehnte und zum sozialen Problem wurde. Die Obrigkeiten protegierten Bier als gesunde Alternative und begünstigten es steuerlich. Im Verlauf des ersten Drittels des 18. Jahrhunderts entwickelten Londoner Großbrauereien daher eine neue Biersorte, das „porter", das bald große Popularität erlangte. Es handelte sich um ein dunkles, obergäriges Bier mit einem Alkoholgehalt von fünf bis sechs Volumenprozent, das preisgünstig und gut lagerfähig war. „Die Herstellung von Porter", so Franz Meußdoerffer und Martin Zarnkow, „markiert den Übergang vom herkömmlichen zum industriellen Brauwesen". Auch die eigentliche Mechanisierung des Brauens fand in England statt: 1784 eröffneten Henry Goodwin und Samuel Whitbread die ersten mit Dampfmaschinen betriebenen Brauereien.[57]

In der Schweiz, die den Reichsverband erst 1648 mit dem Westfälischen Frieden verließ, war an solchen Luxus nicht zu denken. In den ärmeren Bergregionen war Schmalhans Küchenmeister, die Bierkrüge blieben meist leer. Nur in den Städten gab es eine Handelsbrauerei. Größere gewerbsmäßige Brauereien entstanden erst im 17. Jahrhundert, zunächst im Kanton Bern. Da der Weinbau nach dem Dreißigjährigen Krieg stark gefördert wurde und die neuen alkoholfreien Heißgetränke sowie der Branntwein auf den Markt drängten, verlor das Bier jedoch weiter an Bedeutung.

Im südlichen Europa – traditionell eher dem Wein verbunden –

Die wohlgenährten fröhlichen Einwohner der „Beer Street" zeigen: Bier galt im London des 18. Jahrhunderts als kleineres Übel zur „Gin-Epidemie". Kupferstich von William Hogarth, 1751.

sah es in der Frühneuzeit für das Bier ebenfalls nicht gut aus, denn die Klimaungunst der „Kleinen Eiszeit" hatte den mediterranen Weinbau nicht tangiert.[58] Insgesamt gesehen waren weder die hauswirtschaftliche noch die gewerbliche Bierherstellung weit verbreitet. In Italien spielte Bier in der Ernährung allenfalls eine nachgeordnete Rolle. Höchstens in den Gewerbezentren des Nordens, die über eine gute Verkehrsanbindung in Richtung Schweiz und Österreich verfügten, waren gelegentlich Importbiere erhältlich.[59] Diese Situation änderte sich erst am Ende des 18. Jahrhunderts. Erste kommerzielle Brauereien entstanden, die das alte Weinland als vielversprechenden Biermarkt zu erobern begannen.[60]

Anders die Situation in Skandinavien: Hier war kein Weinbau möglich, und die Schiffsrouten verbanden die Region mit den Bierexportzentren der deutschen Ostseeküste. Bierimport bot sich also geradezu an. Dabei wurden der skandinavische und der baltische Biermarkt seit dem ausgehenden Hochmittelalter fast monopolartig von dem Kaufmannsverbund der Hanse dominiert. Lübeck, Wismar, Bremen und Lüneburg waren die wichtigsten Exportzentren. Am Ende des 16. Jahrhunderts etwa stammten 93 % des in das norwegische Bergen eingeführten Bieres aus den norddeutschen Hansestädten.[61] Dagegen schaffte es der kleine skandinavische Biermarkt kaum, ein konkurrenzfähiges kommerzielles Braugewerbe entstehen zu lassen. Im Verlauf des 18. Jahrhunderts bahnte sich ein Wandel an: Die Einführung der Kartoffel verstärkte die Produktion von Schnaps. Da Bier sich im System der Mahlzeiten im Norden ohnehin kaum etabliert hatte, sondern eher als Genuss- und Rauschmittel für wohlhabendere Bauern, Handwerker, Bürger und Kaufleute diente, wurde es in dieser Funktion nun vom Schnaps verdrängt.[62]

Auch in Russland stand das Bier in direkter Konkurrenz zum Schnaps, der hier vor der Verbreitung der Kartoffel überwiegend aus Getreide gebrannt wurde.[63] Während aber das bierähnliche, aus Roggen- und Gerstenmalz hergestellte Kwas vor allem in Heimarbeit gebraut wurde, stellte die Branntweinbrennerei in Russland eines der einträglichsten Gewerbe dar. Zwar etablierten sich im Verlauf der Frühneuzeit in Moskau oder St. Petersburg Brauereien, und in den Städten konnte aus England importiertes Bier erworben werden. Doch noch um 1800 wurde überwiegend Kwas konsumiert.[64]

Zu Beginn der Neuzeit setzte die Entdeckung der Neuen Welt einen Prozess in Gang, den die Forschung auch als „Columbian Exchange“ bezeichnet: Kartoffel, Tabak und Truthahn kamen nach Europa, im Gegenzug Pferde und Weizen auf den amerikanischen Kontinent. Mit den kulturellen Normen Europas gelangte auch die große Wertschätzung für das Bier über den Atlantik, außerdem die Gerste und das Know-how. In prähistorischer Zeit waren bierartige Getränke polygenetisch entstanden. Die präklassischen Maya kannten das Prinzip der alkoholischen Gärung und wandten es ab etwa 2600 v. Chr. an.[65] Als Grundlage dienen seitdem Mais, Honig und die Rinde des Balché-Baums *(Lonchocarpus violaceus L.)* zur Herstellung des sogenannten „Balché". Eine weitere Variante des Maisbieres („Chicha") begegnet uns in der Andenregion, dem Tiefland Südamerikas und in der Karibik. Hier können neben Mais auch Maniok und Süßkartoffel als stärkehaltige Grundlage des Getränks dienen.[66] Es sind aber vor allem die archäologischen Befunde aus dem Andenraum, die Zeugnis darüber ablegen, dass im Inkareich vorkolumbischer Zeit Bier hergestellt wurde. Das Maisbier hatte herausragende symbolische Bedeutung und war tief im Fest- und Alltagsleben der Inka verankert.[67] Auch im nordamerikanischen Raum wurde Bier auf Grundlage von Mais gebraut. Beim sogenannten „Tiswin" handelte es sich um ein leichtes Gebräu aus fermentiertem Mais. Verbreitung fand es vor allem in den an Mexiko angrenzenden Regionen.[68]

Die bierartigen Getränke der Neuen Welt genügten den Kolonisatoren jedoch nicht. Vor allem in Nordamerika entstanden schon am Ende des 16. Jahrhunderts mit der Gründung von Kolonien und Handelsstützpunkten durch Briten (Virginia Colony) und Holländer (Nieuw Amsterdam, heute Manhattan) erste Hausbrauereien nach europäischem Muster.[69] Bereits 1612 begann die erste gewerbliche Brauerei Nordamerikas in Nieuw Amsterdam ihre Produktion, und 1632 gründete die niederländische Westindien-Kompanie dort einen deutlich größeren Betrieb.[70] 1637 vergaben die Briten die erste Lizenz für eine Brauerei, die in Charlestown bei Boston eröffnete. Mit den weißen Siedlern breitete sich die europäische Bierkultur sukzessive über den Kontinent aus. In den Neuenglandstaaten nahm sie hinsichtlich Herstellung, Vertrieb und Konsum eher britische Züge an. In den Gebieten, die später eher deutsch besiedelt wurden, wie etwa in Pennsylvania, gestaltete sich die Bierkultur wohl eher nach mitteleuropäischen Vorbildern. Der große Einfluss der reformierten Kirchen hatte dabei eine vergleichsweise ausgeprägte Skepsis gegenüber dem Bierkonsum zur Folge. Außerdem waren die USA am Ende der Frühneuzeit noch ein dünn besiedeltes Land, das um 1800 gerade einmal 5,3 Millionen Einwohner zählte. Die Bierkultur war deshalb zunächst eher ein Flickenteppich aus europäischen Versatzstücken, bevor im 19. Jahrhundert auch diesbezüglich ein Schmelztiegel entstand.[71]

Zwischen Stereotyp und Realität: Die Atmosphäre multifunktionaler Wirtshäuser

Für die Frühe Neuzeit lassen sich über den alltäglichen Bierkonsum ungleich deutlichere Aussagen treffen als für die quellenarmen Perioden zuvor. Eine Institution tritt hier in den Vordergrund: das Wirtshaus. Aus ordnungspolitischen wie auch aus fiskalischen Gründen hatten die Obrigkeiten ein größeres Augenmerk auf die Wirtschaften als auf andere Institutionen der Zeit.[72] Die Gaststätten waren es auch, die in vornehmlich dunkler Umgebung Licht und Wärme boten – eine Funktion, die im Rahmen der „Kleinen Eiszeit" zusätzlich von Bedeutung war. Gaststätten waren meist der einzige Raum, in dem Veranstaltungen abgehalten werden konnten, in denen Bauernhochzeiten ebenso stattfanden wie private und politische Treffen, in denen Geschäfte abgewickelt wurden und wo man auf unregelmäßig verkehrende Kutschen oder Flussschiffe warten konnte.

Im Angebot hatten die Gaststätten zu Beginn der Neuzeit aber höchstens zwei Getränke: Bier und Wein. Im strukturschwachen Hinterland nördlich der Alpen, in den Schenken der Unterschichten sowie in weiten Teilen Ost- und Nordeuropas hatte Bier eine Monopolstellung inne. Wirtshauskultur war in der Frühneuzeit also meist Bierkultur. Zu Beginn des 16. Jahrhunderts gab es in den meisten deutschen Städten noch eine klare Typologie. Das Brauhaus war dabei zunächst die vorherrschende Form.

Wie das Wirtshausleben in der Praxis aussehen konnte, machen die Aufzeichnungen des Kölner Ratsherren Hermann Weinsberg deutlich, dessen Eltern eine stattliche Gaststätte betrieben. Es war ein multifunktionaler Betrieb, der um 1500 eine Tuchfärberei beinhaltete, zudem ein Brauhaus und ein Hotel. Im Schankraum gab es das selbstgebraute Bier, aber auch Wein. Die Grenzen zwischen Gastgewerbe und Privatraum verliefen fließend: Die zahlreichen Stammgäste nutzten die Bierstube als Wohnzimmer, denn über Aufenthaltsräume verfügten die meisten Wohnungen nicht. Als die städtische Armut im Verlauf der Frühneuzeit zum Massenphänomen wurde, steigerten die Wirtshäuser zwar nicht unbedingt ihren Umsatz, die Schankstube und der gemeinsame Bierkonsum von Menschen mit ähnlichem soziokulturellem Hintergrund gewannen aber an Bedeutung. Dabei dürfen wir uns die Atmosphäre im 16. Jahrhundert zunächst noch liberal vorstellen; nicht nur alleine ausgehende Frauen verkehrten dort, sondern auch regelrechte Jugendclubs. Erst die restriktiveren Gesellschaften des krisenhaften 17. Jahrhunderts brachten stärker männlich dominierte Wirtshauskulturen hervor.[73]

Wegen der großen Umsatzzahlen war der Markt des Bierausschanks dynamisch und von erbitterter Konkurrenz geprägt. Deshalb wurden bald Regularien eingeführt und eine Grenze zwischen kommerzieller und privater Gastlichkeit gezogen.

Das Wirtshaus war ein Ort der Geselligkeit – aber eben auch für gesellschaftliche Konflikte. Das zeigt eine Aachener Verordnung des Jahres 1709. Der Stadtverwaltung war die Information zugespielt worden, dass städtische Gerichtsbeamte, „wann einer von denselben in den Wirths-Häusern Bier trinken wollte“, von Wirten und Gästen geschnitten wurde, „ob wären sie infame Leute“. Die Stadt verbot solche Praxen schließlich bei Androhung einer Geldstrafe.[74]

In Bayern entstand spätestens seit dem 15. Jahrhundert eine Art des Brauhauses, das Bierherstellung und Ausschank unter einem Dach verband und zum signifikanten Modell bayerischer Gastlichkeit wurde. Wie bei den nördlichen Nachbarn spielte sich ein großer Teil des städtischen Alltagslebens in diesen Brauhäusern ab, vor allem in München. Dort wurde zwischenzeitlich ein Drittel des bayerischen Bieres hergestellt.[75] Am Ende der Frühneuzeit zählte die Stadt dann bei nur etwa 40.000 Einwohnern 54 Braubetriebe.[76] Das 18. Jahrhundert kann im bayerischen Raum als eine der Blütezeiten der Bierkultur angesehen werden. Schon zu Beginn des Saeculums hatten viele Brauer Süddeutschlands mit der Anlage großer Lagerkeller und attraktiver Biergärten vor den Toren der Städte begonnen. Die Errichtung der ersten Bierpaläste trug bald ebenfalls zur sozialen Aufwertung des Bierkonsums bei.[77]

9. Bier geht um die Welt

Industrialisierung, Nationalisierung und Technisierung im 19. Jahrhundert

Die Jahre um 1800 waren von einer ungeheuren Dynamik gekennzeichnet. Innerhalb von nur einer Generation wurde die vorindustrielle Welt zum Einsturz gebracht, und mit ihr die politischen Systeme, Wirtschaftsordnungen und Strukturen der europäischen Gesellschaften. Eine Trias aus geistigen, politischen und technischen Revolutionen erschütterte Europa. Aufklärung, Französische Revolution und Industrielle Revolution schufen eine neue Welt.[1]

Dem Bierkonsum kommt hier eine interessante Rolle zu. Denn an seinem Beispiel lässt sich die Wirkung dieser Revolutionen auf die Alltagskultur verdeutlichen. Die Französische Revolution beendete in weiten Teilen West- und Mitteleuropas die Macht der geistlichen Institutionen und zerstörte damit die teils über 1.000 Jahre alte Tradition der Klosterbrauereien weitgehend. Auch die Bierproduktion veränderte sich gravierend – Brautechnik, Bierhandel und öffentliche Trinkkultur revolutionierten sich im Verlauf des 18. und 19. Jahrhunderts. Noch um 1700 stammte die Hälfte des in Europa produzierten Bieres aus weitgehend nicht kommerziell betriebener Heimbrauerei. Im Verlauf des 18. und 19. Jahrhunderts entstand daraus eine professionalisierte Bierindustrie, auf deren Fundament später der globale Biermarkt entstehen sollte.[2]

Der steigende Lebensstandard und die Liberalisierung der Märkte, in England etwa durch den Beerhouse Act von 1830[3], führten dazu, dass die europäische und nordamerikanische Bierproduktion zunahmen, stabiler wurden und sich räumlich stark ausweiteten. Die 1870er-Jahre markierten vielerorts, etwa in den USA oder in England, einen ersten „Beer Peak“[4] in Produktion und Konsum. Bier wurde infolge neuer Herstellungs- und Konservierungstechniken zum zunehmend globalen und standardisierten Getränk. Gleichzeitig wurde der Bierkonsum demokratisiert. Neue Konsumentengruppen, insbesondere die Frauen, durften an der Bierkonjunktur teilhaben, andere wurden ausgeschlossen, insbesondere die Kinder. Zusammen mit dem steigenden Konsum sollten im Verlauf des 19. Jahrhunderts auch die vermehrten Trunkenheitsdelikte in den Blickpunkt der Öffentlichkeit geraten. Staatliche oder von gesellschaftlichen Bewegungen getragene Restriktionen waren die Folge.

Von all dem ahnten die Zeitgenossen im späten 18. Jahrhundert freilich noch nichts. Im nordwestenglischen Middleton etwa, so erinnerte sich der Schriftsteller Samuel Bamford in seiner Autobiographie, seien die jungen Männer am Ostermontag in einer karnevalesken Prozession durch den Ort gezogen. Die Bevölkerung habe sie dann mit Geld oder „Ale“ reichhaltig beschenkt. Dies ist ein klarer Hinweis auf die gute Verfügbarkeit, aber auch die große Wertschätzung, die das Bier genoss – sogar zum wichtigsten christlichen Fest wurde es ausgeschenkt. Die Quelle liefert weitere Hinweise auf die Rolle des Bieres. Am Osterwochenende tranken nämlich nicht nur die Burschen, sondern auch die Männer, die die arbeitsfreien Tage im Wirtshaus verbrachten. Frauen oder Mädchen werden dagegen nicht erwähnt. In den „ale-houses“ sei es hoch her gegangen, und trotz verbreiteter Trunkenheit und gelegentlichen Raufereien sei die Stimmung bestens gewesen.[5]

Dieser Befund gilt paradigmatisch für weite Teile des ländlichen und stadtnahen Europa am Vorabend der Industrialisierung: Gemeinschaftliches Biertrinken gehörte zu den wichtigsten Freizeitbeschäftigungen, der Rausch genoss ein hohes Ansehen. Bier stand in ausreichender Quantität zur Verfügung, und Frauen waren vom Konsum weitgehend ausgeschlossen.

Im urbanen Raum hatte sich währenddessen die Bewertung des Trinkens gewandelt: 1780 äußerte sich ein französischer Reisender schockiert über das Verhalten der Kölner Geistlichkeit. Diese bestünde „aus groben, ungehobelten Klötzen, über und über mit Tobak und dem Ausfluss der Nase beschmiert“. Mönche und Priester würden „im dicken Tobaksdampf in den offenen Bierhäusern mit den Bauern um Pfennige auf dem Brett oder mit Karten spielen“.[6]

Innovatives England: Brauen im Zeichen der Industrialisierung

Die außergewöhnliche Dynamik, die die Kultur des Brauens und des Biertrinkens in den folgenden eineinhalb Jahrhunderten erfuhr, deutete sich zuerst in England an. Im späten 18. Jahrhundert war es in technologischer Hinsicht das fortschrittlichste Land der Erde. Hier kamen die in den 1760er-Jahren von James Watt verbesserten Dampfmaschinen zum Einsatz, was als Initialzündung der Industriellen Revolution gesehen werden kann. Hier befanden sich auch die ersten Fabriken der Welt, die durch arbeitsteilige Produktion neue Dimensionen der Herstellung eröffneten. Langfristig sollte sich die Welt dadurch grundlegend verändern, denn mit der Arbeiterklasse entstand eine ganz neue Gesellschaftsschicht.[7]

Vorboten der Industrialisierung zeigten sich in England schon im ersten Drittel des 18. Jahrhunderts. Die Regierung beargwöhnte den steigenden Branntweinkonsum und förderte die Brauereien. Vor allem in London kam es zu einer Konzentration dieses Gewerbes. Die neue Biersorte „Porter“[8] beschleunigte den Prozess seit etwa 1740.[9] Porter verfügte über verschiedene Vorteile. Zunächst war es verhältnismäßig unkompliziert herzustellen. Ein für damalige Verhältnisse sehr hoher Alkoholgehalt von bis zu 6,5 % sorgte für ein stabiles, halbwegs lagerfähiges Bier. Dies wiederum war die Grundvoraussetzung für eine rentable Produktion in hohen Mengen. Nicht zuletzt verdeckte die tiefdunkle Farbe auch Braufehler und Pantschereien.[10]

Einen gewaltigen Sprung brachte im Jahr 1784 die Einführung der Dampfmaschine in den Brauereien von Henry Goodwin und Samuel Whitbread. Pumpen und Rührwerke wurden dort vermehrt mit Dampfkraft betrieben. Eine ganze Reihe weiterer technischer Innovationen revolutionierte die Brauindustrie in der Folge. Von zentraler Bedeutung war die Kühltechnik, die in England ab den 1790er-Jahren ganzjähriges Brauen ermöglichte. Die Versorgung des Militärs, insbesondere der gerade in den Sommermonaten aktiven Flotte, war von nun an gewährleistet.[11] Zeitgleich wurden Verfahren zur Messung von Temperatur und Zuckergehalt entwickelt und die Ausbildung der Brauer verbessert. An der Wende zum 19. Jahrhundert verfügte England so über ein industrielles Brauwesen mit standardisierten Verfahren und Kontrollen, das den wachsenden Markt mit preiswerter und qualitätssicherer Ware bedienen konnte.

Bald wurde auch die Malzherstellung optimiert. 1817 ließ Daniel Wheeler eine Trommel patentieren, mit der ein preiswertes, standardisiertes Röstmalz hergestellt werden konnte. Schon im 18. Jahrhundert und damit wesentlich früher als auf dem Kontinent wurde die Malzherstellung in England vom Braubetrieb abgetrennt. Diese Spezialisierung des Herstellungsprozesses bedeutete für die Brauer nicht nur eine Beschleunigung des Arbeitsvorgangs durch den Zukauf von fertigem Malz, sondern zugleich eine deutliche Kostensenkung.

Ab den 1820er-Jahren erhielt das Porter, das von London aus den Beginn der industriellen Bierproduktion begründet hatte, zunehmend Konkurrenz. Eine herausragende Rolle spielten dabei die britischen „Pale Ales".[12] Einmal mehr zeigt sich hier, wie sich über den Konsum unterschiedlicher Biersorten Lebens- und Konsumstile voneinander abgrenzen. Während die Industrie die Bevölkerung in großem Stil mit billigem Porter versorgte, das von den nur unzureichend überwachten Wirten oft in verwässertem oder verdorbenem Zustand verkauft wurde, setzten zahlreiche Hausbrauer weiterhin auf bessere Zutaten und hellere Malze. Diese helleren „Pale Ales" galten in den wohlhabenderen Bevölkerungsteilen rasch als hochwertigere Alternative zum gewöhnlichen Porter.

Eine Voraussetzung für den Erfolg der Pale Ales lag in der Entwicklung eines hellen, enzymreichen Malzes durch den Brauer Samuel Allsopp (1780–1836) aus Burton-On-Trent im Jahr 1823. Spätestens mit der direkten Eisenbahnverbindung von Burton nach London im Jahr 1839 gelangte das neue Bier massenhaft in die Hauptstadt. Hier wurde es zusätzlich mit einem höheren Anteil an Hopfen eingebraut. Hopfen war niedriger als Malz besteuert – und so war die Weltkarriere der bitterfruchtigen Pale Ales begründet.[13] Das traditionelle Porter konnte sich nach 1840 gegen die Konkurrenz der modischen Pale Ales und der beliebten, häufig mit Zucker versetzten „Mild Ales"[14] kaum mehr behaupten. 1889 schrieb der Brauhistoriker Alfred Barnard (1837–1918): „Die wankelmütige Öffentlichkeit ist dem in Fässern abgefüllten Porter mit seinem weinartigen Geschmack überdrüssig geworden und hat seine

Zuneigung dem neuen, köstlichen milden Ale geschenkt."[15] Aus diesem wurde schließlich das dunklere „Stout" entwickelt.[16]

Friedrich Accum, ein deutscher Experte für Nahrungsmittelsicherheit, beobachtete 1820 in London, wie die Wirte bezüglich der damals schon beliebten Schaumkrone nachhalfen:

> „Um dem Porter diese Eigenschaft des Schäumens mitzutheilen (…), oder auch den sogenannten Blumenkohlkopf (cauliflower head) hervorzubringen, mischt man das sogenannte Bierkopf-Mittel (beer heading) bei, welches aus gemeinem grünem Vitriol (schwefelsaurem Eisen) Alaun und Salz zusammengesetzt ist. Diese Beimischung zum Bier geschieht gewöhnlich von den Wirthen. Aechtes Bier bedarf ihrer nicht, da es an sich die Eigenschaft besitzt, einen starken weißen Schaum hervorzubringen, auch ohne diese Zusätze. … Die Wirthe indeß, wenn sie eine Tonne Bier mittels Hausenblase klären, verfälschen häufig zu gleicher Zeit den Porter mit Tafelbier, und um ihm den eigenthümlichen Geschmack des Porter zu erhalten, mischen sie noch eine Quantität Melasse und ein wenig Enzian-Wurzel-Extract dazu."

Auch werde Starkbier häufig mit Dünnbier gemischt.[17] Die englischen Biere wurden wie in den Jahrzehnten zuvor oft zuhause getrunken. Wie sich Kauf und Vertrieb gestalteten, schilderte der deutsche Reisende Johann Wilhelm von Archenholz, der England am Vorabend der Französischen Revolution besucht hatte: Die Wirte „senden das Bier in saubern zinnernen Krügen in die Häuser, und wenn man sie ausgeleert hat, so legt man sie vor der Hausthüre auf der Straße hin, bis des Bierwirths Leute sie von da abholen. Auf allen solchen Krügen ist der Name des Eigenthümers, die Straße, wo er wohnt, nebst seine Hausnummer eingegraben, daher sie sehr selten verloren gehen."[18] Diese Art der Belieferung blieb bestehen, bis die Glasflaschenproduktion im letzten Drittel des 19. Jahrhunderts industrialisiert wurde.

Das erste Drittel des 19. Jahrhunderts war die dynamischste Zeit, die die englische Gesellschaft je erlebt hatte. Die Industrialisierung wirkte sich vor allem auf den Nordwesten aus. Hier wurde Bier immer mehr zum Durstlöscher und Grundnahrungsmittel, was die Behörden mit Wohlwollen sahen. Skeptischer war man gegenüber dem zuneh-

Inneres einer Brauerei in London um 1867.
Im frühen 19. Jahrhundert erreichten die fortschrittlichen Techniken der englischen Bierindustrie auch Mitteleuropa. Holzstich.

menden Branntweinkonsum. 1830 sah sich die englische Regierung in diesem Zusammenhang veranlasst, ein spezielles Bier-Gesetz zu erlassen, den sogenannten „Beerhouse Act". Ziel war es, die Brau- und Schankbedingungen zu verbessern, um die Bierversorgung der Öffentlichkeit künftig besser garantieren zu können. Das Gesetz erlaubte zudem jedem Haushalt, gegen eine Gebühr von zwei Guineas im Jahr eine Bierschanklizenz zu erwerben. Jeder durfte dann in seinem Haus Bier verkaufen, und zwar zwischen vier Uhr nachmittags und zehn Uhr abends. Lediglich sonntags während des Gottesdienstes sowie an Weihnachten und am Karfreitag blieben die Zapfhähne trocken. Im Oktober 1830 trat das Gesetz in Kraft; bis zum Jahresende wurden 24.342 neue Lizenzen vergeben! Wir dürfen also vermuten, dass in jenen Jahren der Bierkonsum höher war als jemals zuvor.[19]

Lohnarbeit und neuer Lebensstil: Englische Bierkultur im Wandel

Kein Wunder also, dass in jenen Jahren vermehrt sozialkritische Äußerungen laut werden. Der Sozialist Friedrich Engels, der zu dieser Zeit im Norden Englands lebte, sah die Situation ganz analytisch: Vor der Industrialisierung hätten die einfachen Leute „moralisch" gelebt, „weil sie keine Veranlassung hatten, unmoralisch zu sein, da keine Schenken und liederlichen Häuser in ihrer Nähe waren, und weil der Wirt, bei dem sie dann und wann ihren Durst löschten, auch ein respektabler Mann und meist ein großer Pächter war, der auf gutes Bier, gute Ordnung und frühen Feierabend hielt." Die neue Gesetzgebung habe dann jedoch verheerende Wirkung entfaltet:

> „Die Bierakte von 1830, welche die Errichtung von Bierhäusern, sogenannten Jerry-Shops, erleichterte – deren Besitzer zum Verkauf von Bier, to be drunk on the premises (das im Hause selbst getrunken werden darf), konzessioniert ist – diese Akte erleichterte auch die Ausbreitung der Trunksucht, indem sie jedem die Schenke fast vor die Türe brachte. Fast in jeder Straße findet man mehrere dieser Bierhäuser, und wo auf dem Lande zwei oder drei Häuser zusammenstehen, so ist ganz gewiß ein Jerry-Shop darunter."[20]

Derartige Zustände waren selbst der englischen Regierung zu viel, und so wurde 1834 ein neues, leicht einschränkendes Bierschankgesetz erlassen.[21]

In England hatte mittlerweile eine intensive Urbanisierung stattgefunden, und die neue Klasse der Arbeiter entwickelte einen Lebensstil, den es bis dahin weltweit nicht gegeben hatte: Lohnarbeiter verrichteten zu Tausenden in den großen Fabriken standardisierte Tätigkeiten – viele von ihnen ungelernt und lange ohne jede soziale Sicherheit. In den Textilfabriken und Bergwerken waren die Arbeitszeiten lang: Die Schichten dauerten zehn oder zwölf Stunden, oft auch länger; nur der Sonntag war arbeitsfrei. Lange bestand die Mehrzahl der Werktätigen aus Frauen und Kindern. Erst 1833 verbot die englische Regierung Kindern unter neun Jahren die schwere Arbeit in den Textilfabriken. Heranwachsende unter 13 Jahren durften nun nicht mehr als neun Stunden täglich arbeiten. Erst der „Factory Act" des Jahres 1853 schränkte die Missstände etwas wirkungsvoller ein.[22]

Mit der Industrialisierung ging eine Steigerung des Lebensstandards einher und die Unterteilung zwischen Arbeits- und Freizeit. Diese wollte gefüllt sein – was nicht einfach war, wenn Wohnen auf engstem Raum stattfand. Das Wirtshaus bot die Lösung und wurde im Industriezeitalter zu jener Institution, in der ein Großteil der arbeitsfreien Zeit verbracht wurde. Hier konnte man Freunde und Kollegen treffen oder sich politisch betätigen.

Die Bierkneipe des Industriezeitalters unterschied sich dabei strukturell von den vormodernen Formen. Die Gaststätten waren viel größer und die Aufenthaltszeiten kürzer. Bekannt sind in diesem Zusammenhang die legendären „Gin-Palaces", die Schnapspaläste des Industriezeitalters. Weniger bekannt ist, wie groß die Rolle war, die das Bier dort spielte. Der deutsche Reisende Jakob Venedey berichtete im Mai 1844 von einer Kneipen-Exkursion, die er an einem Sonntagabend im nordenglischen Manchester unternommen hatte:

> „Zuletzt durchzog ich die Hauptschnapshäuser, Ginpaläste. Es war schon etwas spät und deswegen viele derselben schon ziemlich leer. In den meisten standen die Trinker um den Schänktisch, der entweder in den Eckhäusern im Halbkreise von einem Ende des Hauses zum andern lief, oder in gerader Linie die Scene in zwei Theile sonderte. Hinter dem Tisch stehen der Wirt und seine Gesellen, die Bier und Schnaps aus dem Keller pumpen. Den Hintergrund bilden meist gewaltige, sehr schön bemalte Fässer, oft mit vergoldeten Reifen. Vor dem Tisch steht das Volk gedrängt zusammen und reicht die Gläser, Einer über den Andern weg. Den Hintergrund bilden ein paar Bänke, meist von Weibern, oft mit Kindern an der Brust, besetzt."[23]

Um diese Zeit wurden im „Manchester Casino", einer Konzerthalle, in der nicht nur Arbeiter, sondern auch Angestellte verkehrten, monatlich 160 Gallonen Kaffee verkauft, gut 720 Liter, aber 1.500 Gallonen „ginger beer" (Ingwer-Bier), immerhin fast 7.000 Liter.[24]

Im England jener Tage waren die Stadtverwaltungen allenfalls rudimentär besetzt. Folglich gab es wenige Kontrollen und viele Missstände. Friedrich Accum war über die Bierqualität in London entsetzt. Vielerorts schenke man ein billiges Gesöff namens „Ganzbier" aus:

> „Das Ganzbier, was man jetzt hat, ist daher eine sehr heterogene Mischung und wird zusammengesetzt aus allen dem verdorbnen und umgeschlagenen Bier der Wirthe, dem was im Boden der Fässer zurückbleibt, dem, was in den Krügen gelassen wird, dem, was von den Ziehmaschinen abtröpfelt, dem, was in den bleiernen Röhren der Brauerei übrig bleibt, mit einem Antheil von starkem Braunbier, Flaschen-Bier und mildem Bier."[25]

Zusammenfassend lassen sich mehrere Gründe isolieren, warum im Verlauf des 18. und frühen 19. Jahrhunderts gerade England zum Geburtshelfer der modernen Brauindustrie und zum Innovator neuer Techniken und Bierstile avancieren konnte. Zum ersten blickt das englische Bier auf eine stabile und lange Tradition zurück. Bereits seit dem 9. Jahrhundert entwickelte sich eine florierende Ale-House-Kultur, die auf dem Land durch Steuervergünstigungen, in den Städten durch umfassende Regulierungen obrigkeitlich gefördert wurde. Gerade in den Städten konnte sich so ab dem späten Mittelalter ein professionalisiertes Brauwesen mit hohen Produktionsmengen etablieren, das dank der relativen politischen Stabilität des Inselstaates von den Kriegen und Katastrophen des Festlandes weitgehend verschont blieb und ungestört gedeihen konnte.

Ein zweiter wesentlicher Grund für die englische Innovationskraft im Bereich des Bieres lag in der militärischen und außenpolitischen Rolle des Landes. Der unaufhaltsame Aufstieg Englands zu einer der mächtigsten See- und Handelsmächte der damaligen Zeit erforderte neue Versorgungsstrategien. Zum einen, um die weltweiten Handelsnetze des Königreiches kontinuierlich mit frischen, haltbaren Ressourcen zu speisen, und zum anderen, um die Besatzungen der Handels- und Kriegsschiffe sowie die Statthalter und Truppen in den neuen Kolonien in Ost und West zu versorgen. Die rasant steigenden Bevölkerungszahlen befeuerten den Innovationsdruck im Bereich der industriellen Produktion großer, haltbarer und transportabler Biermengen zusätzlich.[26]

Drittens wirkte sich die Steuer- und Handelspolitik Englands positiv auf Innovationen im Bereich der Bierkultur aus. Neben teils erheblichen Vergünstigungen für große Brauereien besteuerte die englische Krone die Herstellung von Bier erst im ersten Drittel des 17. Jahrhunderts – wesentlich später als es etwa in den deutschsprachigen Gebieten der Fall war. Marktliberale Reformen, wie etwa der Beerhouse Act von 1830, förderten Produktion und Konsum überdies.

Alltagskost und „tröstende Götter": Die Bierkultur des Kontinents

Auf dem Kontinent zeichneten sich im gleichen Zeitraum ähnliche Umwälzungen ab. Sie verliefen aber langsamer, denn auch die Industrialisierung vollzog sich hier mit einem zeitlichen Abstand von über einer Generation und zeigte längst nicht so intensive Auswirkungen. Deutschland wurde erst nach der Reichsgründung 1871 wirklich zum Industrieland.

Dort, wo die wirtschaftlichen und vor allem die landwirtschaftlichen Verhältnisse günstig waren, wurde Bier zum festen Bestandteil der Alltagskost. Eine Statistik über die Nahrung der rheinischen Bauern aus dem Jahr 1804 vermeldete, diese würden sich vor allem von dunklem Roggenbrot, Kartoffeln, Gemüse und Fleisch ernähren. Dazu gebe es meist Bier und Wacholderschnaps, und fast nie würde die Tabakspfeife den Mund der Männer verlassen. Dagegen tränken die Frauen meist Tee und Kaffee.[27]

Diese Schilderung, die wie die Beschreibung der alten agrarischen Welt der Frühneuzeit wirkt, verdeutlicht: Frauen waren vom Bierkonsum weitgehend ausgeschlossen. Wie kam es dazu? Im Verlauf des 18. Jahrhunderts hatte sich das gesellschaftliche Ansehen der Frauen in Europa verschlechtert; sie waren in eine Defensivposition geraten, hatten einen Teil ihrer Rechte verloren. Dies betraf auch den Alkoholkonsum: Für Frauen aus dem Bürgertum und dem großbäuerlichen Bereich war das Biertrinken fortan verpönt.[28]

Auf dem Kontinent setzte die Industrialisierung in den Jahren um 1800 ein. Sie beschränkte sich zunächst auf einige bevorzugte Regionen: im Norden Frankreichs auf die Gegend um Rouen und Lille, in Belgien schwerpunktmäßig auf Lüttich sowie auf das Gebiet um das nordwestdeutsche Aachen und den Süden Sachsens. Die Fabriken beschäftigten nun viele junge Frauen, die niedrig entlohnt wurden und praktisch keinen Kündigungsschutz genossen. Aber sie verdienten eigenes Geld, das sie oft und gerne für den Wirtshausbesuch ausgaben. Damit schufen sie eine eigene, spezifische Kultur des Biertrinkens. Der eigenständige Alkoholgebrauch steht für einen neuen Lebensstil, der andere Bereiche des täglichen Lebens einbezog. Die Fabrikmädchen wurden zu Pionierinnen der späteren Emanzipationsbemühungen. Bäuerinnen und Landarbeiterinnen tranken weiterhin wie im Agrarzeitalter. Der Krug Bier war unverzichtbarer Nährstofflieferant und Durstlöscher, auch bei der Ernte blieb er gebräuchlich. Dass der Spielraum, in dem die weibliche Bevölkerung Bier trinken durfte, im Verlauf des 19. Jahrhunderts kleiner wurde, lag nicht nur am gesellschaftlichen Wandel. Engere Wohnungen und mangelnde Zeit hatten dafür gesorgt, dass die Praxis des Bierbrauens im eigenen Haushalt zunehmend aufgegeben wurde. Kommerziell arbeitende Großbrauereien stillten nun zunehmend von den Städten und Kleinstädten aus das ländliche Bedürfnis nach Bier. Die Folge: Viele Heimarbeiterinnen, Mütter und Ehefrauen tranken bald gar keinen Alkohol mehr, es sei denn, ihre Männer nahmen sie mit in die Gaststätte.[29]

Klagen über die Auswirkungen überzogenen Bierkonsums waren bereits gegen Ende des 18. Jahrhunderts lauter geworden. 1787 wurde aus dem deutschen Westen gemeldet:

> „Bier und Branntwein sind des Aachener Volks tröstende Götter. Ein sehr großes Glas Bier wird für eine Mark verkauft, und in Aachen bestehen zahllose Schenken, Tabagien und Heckenwirthschaften. Meist herrscht in denselben großes Elend, welches dem Besucher in der Gestalt unbekleideter, vor Hunger blasser Kinder, schwacher und hagerer Mädchen, armer Greise und Kranken vor Augen tritt."[30]

Unter dem Einfluss von Industrialisierung und Fabrikgesellschaft wandelte sich die Funktion des Bieres. Auch die Kartoffel kam nun ins Spiel, die seit dem Beginn des 19. Jahrhunderts in großem Stil angebaut wurde. Dadurch verloren die Biersuppen, die viele Mitteleuropäer bis dahin zum Frühstück gegessen hatten und die für Alte, Frauen, Kranke und Kinder häufig die einzige bierhaltige Nahrungskomponente dargestellt hatten, drastisch an Bedeutung. Vor allem aber führte der Massenanbau der Kartoffel zu einer Expansion der Branntweinherstellung. In Preußen verdoppelte sich die Schnapsherstellung allein zwischen 1820 und 1840. Unter dem hohen Preisdruck des preisgünstigen Branntweins verbilligte sich in der Folge auch das Bier.[31] Noch in der Mitte des 20. Jahrhunderts lässt sich in den nördlichen Regionen Deutschlands dieser Konkurrenzkampf zwischen Branntwein und Bier vor allem in den Trinkgewohnheiten der männlichen Bevölkerung nachvollziehen. Eine kulturelle Trennscheide zwischen Branntwein und Bier verlief während des gesamten 19. Jahrhunderts zwischen den ländlichen Gebieten Nordost- und Süddeutschlands.[32] Dass Bayern gerade in dieser Zeit seinen Ruf als „Bierland“ erwarb, ist daher kein Zufall.

Zuflucht, Gemeinschaft und Exzesse: Blütezeit städtischer Wirtshauskultur

Das 19. Jahrhundert steht nicht nur für die Industrialisierung, sondern auch für eine stetig wachsende Mobilität und rasche Urbanisierung. Da die Wohnverhältnisse prekär waren, gewann der öffentliche städtische Raum eine neue Bedeutung. Hier gab es einen Ort, der Schutz vor Kälte und Dunkelheit bot, der alle öffentlichen Straßen säumte und der jedem offenstand: das Wirtshaus. Verfügte längst nicht jede Schenke über ein Speisenangebot, so gab es doch überall Bier – hier wurde ein Großteil des Bieres verkauft und getrunken. In den rasant wachsenden Städten verlief dabei die kulturelle Bierscheide zwischen Preußen und Süddeutschland weniger ausgeprägt.

Die sich rasch verändernden Konsum- und Produktionsbedingungen führten in den deutschsprachigen Städten Mitteleuropas zunächst zu einer Gleichzeitigkeit des Ungleichzeitigen: Zum einen bestanden die Gaststätten alten Typs fort. Zum anderen brachte die Dynamik der Frühindustrialisierung vielerorts kleine, halbprivate und halblegale

Schenken hervor, die vor allem von jungen Fabrikarbeitern besucht wurden. Fern der Heimat und ohne soziale Kontrolle endete ihr Wirtshausbesuch häufig in Exzessen, sodass diese Orte von Bürgern und Handwerkern bald nicht mehr besucht wurden. In einigen Gegenden des Rheinlands kam in den 1830er- und 1840er-Jahren eine Gaststätte auf etwa 30 Einwohner! Auch auf Kirmes- und Kirchweihfesten sowie den zahlreichen Kirchenfesten trank man hauptsächlich Bier. Vielerorts durften die Schenken zu diesen Anlässen länger geöffnet bleiben.[33]

Die zahlreichen Quellen, die sich über die Gaststätten erhalten haben, geben Auskunft über die Zeiten, zu denen Bier getrunken wurde: Meist wurde bei Morgengrauen geöffnet, als das Wirtschaftsleben in Dorf und Stadt begann. Alkoholfreies war in der ersten Hälfte des 19. Jahrhunderts kaum im Ausschank, und so floss das Bier schon in den frühen Morgenstunden. Dafür wurde abends, wie behördlicherseits gefordert, spätestens um zehn Uhr geschlossen. Allerdings ließ sich die Sperrstunde nicht immer durchsetzen. Aus dem Landkreis Aachen hieß es 1825, „daß ungeachtet des bestehenden Verbotes … die Bierschenken sowohl in den Städten als auf dem platten Lande oftmals zur Nachtzeit noch mit Gästen gefüllt seien." Dass die Schenken an den Wochenenden gut besucht waren und an Werktagen weit weniger, war eine Konsequenz von Lohn- und Fabrikarbeit.[34]

Nachdem die Konjunktur im Zuge der Gründung des Deutschen Reichs 1871 an Fahrt gewonnen hatte, begann eine Institution zu florieren, deren Anfänge bis ins 16. Jahrhundert zurückreichen: Damals war mit dem Münchner Hofbräuhaus erstmals eine zentral organisierte Großschenke entstanden. Im Industriezeitalter freilich gewannen die nun „Bierpaläste" genannten Betriebe eine ganz andere Bedeutung: In den großen Bierexport-, Industrie- und Verwaltungsstädten fungierten sie als Treffpunkte von Arbeitern und Bürgern und wurden Zentren des aufblühenden Vereinswesens. Die Säle, im Zuge des neuen Nationalbewusstseins oft mit historischen Gemälden dekoriert, waren bis zu 1.500 Quadratmeter groß. Angeschlossen waren eigene Braubetriebe und oft auch Braustuben, die das neue Gefühl der Gemütlichkeit vermittelten. Die Symbolik wurde vom Publikum verstanden: Der Biersaal war für die ganze Bevölkerung da, wobei man zunehmend vom „Volk" sprach – und Bier war das gemeinsame, verbindende, iden-

Der Drink der Saison: Groß und Klein drängen sich vor einem offenen Bierausschank im sommerlichen Süddeutschland.
Um 1875 geht hier ein Liter „Sommer Bier" für 25 Pfennige über den Tisch.
Holzstich nach einer Zeichnung von Rudolf Bendemann.

titätsstiftende und symbolisch aufgeladene Getränk. In Hannover etwa wurde in der Luisenstraße im Jahr 1880 ein im gotischen Stil erbautes Etablissement eröffnet, das nicht zufällig „Münchener Bierhalle" hieß.[35] Denn die Münchner Brauhäuser übertrafen die norddeutschen Bierpaläste hinsichtlich ihrer Größe und Bedeutung sogar noch. Manche Betriebe in der bayerischen Metropole fassten über 5.000 Gäste. Die Geschichte des großen Traditionslokals an der Bayerstraße reichte dabei bis ins Jahr 1690 zurück. Löwenbräu ließ hier nach 1900 einen gigantischen Bierpalast ausbauen, der drei Bierhallen, einen Festsaal und einen Biergarten umfasste.[36]

Noch eine weitere Eigenheit brachte die bayerische Gaststättenlandschaft im 19. Jahrhundert hervor: die Biergartenkultur. Durch die Spezialisierung der bayerischen Brauer auf untergärige Gerstenbiere seit dem 16. Jahrhundert kam der Kühlung – sowohl bei der Gärung als auch bei der Lagerung – hier stets eine wesentlich höhere Rolle zu als in Regionen mit obergärigen Bieren.[37] So entstanden in den Mittelgebirgen Frankens, in der Oberpfalz, in Böhmen, aber auch in den Münchner Stollen entlang der Schwanthalerhöhe, der Theresienhöhe und dem Gasteigberg in Haidhausen zahlreiche Bierkeller. In deren kühlen Gewölben konnte das im März, dem letzten Brautermin, stärker eingebraute Bier während der Sommermonate besser gelagert und konserviert werden. Für zusätzliche Kühlung in den Kellern sorgte Eis, das in den Wintern aus den Eisweihern der Brauereien oder den winterlichen Flüssen geerntet worden war.

Die schattigen, oft vor den Toren der Stadt gelegenen Keller[38] entwickelten sich im Sommer bald zu beliebten Ausflugszielen. Denn seit 1812 durfte das gelagerte Bier nicht mehr nur vor Ort an die Gaststättenwirte abgegeben, sondern auch an die Konsumenten direkt ausgeschenkt werden. Um die städtischen Braugaststätten zu schützen, verordnete König Max I. im Jahr 1812 allerdings, dass Biergärten zu ihrem „Märzenbier" keine Speisen außer Brot servieren sollten. Mit diesen Bierkellern älterer Art vermischten sich nach der Liberalisierung des bayerischen Gewerberechts ab 1825 bald die Garten- und Parkschenken, die während der Biedermeierzeit in München und anderen Großstädten Bayerns entstanden.[39] Zahlreiche Großbrauereien investierten in Pavillons, Musikdarbietungen und prächtige Architektur und gestalteten ihre Kellergärten so zu repräsentativen Aushängeschildern um.

Bereits im 19. Jahrhundert entwickelte sich mit den Biergärten das Stereotyp des statusübergreifenden bayerischen Bierkonsums.[40] Dessen positive Aspekte stellte die Bayerische Staatsregierung im Rahmen der Bayerischen Biergartenverordnung von 1999 heraus:

> „Biergärten erfüllen wichtige soziale und kommunikative Funktionen, weil sie seit jeher beliebter Treffpunkt breiter Schichten der Bevölkerung sind und ein ungezwungenes, soziale Unterschiede überwindendes Miteinander ermöglichen. Die Geselligkeit und das Zusammensein im Freien wirken Vereinsamungserscheinungen im Alltag entgegen. Sie sind vor allem für die Verdichtungsräume ein ideales und unersetzliches Nahziel zur Freizeitgestaltung im Grünen."[41]

Die exponierte Lage am wichtigsten Verkehrsknotenpunkt seiner Zeit und die architektonische Imposanz des Bierpalasts Siechen sind deutlicher Verweis auf die herausragende Stellung des Bieres im Deutschen Kaiserreich. Postkarte, Berlin, 1910.

Tatsächlich hatten die Biergärten und Wirtshäuser für die Münchner schon im 19. Jahrhunderts eine überaus wichtige Bedeutung. Vor der Entwicklung der modernen Vergnügungsindustrie am Ende des 19. Jahrhunderts waren sie – abgesehen von Jahrmärkten und kirchlichen Festen – nahezu die einzigen Treffpunkte für die Freizeitgestaltung. Dennoch hält das harmonische Bild der sich jenseits aller sozialen Klassen verbrüdernden Masse einer kritischen Überprüfung wohl nicht stand. So wurden die Trinkstätten, wie Birgit Speckle schreibt, auch zum „Schmelztiegel verschiedener Aggressionen", der sich vor allem aus Angehörigen unterer sozialer Schichten, Arbeitern, Handwerkern, Tagelöhnern und vereinzelt Studenten und Soldaten speiste.[42]

Eine zentrale Funktion hatten die Großgaststätten in der hochdynamischen Hauptstadt Berlin. Dort war das traditionsreiche Bierhaus „Siechen“ in der Mitte des 19. Jahrhunderts immer weiter ausgebaut worden, weil der Besucherandrang zu groß war. Schließlich zog man in die Jägerstraße um, wo es endlich genug Platz gab. Das Lokal trug den Namen der Inhaber, und der Berliner Humor verlieh ihm bald den signifikanten Namen „Siechen-Haus“. Der Ausbau des Eisenbahnnetzes ermöglichte es jetzt, überregionale Biere in großem Stil einzuführen. So war ab 1875 das Exportbier der Nürnberger Reif-Brauerei im Ausschank. 1883 schließlich liefen die Geschäfte so gut, dass der ganze Betrieb in den im historischen Stil errichteten Neubau in die Behrenstraße umzog. Hier kamen erstmals großvolumige Entlüftungsanlagen zum Einsatz, wodurch sich das Biertrinken um einiges angenehmer gestaltete. Der gemeinschaftsstiftende Charakter dieser Einrichtungen ergab sich dadurch, dass nicht nur Handwerker und einfache Bürger im Siechen verkehrten, sondern sich hier auch Diplomaten, Künstler, Gelehrte und Großbürger an über 100 Stammtischen trafen.[43] Die Bierpaläste waren weit mehr als einfache Kneipen. Sie wurden zum Symbol und zum Kristallisationspunkt der Gesellschaft des Kaiserreichs. Ihre architektonische Auffälligkeit, ihre Lage an den zentralen Plätzen der großen Städte und ihre internationale Strahlkraft verdeutlichen die Ausnahmestellung des Bieres im Deutschland des späten 19. Jahrhunderts. Erst der Erste Weltkrieg konnte diese Entwicklung beenden.[44]

Regionalisierungstendenzen: Bayern wird „Bierland“

Mit der Ausprägung eines überregionalen Marktes, der im Verlauf des 19. Jahrhunderts alle deutschsprachigen Staaten versorgte, ging ein wachsendes Bewusstsein für die Besonderheiten und Unterschiede regionaler Bierstile und Trinkgewohnheiten einher. Die Vielschichtigkeit der Bierkultur und die entstehenden, oft stereotypen Verbindungen zwischen Land, Leuten und Bier werden am bayerischen Beispiel besonders deutlich. Wenn 1851 in Bayern etwa 130 Liter Bier[45] pro Kopf getrunken wurden und in Preußen gerade mal 19 Liter,[46] so verwundert es nicht, dass Bayern damals bei Norddeutschen, aber auch bei

Reisenden aus anderen europäischen Ländern zum „Bierland“ schlechthin avancierte.

Weitere Entwicklungen begründeten diesen Ruf Bayerns. So begann das Königreich Bayern um die Mitte des 19. Jahrhunderts England als Innovationsmotor der Bierkultur und Brautechnik Konkurrenz zu machen. Von den Braukesseln zwischen Rosenheim und Würzburg, zwischen dem böhmischen Pilsen und Augsburg führt eine weitere Entwicklungslinie in die Biergegenwart.

Galt in der zweiten Hälfte des 18. Jahrhunderts auch in den deutschsprachigen Gebieten das englische Bier als das Maß der Brautechnik, gewann die Position der süddeutschen Bierkultur kurz nach 1830 an Stärke. So ließ der Aachener Wirt Winandi im Januar 1840 seine Kundschaft per Inserat wissen, er habe „einen Brauer, der lange in Baiern gearbeitet und an der Quelle die Bereitung des echten Baierischen Biers erlernt und ausgeübt hat“, zu sich genommen. Nun könne er „außer den sonstigen Biergattungen auch dieses so beliebte Bier in vorzüglicher Qualität liefern.“[47] Der Arzt Friedrich Nasse war sogar aus medizinischer Warte von der bayerischen Braukunst überzeugt. 1851 urteilte er in einem Fachaufsatz: „Baiern zeigt, dass gutes Bier auch beim gemeinen Manne den Branntwein zu vertreten vermag. Dort sind ausser an der sächsischen Grenze keine Branntweinschenken, dort ist das Irrsein der Säufer […] unbekannt.“[48]

Bayerns Entwicklung zum gelobten Bierland im 19. Jahrhundert wurde durch ein ganzes Bündel von Voraussetzungen und politischen Maßnahmen begünstigt. Sie basierte zunächst auf der stabilen und mehrere Jahrhunderte zurückreichenden Biertradition. War Bayern bis in die frühe Neuzeit eher ein Weinland, veränderten die sinkenden Temperaturen der „Kleinen Eiszeit“ nicht nur die Landwirtschaft, sondern auch die Wirtschaftspolitik und Ernährungskultur Bayerns spätestens ab dem 17. Jahrhundert fundamental. Die Hopfenanbaugebiete Mitteleuropas verlagerten sich in der Folge von Nordostdeutschland nach Süden. Nicht zuletzt um die Abhängigkeit von Hopfenimporten aus dem Königreich Böhmen und dem teuren und begehrten Einbecker Bier zu durchbrechen, förderten die bayerischen Landesherren, wie etwa Kurfürst Ferdinand Maria (1636–1679), den Anbau von Hopfen und die Entwicklung eines eigenen qualitätsvollen Brauwesens.[49]

Die Steuereinnahmen aus der Produktion von Bier und dem noch höher besteuerten Weißbier bildeten in der Folge eine zentrale Einnahmequelle für die bayerischen Herzöge. Die gewaltigen Schäden des Dreißigjährigen Krieges konnten dadurch in Bayern finanziell schneller abgefedert werden als in anderen deutschen Regionen. Das Bier wurde in Bayern staatlich und gesetzlich durch verschiedenste Privilegien und Gebote gefördert. Dies gewährleistete früher als in anderen Teilen Europas eine Standardisierung der Produktion und vor allem der Qualität der Biere.

Eine weitere Besonderheit, die in der Folge zum Synonym für bayerische Biere werden sollte, war die untergärige Brauweise. Der Brauprozess war zweifellos aufwendiger, aber dafür erwiesen sich die untergärigen Biere als wesentlich stabiler und vor allem länger lagerfähig als die obergärigen Sorten.

Noch im 19. Jahrhundert dominierte die große wirtschaftliche Bedeutung der Bierproduktion die bayerische Landespolitik. Während im Königreich Sachsen, im Ruhrgebiet, in Bielefeld oder Berlin die ersten regionalen Industrialisierungsschübe bereits in den 1830er-Jahren einsetzten, blieb Bayern noch bis zum beginnenden 20. Jahrhundert mit Ausnahme der Region Nürnberg – Erlangen – Fürth agrarisch geprägt. Der Anbau von Getreide und Hopfen für die Bierproduktion blieb hier wesentlich länger ein bestimmender ökonomischer Faktor. Bis in die Mitte des 19. Jahrhunderts zählten die Hopfenanbaugebiete nahe Schmidmühlen in der Oberpfalz sowie Spalt und Hersbruck in Mittelfranken zu den wichtigsten in Mitteleuropa. Seit den 1860er-Jahren übernahm die zwischen Donau und Alpenvorland gelegene Hallertau die Vormachtstellung. Zu Beginn des 20. Jahrhunderts war es das größte zusammenhängende Hopfenanbaugebiet der Welt. Der Regierungsbeamte Ignaz Ritter von Rudhart (1790–1838) konstatierte 1827 bezüglich der Bier- und Braukultur im Königreich Bayern:

> „In staatswirthschaftlicher Hinsicht ist jedoch dieser starke Bierverbrauch erwünscht, nicht nur wegen der Kapitalien, welche er in Bewegung setzt und der Menge der Menschen, welche er ernährt, sondern auch, weil er in gleichem Maße den Verkauf anderer, nicht so gesunder und ausländischer Getränke abhält.“[50]

Tatsächlich beliefen sich die Steuererträge aus dem Bier für das Königreich Bayern zwischen 1819 und 1868 auf ungefähr 15 % des gesamten Staatshaushaltes.[51] Eine enorme Summe, die sich für die bayerischen Könige angesichts der gewaltigen Schäden und Schulden aus den napoleonischen Kriegen als überlebensnotwendig erwies. Zusätzlichen Schwung erhielt das bayerische Braugewerbe zu Beginn des 19. Jahrhunderts durch eine Reihe marktliberalisierender Reformen. Neben der Abschaffung der Binnenzollschranken im Jahr 1807 und der Lockerung der Zunftbeschränkungen zählte dazu auch die Aufhebung des „Bierzwanges" um 1805. Wirte waren nun nicht mehr an einzelne Brauereien gebunden, und bayerischen Brauern war nicht mehr geboten, ihr Bier ausschließlich in der eigenen Stadt zu verkaufen.

Generell erfolgte die Vergabe von Braulizenzen und die Überwachung des Braubetriebs nun weitaus liberaler als in den vergangenen Jahrzehnten. Die Reformen begründeten einen dynamischen Konkurrenz- und Innovationskampf zwischen den zahlreichen, auch neu entstehenden, Brauereien und schufen so auch die Grundlage für den Export bayerischer Biere.[52]

In dieser für die Bierindustrie günstigen Grundsituation entwickelten einzelne Akteure eine Reihe technischer und wirtschaftlicher Innovationen, die im Verlauf des 19. Jahrhunderts die wichtige Stellung der bayerischen, aber auch der deutschen Bierkultur bis heute zementieren sollten. Die zentrale Figur im bayerischen Brauwesen des 19. Jahrhunderts war Gabriel Sedlmayr der Jüngere (1811–1891).[53] Als Sohn des königlichen Hofbräumeisters Gabriel Sedlmayrs des Älteren, des Besitzers der traditionsreichen Münchner Spatenbrauerei, verfügte Sedlmayr nicht nur über die nötige Expertise zu Brautechnik, Chemie und Physik, sondern auch über das Kapital für ausgedehnte Studienreisen. Nach der Teilnahme an Chemievorlesungen an der Universität in Berlin und einer Kaufmannslehre besuchte Sedlmayr englische und schottische Brauereien, die zu dieser Zeit mit der modernsten Brautechnik der Welt ausgestattet waren. In England eignete sich Sedlmayr, teils in Form von Industriespionage, die Techniken an, die die bayerische und deutsche Brauindustrie revolutionieren sollten. Dazu zählte die Anwendung des Longschen Saccharometers, einer in Mitteleuropa bis dahin unbekannten Methode zur Bestimmung des Würzegehaltes.

Der Gärvorgang des Bieres ließ sich nun effektiver kontrollieren, was die Qualität des Bieres erhöhte und vereinheitlichte – ein für die steigenden Ausstoßmengen der frühindustrialisierten Bierproduktion zentraler Punkt. Auch effizientere Mälzungs- und Sudtechniken brachte Sedlmayr bei seiner Rückkehr nach München im Jahr 1834 aus England mit.

Bayerische Pionierarbeit: Die vier Coups des Gabriel Sedlmayr

Vor allem vier Maßnahmen Sedlmayrs spiegeln den großen Weg der deutschen Brauindustrie in die Moderne im Kleinen wider. Seit 1867 war Spatenbräu die größte Brauerei Münchens. Der Bedarf an den Grundstoffen Hopfen, Malz und Wasser hatte sich dadurch zwischen 1840 und 1855 verdoppelt, und damit erhöhte sich auch das nötige Investitionskapital.[54] Da die zur Verfügung stehenden Summen bereits für den Brauprozess während der Wintermonate verwendet worden waren, jedoch erst im folgenden Sommer durch den Verkauf des Bieres erlöst werden konnten, entstand, wie bei vielen der rasch gewachsenen Braubetriebe, eine Investitionslücke. Die Brauereien wurden in dieser Situation zu Pionieren neuer Finanzierungsmodelle. Gabriel Sedlmayr schloss in München den ersten Kontokorrentkredit ab und bot damit das Vorbild für andere Brauereien ähnlicher Größenordnung.[55] Kurz zuvor waren in Dresden im August 1836 und in Medingen (Sachsen) im Mai 1836 die ersten Großbrauereien auf der Grundlage eines Aktien-Kapitalsystems entstanden. Hier verteilte sich die Investitionslast auf die Schultern zahlreicher Aktionäre. Vor allem nach der Liberalisierung des Handwerks durch die Einführung der Gewerbefreiheit im Jahr 1869 entstanden im jungen Deutschen Kaiserreich seit den 1870er-Jahren weitere Aktienbrauereien. So wurde zum Beispiel 1872 die Bierbrauerei Herberz & Co in Dortmund in eine Aktienbrauerei umgewandelt und im selben Jahr die Brey'sche Brauerei in Mainz in die Mainzer Aktien-Brauerei.

Gabriel Sedlmayr und die anderen Großbrauereien hatten aber nicht lediglich aufgrund der wachsenden Rohstoffmengen Bedarf an

Kapital. Zu Buche schlugen auch die Bauvorhaben, die dem vergrößerten Umfang der Produktion Rechnung trugen. In München errichtete Sedlmayr 1851 in der Marsstraße eine von eigener Hand geplante Großbrauerei[56] und folgte damit der Entwicklung hin zu gewaltigen Fabrikbauten, die in der Stadt 1826 mit der Verlegung der Brauerei Löwenbräu[57] an die Nymphenburger Straße und mit dem Umzug der Franziskaner-Brauerei in die Au im Jahr 1841 begonnen hatte. Das Ende der handwerklichen Brautradition dokumentierte sich so auch architektonisch. Zwischen 1830 und 1866 spiegeln riesige, nicht selten historistisch-neugotische und burgähnliche Fabrikanlagen die Industrialisierung des deutschen Brauwesens und das Selbstbewusstsein der Firmeninhaber wider.[58] Der Bevölkerung blieb dieser Wandel nicht verborgen. Bereits 1842 äußerte sich der Münchner Bürgermeister Bauer über die Transformation des alten Brauerhandwerks hin zu einer modernen Industrie:

> „Das Brauer-Gewerbe gehört in Altbayern […] und namentlich in München zu jenen Gewerben, welche sich mehr dem Fabrikbetriebe als den Gewerben von beschränkter localer Ausdehnung nähern; – und darum soll es auch im Sinne des Gewerbe-Grundprincipes behandelt und ihm die möglichste Veredelung und Ausdehnung gesichert werden […]. Es ist bekannt, dass unsere Nachbarstaaten die Vorzüglichkeit dieses Getränks vor den spirituösen Flüssigkeiten für das Volk eingesehen haben, deswegen auch nach München von allen Gegenden Lehrlinge schickten, um in der Heimat dieses Getränk geltend zu machen.“[59]

Die hohen Investitionen der Brauindustrie flossen drittens auch in die Innovation der technischen Anlagen, die in Deutschland in der Zeit zwischen 1830 und 1880 einen immensen Schritt in die Moderne nahmen. Gabriel Sedlmayrs Unternehmungen waren auch hier wegweisend. Bis ins 19. Jahrhundert hinein blieb das Bierbrauen mangels ausreichender Kühlkapazitäten auf die kalten Herbst- und Wintermonate zwischen 29. September und 23. April beschränkt. Besonders untergärige Biere, deren Gärung bei 5–7 °C stattfinden muss, erwiesen sich in der Herstellung als aufwendig und zeitlich limitiert. Die wachsenden Produktionsmengen der Großbrauereien wollten gekühlt sein, und so vervielfachte sich in Sedlmayrs Spatenbrauerei der Bedarf an Eis von 295 Tonnen im Jahr 1846 auf 16.800 Tonnen im Jahr 1868. Die hohen Preise für Eis, das sich die Brauereien über den internationalen Handel besorgten, schlugen sich in den Produktionspreisen nieder. Zudem liefen das sommerliche Brauverbot und die Mangelauslastung der teuren Brauanlagen den betrieblichen Interessen der Großbrauereien zuwider. Der Schritt in die Moderne gelang Gabriel Sedlmayr gemeinsam mit dem Ingenieur und Erfinder Carl Linde (1842–1934). Linde hatte bereits 1871 einen viel beachteten Aufsatz über Kältetechniken veröffentlicht. Durch die Unterstützung Sedlmayrs ging 1875 in der Spatenbrauerei die erste dauerhaft funktionierende Kältemaschine in Betrieb. Erstmals war Gärung bei konstant gleichbleibenden Niedrigtemperaturen möglich, und erstmals konnte Bier ohne riesige Eismengen den Sommer über gleichtemperiert gelagert werden. Der Schritt zum ganzjährigen Braubetrieb und damit zur Vollauslastung der Anlagen war vollzogen. Zahlreiche Brauereien in ganz Europa folgten, darunter die Giganten der gegenwärtigen Industrie: Heineken in den Niederlanden und Carlsberg in Dänemark.

Bildete die Kältemaschine die folgenreichste Innovation für die moderne, industrialisierte Brautechnik, so kam bald eine weitere wegweisende Neuerung auf: Die Dampfmaschinen ersetzten langsam den körperlichen Arbeitsaufwand und die Nutzung von Wasserkraft in den Großbrauereien. Sie wurden zum Schlüssel für die massenhafte und beschleunigte Produktion von Bier.[60] Neue Darrtechniken, etwa die „pneumatische Mälzerei“, taten ihr Übriges: Sie ermöglichten einen wesentlich kontrollierteren Darrvorgang und damit die Herstellung der begehrten helleren Malze. Gerade diese Malze produzierte die Münchner Spatenbrauerei bereits seit 1818, bevor sie mit ihrem Märzenbier von 1841 das erste hellere Bier in München auf den Markt brachte.[61] In Verbindung mit der traditionellen untergärigen Brauweise, die in Bayern bereits seit dem 16. Jahrhundert nahezu exklusiv betrieben wurde, gelang hier Gabriel Sedlmayr ein weiterer Coup: Während seines Englandaufenthaltes vermittelte er nicht nur englische Techniken nach Mitteleuropa, er trat auch als Botschafter des untergärigen Münchner Bieres auf. Schon 1834 erschien in London eine Neuauflage des Buches *The Art Of Brewing*.[62] Es griff die Brautechniken auf, die Sedlmayr gemeinsam mit seinem lebenslangen Freund, dem Wiener Brauersohn Anton Dreher (1810–1863), entwickelt hatte. Die untergärige Technik des Münchner Braumeisters avancierte gegenüber den obergärigen Ales der Insel rasch zum Inbegriff für „kontinentale“ Biere. In den oberen Gesellschaftschichten erfreute es sich als hochwertigeres, den englischen Ales überlegenes Bier bald großer Beliebtheit.[63]

Den weltweiten Siegeszug des untergärigen, „bayerisch-kontinentalen“ Bieres im späteren 19. Jahrhundert befeuerte Sedlmayr auch, indem er die untergärigen Hefestämme der Spatenbrauerei an Großbrauereien in ganz Europa verschickte, etwa an Carlsberg in Dänemark oder Muir in Schottland.[64] Das „echte bairische Bier“, mit dem der Aachener Wirt 1840 warb, befand sich auf dem Weg in die Weltspitze und konkurrierte in den deutschen Staaten lediglich noch mit den beliebten hellen Exportbieren der Dortmunder Brauereien. Sorten wie die Leipziger Gose-Biere, die Berliner Weiße oder das Kölsche Knupp blieben regionalspezifische Phänomene – ein „Ice Draught Munich Lager Beer“ wurde dagegen am 14. April 1912 sogar auf dem exklusiven, letzten Abendmenü der Titanic gereicht.

Der Siegeszug des Bieres Pilsner Brauart[65] – oder kurz: des „Pils“ – beginnt 1842 mit dem niederbayerischen Braumeister Josef Groll (1813–1887): Das böhmische Pilsen berief Groll in diesem Jahr als Braumeister für das neu gegründete Brauhaus der Stadt. Groll, Sohn eines Braumeisters aus Vilshofen, genoss einen exzellenten Ruf als Spezialist für stabile, helle untergärige Biere. In den Jahren zuvor waren in Pilsen Klagen über das ungenießbare, trübe heimische Braunbier laut geworden. Groll, so der Plan, sollte nun die Pilsner mit einem qualitativ hochwertigen, untergärigen Bier nach bayerischer Art versorgen. Grolls erster Sud vom 5. Oktober 1842 war ein voller Erfolg. Gebraut mit dem weichen böhmischen Wasser, sehr hellem Malz und einer reichlichen Zugabe des kräuterig-blumigen Saazer Hopfens gelang Groll ein helles, relativ klares Bier mit angenehmer Bittere. Auch Grolls Nachfolger als Braumeister in Pilsen stammten aus Bayern und brauten Bier „bayerischer Art“ nach dem Rezept Grolls. Als die niederländische Brauerei Heineken 1886 den Pilsner Stil Grolls übernahm, bewarb auch sie es damals noch als Bier nach „bayerischer Art“.

Als Reaktion auf den Erfolg der neuen Pilsner Brauweise setzten gegen Ende des 20. Jahrhunderts die großen Münchner Brauereien noch stärker auf die hellen Biere. 1895 übernahm Spaten erneut eine Pionierrolle: Als erste Brauerei schenkte das Unternehmen ein „Münchner Hell“ nach Pilsner Art aus. In der Folge setzten sich auch in Süddeutschland seit dem Ende des 19. Jahrhunderts hellere Biere durch. 1898 ließ sich das „Bürgerliche Brauhaus“ in Pilsen, für das Groll arbeitete, die Bezeichnung „Pilsner Urquell“ rechtlich schützen. Die Fürther Brauerei Geisman, die in den 1910er-Jahren den Pilsner Stil übernahm, setzte dagegen auf die Mischbezeichnung „Bayerisch Pilsner“. Die Ablösung der alten, untergärigen Dunkelbiere erfolgte jedoch nur sehr langsam. Noch unmittelbar vor 1939 braute nur jede zehnte deutsche Brauerei nach Pilsner Art.

Erst als in der Nachkriegszeit die Gläser die Steinkrüge ablösten und die goldene Farbe des Bieres wichtig wurde, begannen Biere nach Pilsner Art den deutschen Markt zu dominieren. Ihr Marktanteil lag 2014 in Deutschland bei knapp 38 %. Das weniger bittere Münchner Helle, das bis in die 1960er-Jahre zu den Favoriten der Deutschen zählte, lag hingegen mit nur gut 7 % auf Platz vier – hinter Weißbier und Biermixgetränken.[66]

Wissenschaft trifft Industrie: Die Revolution des Brauwesens

Lange war Bier in erster Linie eine europäische Angelegenheit. Sein Konsum konzentrierte sich auf den Raum nördlich der Alpen, strahlte dabei aber weit nach Westen und Norden und – weniger intensiv – auch nach Osten aus. Die überseeischen Absatzmärkte waren erst ansatzweise erschlossen. In der Mitte des 19. Jahrhunderts bahnte sich ein fundamentaler Wandel an: Ausgehend von den großen Innovationszentren Englands, aber auch Bayerns, Böhmens und Sachsens eroberte das Bier nun die Welt jenseits der keltisch-germanischen Traditionsregionen. Voraussetzung dafür war die Verbreitung der neuen technologischen Standards – wie etwa der modernen Kühlmaschinen Carl Lindes. Für die Standardisierung und Qualitätssicherung der

Brauverfahren erwies sich gleichzeitig die nun systematisch betriebene Erforschung der Hefe als entscheidend. Vor allem der französische Chemiker und Mikrobiologe Louis Pasteur (1822–1895) trug wesentlich zum Verständnis der Gärprozesse im Bier bei. Pasteur erkannte im Hefepilz einen lebendigen Mikroorganismus, der die Gärung verursacht. Bereits 30 Jahre vor Pasteur hatten Charles Cagniard-Latour, Theodor Schwann und Friedrich Kützing diese „vitalistische Gärungstheorie“, die von einer Beteiligung lebendiger Organismen am Gärprozess ausgeht, durch eigene Beobachtungen vorweggenommen. Auf diesen Grundlagen gelang es dem dänischen Botaniker Emil Christian Hansen (1842–1909), einzelne Hefezellen zu isolieren und unter kontrollierten, reinen Bedingungen zu vermehren: Die Voraussetzung für noch stabilere, lagerfähige Biere war geschaffen.[67]

Eine weitere Erfindung des 19. Jahrhunderts sorgte für zusätzliche Stabilität und damit eine verbesserte Lager- und Transportfähigkeit des Bieres. Trübten Schwebstoffe und Hefepartikel die früheren Biere, so konnten durch die neuartigen Bierfilter des bayerischen Erfinders Lorenz Adalbert Enzinger (1849–1897) die Haltbarkeit und die von den Konsumenten geschätzte Klarheit des Getränks wesentlich erhöht werden.

Mit den hellen Bieren des späten 19. Jahrhunderts war eine dritte bedeutende Innovation verbunden. Ab den 1860er-Jahren verbreitete sich von Berlin aus – wo einzelne Weißbiere bereits im 18. Jahrhundert in *bouteillen* abgefüllt worden waren – die Bierflasche in den norddeutschen Großstädten und vor allem in Sachsen. So wegweisend die Einführung der Bierflasche bei den Konsumenten war, so hoch waren zunächst die Kosten für die Brauereien. Die Anschaffung der Flaschen sowie maschinelle Abfüll- und Reinigungsanlagen bedeuteten hohe Investitionen, zumal der Flaschenrücklauf vor der Einführung des Flaschenpfandes nur gering war. Spätestens mit der Entwicklung des Bügelverschlusses mit Porzellan-Kappe und Gummi-Dichtung durch Karl Dietrich im Jahr 1875[68] waren Bierflaschen in Deutschland alltagstauglich geworden. Der „Plopp-Verschluss“ behob zum einen das Problem des Drucks durch Kohlensäure und Nachgärung[69], zum anderen sorgte er für eine bessere Wiederverschließbarkeit. Damit entstanden auch erste Schwierigkeiten: Vergeudete Bierflaschen entwickelten sich zum Problem, sodass Behörden rasch mit ersten Pfandgeboten antworteten. 1901 gründete sich im Bund der Industriellen ein „Ausschuss für Regelung der Flaschenfrage", die in ein „Flaschenschutzgesetz" münden sollte. Bis 1915 hatten die meisten Landesteile Deutschlands entsprechende Regelungen umgesetzt.[70]

Diese bierspezifischen Innovationen gingen in Europa und Nordamerika mit einer Reihe allgemeiner Fortschritte in Wissenschaft und Technik einher. So war das 19. Jahrhundert nicht nur von einer Transportrevolution geprägt, die durch den Einsatz der Dampfmaschine die bekannte Welt über Schienen und Dampfsegler näher zusammenrücken ließ, sondern auch durch eine Kommunikationsrevolution. Hatten bereits in der ersten Hälfte des 19. Jahrhunderts starke Marktliberalisierungstendenzen und der Abbau von Handelsschranken, etwa in Form des Deutschen Zollvereins, die Wirtschaft in Gesamteuropa beflügelt, so wurde der Handel durch neue Kommunikationstechniken nun nochmals beschleunigt. Die Einführung des Telegraphen in den USA 1837 oder die Verbreitung des Telefons seit den 1880er-Jahren ermöglichten der boomenden Brauindustrie deutlich schnellere Bestellabwicklungen und eine effizientere Kommunikation mit Lieferanten und Abnehmern.[71]

In der Folge wandelte sich die Bierindustrie auch hinsichtlich ihrer allgemeinen Geschäftsstruktur. Der Biermarkt wurde – so Meußdoerffer und Zarnkow – vom Verkäufer- zum Käufermarkt. Das spiegelt sich auch in den Produktionskosten der Brauereien wider. Während zwischen 1850 und 1865 die Vertriebskosten lediglich bei 9 % der Gesamtausgaben einer Brauerei lagen, wuchsen sie bis 1913 auf 20 % an.[72] Spätestens an dieser Stelle tritt die Bierwerbung in den Konkurrenzkampf der exportierenden und weltweit versendenden Großbrauereien der Moderne ein.

Export zu Wasser und zu Land: Bier wird zum globalen Getränk

Über die neuen Eisenbahnstrecken und Dampfschiffrouten begann das Bier die Welt zu erobern. Die Globalisierung des Biermarktes im

19. Jahrhundert wurde dabei maßgeblich von den beiden großen Biernationen der Epoche vorangetrieben: Deutschland und England.

Das britische Empire entdeckte schon im frühen 18. Jahrhundert den Weltmarkt für sich. Über die East India Company, eine von der Krone privilegierte Gesellschaft von Kaufleuten, die den Handel mit Süd- und Ostasien bestimmte, erreichte englisches Ale den indischen Subkontinent schon vor der Industrialisierung des Biermarktes.[73] Dabei zeigen zeitgenössische Auktionskataloge, Warenbücher und Handelsnotizen, dass eine große Bandbreite unterschiedlicher Biersorten in den Handelsstützpunkten konsumiert wurde – freilich nur von den englischen Kaufleuten und ihrer direkten Umgebung. Die hinduistische Religion verbot der ansässigen Bevölkerung den Alkoholkonsum, und der hohe Preis tat ein Übriges.

Neben dem beliebten Stout waren in den Kolonien vor allem die markanten „October Ales“ beliebt, sehr stark eingebraute Biere, die bis zu zehn Jahre eingelagert werden konnten und eine fast weinartige Konsistenz erreichten. Der massive Hopfenzusatz und sein hoher Alkoholgehalt machten das Bier stabiler; viele der nach Indien exportierten Porters, October und Pale Ales dürften stärker eingebraut gewesen sein, sodass sie auf See nachreifen konnten.

Für diese Entwicklung stand der Londoner Brauer George Hodgson. Er begann 1752 sein mit reichlich Hopfen eingebrautes, bitteres „India Ale“ zu exportieren. Hodgson, dessen Brauerei sich nahe an den Docks befand, stand in direktem Kontakt zu den Seeleuten und konnte so auf den in den indischen Handelsstützpunkten herrschenden Geschmack eingehen. In den folgenden Jahrzehnten dominierte Hodgsons prestigeträchtiges India Ale den Markt und wurde bald auch in London nachgefragt – insbesondere von Indienheimkehrern.

Zu Beginn des 19. Jahrhunderts erwuchs dem dunklen und oft minderwertigen Porter in den helleren, bitteren Pale Ales Konkurrenz. Helle Biere wurden zum Trend, nicht nur in den gehobenen Gesellschaftsschichten Englands; über die Brauerei Charringtons erreichten sie auch in Indien eine wachsende Konsumentengruppe.

In den 1820er-Jahren verdrängten die beiden Brauereien Allsop und vor allem Bass aus der Bierhochburg Burton-on-Trent den Konkurrenten Hodgson mit wesentlich höherwertigeren Bieren vom indischen Markt. Die „India Pale Ales“ (IPAS), wie sie in diesen Jahren erstmals genannt wurden, bildeten nun mit ihrem reichen Hopfengeschmack und ihrer klaren goldenen Farbe für Jahrzehnte das Bier der Wahl – nicht nur in Indien, sondern auch in den höheren Londoner Gesellschaftsschichten. Erst in der zweiten Hälfte des 19. Jahrhunderts veränderten die untergärigen bayerischen und Pilsner Biere den Markt erneut.

Bei der Expansion des Bieres nach Südeuropa hingegen spielten vor allem deutsche, österreichische und auch schweizerische Brauer eine zentrale Rolle. Über die neuen Zugstrecken des Habsburgerreiches verbreiteten sich die mitteleuropäischen Biere und ihre Brautechnik nach Südosteuropa bis in die Türkei. Eine Reihe gesellschaftspolitischer Reformen hatte im Osmanischen Reich seit der zweiten Hälfte des 19. Jahrhunderts zu einer Annäherung an westliche Lebensstile, etwa bezüglich Kleidung und Konsum, geführt. Dies betraf die gehobenen Schichten in Istanbul oder auch in Izmir. Eine Liberalisierung des islamisch geprägten Alkoholmarktes war damit verbunden; so gründete die Schweizer Familie Bomonti 1890 in Istanbul die erste Brauerei mitteleuropäischen Stils. Mit ihren Produkten richtete sie sich nicht nur an die zahlreichen westlichen Botschafter und Kaufleute, sondern verstärkt an jenen Teil der ortsansässigen Bevölkerung, der seine Affinität zur Moderne durch den Konsum eines entsprechenden Getränks Ausdruck verleihen wollte. 1893 wurde das erste Bomonti-Bier in Feriköy gebraut. Durch eine offensive Firmenpolitik und Aufkäufe bestehender britischer Betriebe erreichte Bomonti bis 1912 nahezu eine Monopolstellung auf dem Istanbuler Markt. Die Firma expandierte schließlich nach Izmir und sogar bis nach Ägypten.[74] Neben Bomonti waren zahlreiche andere mitteleuropäische Brauereien auf dem Markt vertreten. Reiseführer und Speisekarten der Zeit illustrieren die hohe Beliebtheit Pilsner und Münchner Lagerbiere am Bosporus des späten 19. und frühen 20. Jahrhunderts. Der Baedeker aus dem Jahr 1905 führt für das Botschaftsviertel Pera folgende Lokale auf, in denen Bier erhältlich war:

> „In Pera: Janni; Brasserie Viennoise, Grand Rue de Pera 396 […] mit Münchner, Pilsener und Wiener Bier, deutsch gesprochen, gut; Nicoli,

> Brasserie Suisse, Grand Rue de Pera 380, […] mit Münchner und heimischem (Bomonti-)Bier, deutsch gesprochen, gut; […] im Sommer im Stadtgarten der Petit Champs […], Münchner Bier […].“[75]

Zu den Importeuren von in Flaschen geliefertem Bier zählten unter anderem die Münchner Brauereien Spaten und Augustiner, die Brauerei Dreher aus dem österreichischen Triest und die Brauerei Gruber aus Straßburg. Marktführer war eine Exportbrauerei aus Graz. Aus den Berichten des französischen Generalkonsuls von Smyrna (Izmir), Firmin Rougon, wissen wir außerdem, dass das Bier in Kästen zu je zwölf Flaschen zum Preis von 1 bis 1,30 Franc pro Flasche angeboten wurde. Beliebt waren weniger norddeutsche als vielmehr bayerische und österreichische Biere. Englisches Bier wurde nur für die britische Marine importiert.[76]

Ernest Giraud, der Generalsekretär der französischen Handelskammer in Konstantinopel, bestätigt in den 1890er-Jahren die Beliebtheit der bayerischen und österreichischen Biere. Den wachsenden Konsum führt er auf die steigende Zahl von Deutschen in der Türkei und auf die schlechte Qualität der einheimischen Weine zurück. Er erklärt ihn aber auch damit, dass der Biergenuss, im Gegensatz zum Weintrinken, seiner Ansicht nach nicht durch die islamische Religion verboten sei. Viele – und damit meint Giraud wohl vor allem die Europäer in Istanbul – würden nach einem langen Tag im Büro noch in Brasserien einkehren, wo sie lustlos und aus Gewohnheit vor sich hintränken.[77] Der Diplomat Baron Josef von Schwegel (1836–1914), der zwischen 1870 und 1872 im österreichischen Konsulat arbeitete, skizziert die Trinker in den Istanbuler Bierhallen und Brasserien ebenfalls als recht bieder und deutsch:

> „An vielen Tischen wird deutsch gesprochen: hier ansässige Kaufleute und Journalisten, […] dazwischen die grotesken Gestalten deutscher Touristen im Lodenkostüm und grünem Hut, irgend einer Liedertafel auf kühner Sängerfahrt oder sonst ein sächsischer Verein zur Kompromittierung des Deutschtums im Ausland.“[78]

Bier war also im 19. Jahrhundert im Vorderen Orient angekommen und hatte den Sprung über den Bosporus geschafft. Es blieb aber einer urbanen und meist ausländischen männlichen Elite vorbehalten. Mit dem Alltag der Bevölkerungsmehrheit hatte es kaum zu tun.

Siegeszug moderner Bierproduktion: Von Griechenland bis in die USA

Die deutschen oder besser: die bayerischen Brauer standen auch am Beginn der modernen Bierproduktion im klassischen Weinland Griechenland. Durch die kurze Herrschaft des Wittelsbachers Otto I. von 1832 bis 1862 über das junge unabhängige Griechenland hatte in den 1830er-Jahren ein reger kultureller und wirtschaftlicher Austausch zwischen München und der Peloponnes eingesetzt. Dominierten bis zu dieser Zeit englische Porter-Biere den kleinen griechischen Markt, lenkte ab 1837 der Einwanderersohn Johann Georg Fix aus dem Spessart[79] mit der Gründung eines ersten Brauhauses Münchner Art in Kolonaki die Bierkultur in eine bayerische Richtung. Der Junker Josef von Ow, in dieser Zeit in Diensten König Ottos, erinnert sich an das Wirtshaus:

> „Die bairischen Landsleute haben Gesellschaft unter sich. – Ein Bräuhaus ist in Athen seit zwei Jahren in Betriebe und wird stark benützt. Professor Geverus aus Oldenburg bemerkt sehr richtig, wie trefflich es für eine bairische Seele sein muß, daß sein vaterländisches Getränk hier – an der Grenze des Morgenlandes – zu haben ist! Eine Gesellschaft ‚Zum grünen Baum' (mit Garten, Kegelbahn, steinernen Bierkrügen, Gesang und lautem Gespräche) erinnert an das ferne Ufer der Isar!"[80]

Der Erfolg von Fix Bier erwies sich als bahnbrechend. Bereits um 1840 war das Brauhaus von Kolonaki in ganz Griechenland bekannt, so dass der findige Unternehmer 1864 unter seinem eigenen Namen die Fix Brauerei als erste Großbrauerei des Landes gründete. Die hohe Nachfrage nach dem deutschen Bier – das zu dieser Zeit außer von Fix unter anderem von den Brauereien Bachauer, Fischer oder Melcher in Griechenland gebraut wurde – äußerte sich darin, dass der Bierpreis mit der Zeit höher lag als der Preis des weithin verfügbaren Weines.[81]

Im übrigen mediterranen Raum waren der deutsche und der österreichische Einfluss weniger spürbar, und die Entwicklung zum Bier verlief während des 19. Jahrhunderts langsamer. In Italien spielte Bier bis tief ins 19. Jahrhundert kaum eine Rolle. Der durchschnittliche Pro-Kopf-Verbrauch lag im traditionellen Weinland bei ca. einem Liter.[82] Von einiger Bedeutung waren am ehesten die 1846 beziehungsweise 1859 gegründeten Brauereien Peroni und Moretti. Der Großteil des in Italien getrunkenen Bieres blieb zunächst deutsche Importware.[83] Ähnlich gestaltete sich die Situation in Spanien: Die erste spanische Großbrauerei gründete dort der Elsässer Louis Moritz Trautmann 1864 in Barcelona. Bis in die 1860er-Jahre dominierten vor allem kleine Betriebe.[84] Wie in Italien spielte in Spanien der Wein zunächst die zentrale Rolle in der Trinkkultur des Landes. Erst im 19. Jahrhundert nahm der Bierkonsum zu.[85] Für den überwiegenden Teil der Südeuropäer und vor allem der Südeuropäerinnen blieb Bier im 19. Jahrhundert ein exotisches Getränk, dessen Existenz kaum wahrgenommen wurde.

Das war in Skandinavien, wo kleine Hausbrauereien einen festen Bestandteil vieler Bauernhöfe bildeten, grundsätzlich anders. In Dänemark lag der Pro-Kopf-Konsum um 1900 bereits bei 95 Litern Bier jährlich. Schweden stand dahinter mit 60 Litern etwas zurück.[86] Schon im 18. Jahrhundert hatten die skandinavischen Bierkulturen einen dynamischen Wandel erlebt. Die Einführung der Kartoffel hatte zunächst eine verstärkte Produktion von Schnaps mit sich gebracht; stärker als andernorts war das Bier von ihm verdrängt worden.[87] Die sozialen Folgen der Herstellung billigen Schnapses mündeten allerdings in Abstinenzbewegungen, die letztlich erneut zu einem Aufschwung des als weniger schädlich angesehenen Bieres führten. Die hohen Bierkonsumzahlen am Ende des 19. Jahrhunderts basierten auf einer frühen Modernisierung der Brauereien. Wesentliche Impulse gingen dabei vom Marktführer Carlsberg aus, der 1847 aus einer kleinen lokalen Brauerei bei Kopenhagen hervorgegangen war.

Der Gründer Jacob Christian Jacobsen (1811–1887) verfolgte dabei schon früh einen wissenschaftlichen Weg in der Brautechnik. Nach dem Besuch von Vorlesungen an der Universität gründete er 1875 das Carlsberg Labor, das erste brauereieigene Forschungsinstitut für Biertechnik. Hier entwickelten Wissenschaftler wie Søren Peter Lauritz Sørensen (1868–1939) das Konzept des pH-Wertes und Analyseverfahren für Proteine. Emil Christian Hansen gelangte im Carlsberg Labor zu seinen revolutionären Erkenntnissen im Bereich der Reinhefezucht.[88]

In Schweden übernahm Fredrik Rosenquist af Akerhult (1805–1872) eine ähnliche Rolle. War Schweden bis zur Mitte des 19. Jahrhunderts von obergärigen Ales geprägt, führte Rosenquist in seiner „Tyska Bryggeriet", also in seiner „Deutschen Brauerei", nun untergärige Biere ein. Besonders die trüben, oft gesalzenen traditionellen Biere Schwedens konnten sich gegen die klare, goldene und vor allem geschmacklich stabilere Konkurrenz aus dem Süden nicht mehr behaupten.[89]

Eine außergewöhnliche und nachhaltig prägende Rolle beginnt im 19. Jahrhundert Belgien einzunehmen. Der sagenhaft hohe Bierkonsum von 220 Litern pro Kopf und pro Jahr um 1900[90] deutet auf eine fest verankerte Bierkultur hin. Diese zeichnete sich durch eine im europaweiten Vergleich beispiellose Vielfalt aus. Zudem blieb sie noch im 19. Jahrhundert älteren Braustilen verhaftet, etwa Sauerbieren, gewürzten Witbieren und anderen spontanvergärenden Sorten, die im Zuge der Industrialisierung und in Folge diverser Reinheitsgebote in anderen Teilen Europas inzwischen vom Markt verschwunden waren. Eine weitere Besonderheit, die die belgische Bierkultur bis heute prägt, führt ins 19. Jahrhundert zurück. Im Zuge der Französischen Revolution waren auch in Belgien die meisten geistlichen Institutionen geschlossen worden. Der Niedergang der Klöster bedingte das Ende des klösterlichen Brauwesens. Etwa eine Generation später, in den 1830er-Jahren, setzte eine Welle von Neugründungen ein. Führend war hier der Orden der Trappisten, der eine stabile Selbstversorgung über seine Brautradition hatte bewahren können. Nun belebten Abteien wie Westmalle 1836, Westvleteren 1838 oder Chimay 1863 die Tradition neu. Die Grundlagen für den Erfolg der Trappistenbiere, die heute Aushängeschild der belgischen Braukultur sind, wurden freilich erst im Zuge einer Professionalisierungs- und Ökonomisierungswelle seit den 1960er-Jahren gelegt.

Noch dynamischer als auf dem Kontinent verlief die Entwicklung von Brauwesen und Bierkultur jenseits des Atlantiks. Mit den USA trat im 19. Jahrhundert ein neuer und schlagkräftiger Akteur auf den Plan, der zum bestimmenden Bierproduzenten des 20. und 21. Jahrhunderts werden sollte.[91]

In den nordamerikanischen Kolonien existierten bald nach der Siedlungsnahme kleinere Hausbrauereien nach europäischem Muster. Allerdings mussten sie auf Mais zurückgreifen, da der Import von Gerstenmalz aus dem englischen Mutterland verboten war.[92] Im 17. Jahrhundert eröffneten die ersten Brauereien Nordamerikas.

Das 19. Jahrhundert stand auch in den USA im Zeichen technischer Innovationen. Mit den schnelleren Dampfschiffen war es möglich, die beliebte untergärige Hefe aus Europa zu importieren. Neue Kühlsysteme erlaubten die Herstellung von hellen Bieren Münchner und Pilsner Machart nun auch in den USA. Exemplarisch für den Aufstieg der nordamerikanischen Bierindustrie ist das Unternehmen Anheuser-Busch, das mit einem jährlichen Umsatz von 16,7 Milliarden Dollar heute zu den globalen Branchenriesen zählt. Die Firmengeschichte führt ins deutsche Bad Kreuznach, eine Weinstadt unweit der Mündung der Nahe in den Rhein. Von hier wanderte Eberhard Anheuser 1842 nach St. Louis, Missouri, aus, wo er als Kerzenfabrikant rasch wohlhabend wurde. Einen Teil seines Gewinnes investierte er 1859 in die kleine Brauerei Hammer & Urban, die 1852 von Georg Schneider, der ebenfalls aus Deutschland stammte, als Bavarian Brewery gegründet worden war. In den Folgejahren fiel sie an den Badener Auswanderer Adam Hammer aus Bad Mingolsheim und dessen Kompagnon Dominic Urban. Sie hatten die Brauerei Hammer & Urban zwar modernisiert, trotzdem wirtschaftete der Betrieb noch nicht rentabel. Nach dem Konkurs übernahm Eberhard Anheuser die Brauerei komplett und etablierte sie als Kapitalanlagegesellschaft von Grund auf neu.

1864 heiratete Anheusers Tochter Lilly den Brauer Adolphus Busch aus Kastel. Schon im Folgejahr fusionierten die Brauereien Anheuser und Busch. Mit der Umwandlung in eine Gesellschaft im Jahr 1879 und der Namensänderung in Anheuser-Busch Brewing Association expandierte das Unternehmen ähnlich rasant wie europäische Brauereien. Eine Rolle spielte dabei die neue Kapitalform, die größere

Investitionsspielräume eröffnete. Maßgeblicher waren aber die technischen Innovationen. Bei einer Europareise in den 1870er-Jahren beschäftigte sich Adolphus Busch mit den neuen Pasteurisierungstechniken und Kühlverfahren Carl Lindes. Als erster Brauerei der USA gelang es Anheuser Busch, das Bier zu pasteurisieren und damit stabil und transportabel zu machen – ein gewaltiger Innovationsvorsprung, durch den der Betrieb bald das ganze Land beliefern konnte.

Ein weiterer kühner Schachzug war die Gründung der unternehmenseigenen Kühlzugfirma Manufacturers Railway. Sie perfektionierte 1887 den landesweiten Transport und minimierte Verluste durch gekippte Biere. 1901 war der Sprung an die Spitze des amerikanischen Marktes geschafft.[93]

Täglich und in großen Mengen: Das bierselige 19. Jahrhundert

Die Konjunktur des europäischen Brauwesens bewirkte, dass im 19. Jahrhundert mehr Bier getrunken wurde als jemals zuvor. In England erreichte der Pro-Kopf-Verbrauch zu Beginn der 1760er-Jahre mit über 100 Litern pro Jahr einen vorläufigen Höhepunkt. Der Wert sank anschließend wegen legislativer Maßnahmen und der Konkurrenz des Branntweins leicht, blieb aber auf einem für vorindustrielle Verhältnisse exorbitant hohen Niveau. Bis zum Ende des Jahrhunderts wurden über 150 Liter pro Kopf erreicht, weit mehr als Deutschland in den bierseligen 1970er-Jahren zu trinken imstande war. Im Verlauf des 19. Jahrhunderts verringerte sich dieser Wert dann vielerorts – die Konkurrenz von Branntwein, aber auch von Kaffee und Tee machte sich bemerkbar. In Industrieregionen wie Manchester flachte die Verbrauchskurve jedoch kaum ab.[94]

In Deutschland sah die Entwicklung ähnlich aus: Eine Größenordnung in den Industriegebieten und in Süddeutschland von etwa 150 Litern Bier pro Kopf und Jahr wurde in konjunkturstarken Jahren erreicht, während diese Werte bei schlechter Wirtschaftslage drastisch sanken. Hier wurde allerdings deutlich weniger Branntwein getrunken als in England, dafür mehr Wein.[95] Wir können daraus folgern, dass

Bier vor allem von Männern, die in Erwerbsarbeit standen, täglich in großen Mengen getrunken wurde. Obwohl das Bier leichter war als die heutigen Varianten, kam es wohl auch regelmäßig zu Rauschzuständen.

Regionale Unterschiede waren dabei zu beobachten: Das industrie- und agrarstarke Belgien erreichte, wie erwähnt, mit über 200 Litern den Spitzenwert des 19. Jahrhunderts. Dagegen begann dünner Kaffee im westfälischen Raum das Bier als Alltagsgetränk der breiten Bevölkerung bereits in den 1830er-Jahren aus seiner führenden Stellung zu verdrängen. Die Stadtbevölkerung in Brandenburg, im Ruhrgebiet oder Sachsen, wo gegen Ende des Jahrhunderts die größten Braukonzerne des Deutschen Reiches entstanden, trank indessen im Vergleich zu den Einwohnern der ländlichen Regionen Norddeutschlands ein Vielfaches an Bier. Heinrich Tappe hat errechnet, dass die Stadtbewohner Preußens um 1845 knapp 57 Liter Bier pro Kopf und Jahr tranken, während die Verhältnisse auf dem Land nicht einmal zehn Liter erlaubten.[96]

Im russischen Raum wurde selbst dieser geringe Wert kaum erreicht: Hier trank der Adel Wein, Handwerker und Bauern tranken Vodka, und Bier sollte erst im 20. Jahrhundert verstärkt auf den Plan treten.[97] Eine einheitliche Bewertung gegenüber dem Bierkonsum kannte die Gesellschaft des 19. Jahrhunderts nicht. Bier war vielerorts integrativer Bestandteil des Alltags. Die vor allem von England ausgehende Anti-Alkoholbewegung entfaltete auf dem Kontinent kaum durchschlagende Wirkung. Die Medizin hatte schon 1819 festgestellt, dass auch gelegentlicher Genuss von Bier süchtig machen könne.[98] In den Behörden setzten sich solche Erkenntnisse zu jener Zeit freilich kaum durch. Die Preußische Regierung etwa erließ 1842 eine „Verfügung, betreffend die Steuerung des übermäßigen Genusses des Branntweins“. Sie empfahl einfach mehr und besseres Bier. „Den Schenkwirthen“ wurde „von der Polizeibehörde die Verpflichtung auferlegt, … gutes Bier jederzeit zum Ausschank bereit zu halten“.[99]

Die Biergeschichte des 19. Jahrhunderts erweist sich in der Rückschau als Erfolgsgeschichte. Die Herstellung wurde industrialisiert, allmählich auf wissenschaftlicher Grundlage betrieben und enorm ausgeweitet. Damit war der Grundstein für die Demokratisierung und die

Globalisierung des Konsums gelegt. Bier war in vielen europäischen Ländern zum Nationalgetränk geworden und außerhalb zum Symbol eines neuen, an Europa orientierten, fortschrittlichen Lebensstils.

10. „GlobALE"

Mainstream kontra Biervielfalt im 20. und 21. Jahrhundert

Im November 2015 erschütterte eine Nachricht die Welt des Bieres: Der multinationale Konzerngigant AB Inbev, größter Bierproduzent der Welt, übernahm für die unfassbare Summe von rund 100 Milliarden Euro seinen Rivalen SAB Miller, die Nummer zwei auf dem Weltmarkt. Der Preis für den Brauereikonzern war damit vergleichbar mit dem Bruttoinlandsprodukt von Kroatien oder Bulgarien. Der Gigant vereint eine enorme Spannweite von Marken. Zu ihnen gehören nicht nur amerikanische, mexikanische und australische Traditionsbiere wie Miller, Budweiser, Corona oder Foster's, sondern auch die europäischen Flagschiffe Pilsner Urquell, Gambrinus, Beck's, Löwenbräu oder Leffe. Hinzu kommen etwa 200 lokale Marken aus aller Welt. Allein von Deutschland aus verkauft der Superkonzern pro Jahr neun Millionen Hektoliter Bier. Das entspricht einer Menge von 2,7 Milliarden 0,3-Liter-Flaschen. Mit einem Jahresumsatz von zuletzt über 47 Milliarden US Dollar produziert der fünftgrößte Konsumgüterproduzent des Planeten jedes dritte Bier auf der Welt.[1]

Die Genese dieses globalen Imperiums markiert den vorläufigen Höhepunkt der für den Biermarkt des 20. und 21. Jahrhunderts charakteristischen Standardisierung und Konzernbildung. Entgegengesetzt dazu haben zugleich tausende lokale Mikrobrauereien eine Biervielfalt ausgeprägt, wie es sie zuletzt vor der Industrialisierung gegeben hatte. Die Entwicklung begann in den 1960er-Jahren in den USA und in Großbritannien und nahm in den 1990er-Jahren Fahrt auf. In den Vereinigten Staaten lag der Marktanteil der kleinen, unabhängigen Brauereien 2014 bereits bei elf Prozent.[2] Über die Differenzierung des Geschmacks entstand eine neue Trinkkultur, in der Bier zum Symbol eines individuellen Lebensstils wurde. Ein Trend, der bald auch Europa erreichte; nicht nur im Westen und in Skandinavien, selbst in Italien gelang es kleinräumig operierenden Privatbrauereien, den multinationalen Konzernen Marktanteile streitig zu machen. Die Instrumente: eine geschickte Markenbildung über die Aspekte Lifestyle und Exklusivität. Außerdem die Betonung einer regionalen, ökologischen und gesundheitsbewussten Konsumentenethik sowie traditionaler Identitäten.

Der Kampf ums Bier zwischen der Macht des „Empire“[3] der transnationalen Konzerngiganten und der demokratischen „Multitude“[4] der regional operierenden Kleinbrauereien spiegelt dabei nicht nur die prägenden Linien der Biergeschichte des 20. Jahrhunderts wider. Er verdeutlicht auch die Megatrends der Ernährungskultur des letzten Jahrhunderts. Die Globalisierung von Warenströmen und Kommunikation, von Tourismus und Migrationssträngen führte dabei zu Ambivalenzen zwischen lokalen und überregionalen Alltagspraxen und zu konkurrierenden kulturellen Wertvorstellungen.

Die gegenwärtige, sich globalisierende Kultur prägt Spannungsfelder von Individualisierung und Angleichung aus, deren Komplexität der Soziologe Rüdiger Korff folgendermaßen beschreibt:

> „Globalisierung der Kultur ist ein komplexer Prozess der gleichzeitigen Standardisierung, Differenzierung und Spezifizierung, in der gleiche Waren, Informationen und Symbole mit ganz unterschiedlichen Konnotationen ausgestattet werden. Artefakte lösen sich aus dem weltweiten Zusammenhang, in dem sie im Rahmen einer Kultur standen, verbreiten sich weltweit und sind in diesem Prozess offen für die Bestimmungen neuer, auch sich widersprechender Bedeutungen.“[5]

Dieses Nebeneinander des Globalen und Regionalen führt erstens zu einer rasanten Standardisierung des Konsumangebots, getragen von einer zunehmenden Verdichtung und multinationalen Konzernbildung aufseiten der Produzenten. Über die gewaltige Vertriebsmacht und den unbarmherzig geführten Preiskampf der Großproduzenten erreicht Bier eine weltweite Käuferschaft. Gleichzeitig speisen die global operierenden Konzerne die lokalen kulturellen Eigenheiten ihrer Absatzmärkte rückwirkend erneut in den globalen Mainstream ein. Die Käufer kommen so zweitens in Kontakt mit Konsummustern, Produkten und Lebensstilen der unterschiedlichsten Nationen und Kulturen. Den Biertrinkern stehen heute über den globalen Biermarkt die ausgefallensten Sorten zur Auswahl, die vorher lediglich im lokalen Rahmen ihrer Herkunftsregionen verfügbar waren. Es kommt als verdeckte Nebenfolge der globalen Standardisierungstendenzen[6], gewissermaßen in ihren Falten und Schatten, zu einer grundlegenden Individualisierung und Ausdifferenzierung der Bierkultur. Die Modernisierung und globale Konzernbildung des Biermarktes wirkt so im Kleinen auf sich selbst zurück.

Die Vielfalt des Biermarktes im 21. Jahrhundert birgt für den Verbraucher das Risiko, im grenzenlosen Angebot die Orientierung zu verlieren. Denn sowohl transnationale Konzerne als auch lokale Kleinbrauereien kämpfen um ihren Anteil auf den globalen Märkten. Ein dritter Megatrend in der Bierkultur äußert sich deshalb in einer hochgradigen Ästhetisierung. Ausgehend von den ersten Werbekampagnen in den USA des frühen 20. Jahrhunderts war der Biermarkt in den letzten 100 Jahren gezeichnet von einer Stilisierung des Getränks über Labeling, über Marketing und die gezielte Konstruktion von Markenidentitäten.

In der Stilisierung von Bier und seiner Vermarktung in Form ausgeklügelter Kampagnen offenbart sich wiederum ein vierter großer Trend. So beruht die Markenidentität zahlreicher Brauereien auf einer zunehmenden Moralisierung des Konsums in doppeltem Sinne. In Anbetracht der zerstörerischen ökologischen Bilanz des globalen Konsums entstanden in den Industrienationen bereits seit den 1960er-Jahren Gegenbewegungen auf lokaler Ebene. Insbesondere die Argumente Tradition, Herkunft und ökologische Qualität beeinflussen die Vermarktung von Bier wie die kaum eines anderen Produktes. Diese Ethikvorstellungen betreffen auch die Auswirkungen des Produktes auf das individuelle Wohlbefinden des Konsumenten. Der Faktor Gesundheit gerät für die Bierkultur der Gegenwart zur entscheidenden Größe. Die gesellschaftlichen Leitbilder von Fitness, Sportlichkeit und bewusstem Konsum prägen unsere Bierkultur dabei noch in weit höherem Maße als die Mäßigungsbewegungen des 19. und frühen 20. Jahrhunderts.

Prohibition, Rezession und Krieg: Die Bierkrisen des frühen 20. Jahrhunderts

Am Beginn des globalen und milliardenschweren Geschäfts mit dem Bier stand eine schwere Krise. Besonders die Großbrauereien der USA hatten um 1900 mit sinkenden Absatzzahlen zu kämpfen. Betroffen waren dabei jene Konzerne, die ab der Mitte des 19. Jahrhunderts von zumeist deutschen Pionieren in den großen Städten des Mittleren Westens gegründet worden waren: Anheuser Busch in St. Louis etwa oder auch SAB Miller, der bis 2015 zweitgrößte Bierkonzern der Welt, der 1855 vom Auswanderer Friedrich Eduard Johannes Müller aus Riedlingen gegründet worden war.[7] Ähnlich verlief die Entwicklung auch bei Coors. Der zwischenzeitlich größte Braukonzern der Welt – heute liegt er auf Platz sieben der Rangliste der größten Bierproduzenten – wurde 1873 vom deutschen Einwanderer Adolf Coors in Golden, Colorado, gegründet.[8] Angeführt von diesen Riesen und unterstützt durch den Ausbau der Eisenbahnstrecken, der Implementierung von Kühlzügen und Verbesserungen in der Kommunikationstechnologie überzog im Jahr 1910 ein Netz von 1.498 Brauereien die USA. Allein New York zählte mehr als 100 Brauereien.

Vor allem die protestantisch geprägten Mäßigungsbewegungen waren dafür verantwortlich, dass der dynamische Aufstieg des Bieres in den USA 1919 abrupt endete. Gerade die biertrinkenden deutschen und irischen Immigranten wurden seit den 1840er-Jahren zunehmend mit der in der protestantischen Mittelklasse fest verankerten Ablehnung des Alkoholkonsum konfrontiert.[9] Schon in den 1850er-Jahren erließ Maine ein erstes Gesetz, das die Alkoholproduktion regulierte.[10] Weitere elf Staaten folgten in den nächsten fünf Jahren. Eine nationale Qualität gewannen die Prohibitionsbewegungen mit der Gründung der einflussreichen „Women's Temperance Union" im Jahr 1873 und der „National Temperance Society" im Jahr 1893. Getragen von bedeutenden Industriellen stellten sie die schädliche Wirkung des Alkoholkonsums auf die Arbeiter heraus. Der Einfluss der Anti-Alkohol-Lobby wuchs in den 1910er-Jahren enorm. Im folgenden Jahrzehnt schlossen 500 Brauereien in den USA ihre Pforten.

Zu Beginn des 20. Jahrhunderts fungierte Bier aber auch als Treibstoff der amerikanischen Modernisierung. In Saloons und Biergärten konsumierten die Amerikaner zur Spitzenzeit um 1910 rund 75 Liter pro Kopf und Jahr.[11] Die Industrialisierung des beginnenden 20. Jahrhunderts führte gerade in den großen Städten der USA zu steigendem Wohlstand. Dieser schlug sich im zunehmenden Bierkonsum, nicht zuletzt seitens der zahlreichen Fabrikarbeiter, nieder. Dank effizienterer Lager- und Transporttechniken konnten die Produzenten dem steigenden Bedarf nachkommen. Die Armee hatte ihre Soldaten bereits seit den Sezessionskriegen mit festen Bierrationen versorgt. Und die amerikanischen Mäßigungsbewegungen lehnten zwar den harten Branntwein ab, standen dem Bier aber oftmals tolerant gegenüber.

Mit dem Ausbruch des Ersten Weltkriegs und dem Kriegseintritt der USA 1917 gerieten die von deutschstämmigen Fabrikanten dominierten Brauerverbände in den Fokus der Politik. Bier wurde zum Getränk des Kriegsgegners und zum Feindsymbol. Zudem wurde die Getreideproduktion während der amerikanischen Kriegswirtschaft statt für die Bierindustrie zunehmend für die Herstellung von Grundnahrungsmitteln verwendet. Im Mai 1919 beschloss der „Volstead Act" schließlich die landesweite Prohibition von Alkohol. Freilich resultierte daraus nicht eine enthaltsame Gesellschaft, sondern illegaler Handel und erhöhter Branntweinkonsum. Daher hob Franklin D. Roosevelt die Prohibition am 7. April 1933 nach 14 Jahren wieder auf. Am 8. April bald nach Null Uhr begannen die Braukonzerne mit dem Versand von 15 Millionen Flaschen Bier. Die erste Lieferung Anheuser Buschs ging – so die Legende – direkt ans Weiße Haus.

Anders als in Europa wurde in den USA das Bier zu Beginn des 20. Jahrhunderts eher über den Großhandel vertrieben. Es war urbaner und stärker im Bereich der Arbeiterklasse verbreitet, und die Religionszugehörigkeit spielte eine wichtige Rolle: Bierindustrie und -konsum waren vor allem Sache der katholischen Iren und Deutschen. Außerdem fehlte eine gewachsene Weinkultur, und die Alkoholkultur war stark vom Whiskey geprägt.

Die Prohibitionsbewegung und die Entbehrungen der Weltkriege bedeuteten auch in Europa markante Einschnitte. In England und Deutschland scheiterten zwar die Versuche großflächiger Alkoholverbote. Allerdings ließen Massenarbeitslosigkeit und Wirtschaftskrisen den Konsum in der Zeit nach dem Ersten Weltkrieg ohnedies einbrechen, in England etwa von 404 Millionen Litern im Jahr 1914 um mehr als die Hälfte auf 168 Millionen Liter im Jahr 1918. Strengere Sperrstunden und höhere Steuern blieben auch nach dem Krieg bestehen. Hohe Getreidepreise sorgten dafür, dass Bier sich in Europa in den 1920er-Jahren weiter verteuerte. Gleichzeitig verringerte sich der Alkoholgehalt der meisten Biere.[12] Bier wurde vom Alltags- zum Luxusgut: Die Wirtshausbesuche wurden seltener, und der heimische Krug Bier vom täglichen Vergnügen wohl eher zu dem des Wochenendes.

Der Erste Weltkrieg, die „Urkatastrophe" des 20. Jahrhunderts, wirkte sich auch in Deutschland verheerend aus.[13] Um die Grundversorgung der Bevölkerung mit Nahrung aufrechtzuerhalten, kürzte die Regierung den Brauereien die Getreiderationen um zeitweise bis zu 90 %. Bald nach Kriegsende zeigte sich aber ein signifikanter Reflex: Was im Krieg begehrt und knapp gewesen war, wurde nun verstärkt nachgefragt. Viele deutsche Brauereien erlebten einen Boom. Bereits 1920 wurde mehr Bier produziert als zu Beginn des Krieges. Kurz darauf jedoch formierten sich die Alkoholgegner in der jungen Weimarer Republik neu. Symptomatisch ist der „Zweite Kongress für alkoholfreie Jugenderziehung", auf dem im Mai 1922 ein generelles Alkoholverbot für Jugendliche gefordert wurde.[14] In der Folge führte die Inflation 1923 zu einem vorübergehenden Rückgang des gesamten Konsums. Im Zuge der Weltwirtschaftskrise brach die Produktion ab 1929 drastisch ein: Arbeiter, Angestellte und das Millionenheer der Arbeitslosen konnten sich Bier nicht mehr leisten. Verschärft wurde die Situation durch die vielerorts von Gemeinden erhobenen hohen Steuern. Bier war in den Jahren um 1930 im Vergleich teurer als zu jedem anderen Zeitpunkt des 20. Jahrhunderts.[15]

Der Krise des Bierkonsums steht in der Weimarer Zeit eine Dynamisierung der Konsumstruktur gegenüber. Frauen hatten erstmals mehr Rechte. Sie verliehen dem neuen Lebensgefühl unter anderem dadurch Ausdruck, dass sie vor allem in den Großstädten bisweilen selbstbewusst Bier tranken. Die Machtergreifung Hitlers im Januar 1933 bedeutete auch diesbezüglich eine Zäsur: Frauen wurde nun ein ideologisch festgezurrter Platz als Mutter zugewiesen. Weiblicher Bierkonsum galt im Faschismus als inakzeptabel.[16]

Krieg und Mangel führten zu einem tiefgreifenden Wandel des täglichen Lebens. Das galt für Deutschland, noch stärker aber für die von den Deutschen unterjochten Länder.[17] Vor allem nach dem Angriff auf Polen 1939 und dem zwei Jahre später erfolgten Überfall auf die Sowjetunion war für die breite Bevölkerung im Osten Europas an Bierkonsum nicht mehr zu denken. In weiten Gebieten Europas wurden planmäßig verordneter Hunger und Durst zum bewusst eingesetzten politischen Instrument.[18] In Deutschland konnten Juden nach den Novemberpogromen des Jahres 1938 kaum noch Gaststätten besuchen. Damit waren sie nicht nur vom Bierkonsum, sondern auch von wesentlichen Elementen des Soziallebens ausgeschlossen.[19] Eine der frühesten Maßnahmen der Kriegswirtschaft bestand in der Verbrauchsrationierung vom 27. August 1939. Der „Verordnung zur vorläufigen Sicherstellung des lebenswichtigen Bedarfs des deutschen Volkes" folgten diverse weitere Bestimmungen, deren Einhaltung streng überwacht wurde. Im Verlauf des Krieges ging die landwirtschaftliche Produktion stark zurück. Bier wurde rationiert. Selbst in den Jahren, in denen Deutschland unter der nationalsozialistischen Herrschaft wirtschaftlich prosperierte, blieb die Bierproduktion auf niedrigem Niveau. Mit Kriegsbeginn 1939 sank sie weiter.[20]

Auch die Mahlzeitensysteme wandelten sich fundamental; zunächst dadurch, dass viele Männer Arbeits- oder Kriegsdienste zu leisten hatten. Immer mehr Menschen im straff organisierten NS-Staat nahmen die Gemeinschaftsverpflegung zu sich, die bewusst auf Gesundheit und damit Wehrfähigkeit ausgerichtet war. Das betraf am Ende des Krieges ein Drittel der Bevölkerung. Bier hatte hier kaum Platz.[21]

Im Bierkonsum spiegeln sich die faschistischen Machthierarchien wider: Während ein Großteil der Bevölkerung und zudem alle Verfolgten, Internierten und Inhaftierten vom Bierkonsum ausgeschlossen waren, standen überzeugten Nationalsozialisten und vor allem Funktionsträgern sowie den Angehörigen der Wehrmacht vergleichsweise große Deputate zur Verfügung. Dass das Bier Gegenstand der NS-Politik war, zeigt das Beispiel des Münchner Oktoberfestes. Die besucherstarke, jährliche „Wiesn" diente als Arena für Propaganda und Politik. Der Bierpreis war dabei wichtiges Instrument. Um sich mit den Arbeitern zu solidarisieren, legte das Regime den Preis auf erschwingliche 90 Pfennig für eine Maß fest. Mit Arbeitslosenspeisungen, festlichen Paraden und einer Beschwörung des gemeinsamen „deutschen Volksgeistes" verwandelten die Nazis das Bierfest in ein „Großdeutsches Volksfest", auf dem sich Nazigrößen wie Joseph Goebbels oder Hermann Göring vermeintlich volksnah präsentierten.[22]

Wege aus der Krise: Die Konzerne setzen sich durch

Obwohl die Prohibition in Europa und den USA gescheitert war, übte sie langfristig großen Einfluss auf die globale Bierkultur aus. In Deutschland hatte nur ein Drittel der Betriebe den Ersten Weltkrieg und die anschließenden Krisen überlebt. Zu den Brauereien, die in den 1930er-Jahren die deutsche Bierindustrie neu begründeten, zählten vor allem jene Großkonzerne, die bereits vor den Krisen über Marktmacht verfügt hatten. Die Vielfalt der vorindustriellen Zeit ging nun auch in Deutschland zu Ende. In den USA bot sich ein noch verheerenderes Bild. Von den 1.392 Brauereien, die vor der Prohibition im Land aktiv waren, hatten Mitte der 1930er-Jahre nur 703 überlebt.[23] Vor dem Zweiten Weltkrieg sank die Zahl auf knapp 100. Und auch hier waren es nicht die kleinen, lokalen Brauereien, sondern die Großunternehmen, die den Markt unter sich aufteilten.[24] Die Prohibitionsbewegung erwies sich noch immer als stark, was sich in rigideren Alkoholgesetzen äußerte und besonders Heimbrauern und kleineren Brewpubs schadete.

Mit dem Eintritt der USA in den Zweiten Weltkrieg 1941 wendete sich das Blatt. Die Bierproduzenten unterliefen die Mäßigungsbewegungen, indem sie ihnen eine eigene Ethik entgegenhielten. Der Konsum von Bier, so formulierten es zahlreiche Kampagnen, diene der heimischen Wirtschaft und damit indirekt den amerikanischen Truppen. Zudem würden gerade in Krisenzeiten Gewohnheiten wie das Feierabendbier dem Land Stabilität verleihen. Im Rahmen einer konzertierten Marketingkampagne verkündete 1942 eine Werbeanzeige: „Die Menschen können schlimme Dinge verkraften … die bitteren Nachrichten, sogar die Bombardierungen ... wenn nur einige wenige, bekannte, beruhigende gute Dinge bleiben."[25] Spätestens jetzt hatte Bier seinen moralischen Platz in der amerikanischen Alltagskultur zurückerobert. Seine kulturelle Bewertung wandelte sich erneut.

Nach 1945 verlief der Weg der USA zur führenden Biermacht im Rahmen zweier scheinbar gegensätzlicher Entwicklungen. Während die Bierproduktion kontinuierlich stieg, nahm die Zahl der Brauereien ab. Bald dominierte eine kleine Zahl gewaltiger Brauunternehmen den Markt. Gegen Preisdumping, landesweite Vertriebsnetze und Werbekampagnen hatten kleinere Brauereien keine Chance. 1978 erreichte die Verdichtung des amerikanischen Bier-Imperiums einen vorläufigen Höhepunkt. Damals gab es nur noch 89 Brauereien, die 50 Unternehmen gehörten, von denen die meisten im Mittleren Westen saßen. Zwischenzeitlich vereinten die Großbrauereien Anheuser-Busch, Miller, Schlitz und Pabst etwa 75 % des gesamten US-Marktes auf sich. Diese Konzernbildung wurde bereits in den 1940er-Jahren von Standardisierung und damit einer Vereinheitlichung des Biergeschmacks flankiert. Hatte die Prohibition es geschafft, eine ganze Biertrinkergeneration vom Gerstensaft fernzuhalten, so stieß das bittere, hopfige Getränk nun bei den jungen Erwachsenen, die lediglich Limonaden kannten, zunächst auf breite Ablehnung. In der Folge stellten die Großkonzerne ihre Produktion auf den empfindlicheren Biergeschmack der Bevölkerung um und produzierten leichtere, weniger bittere Biere. Das moderne amerikanische Lager, am besten verkörpert durch die Bier-Ikone Budweiser, ist ein gefälliges, aber charakterschwächeres Bier als die ursprünglichen bayerischen, Dortmunder und böhmischen Lagerbiere. Das Stereotyp des „fade schmeckenden" amerikanischen Massenbieres erfuhr so seine Verbreitung.

Auf globaler Ebene fanden seit den 1930er-Jahren ähnliche Konzentrationen statt. Die Akteure waren dabei die Braufirmen, die bereits im Zuge der Industrialisierung des 19. Jahrhunderts expandiert hatten. Besonders die Rolle der brasilianischen Brauerei AmBev, heute ein weiterer Teil des weltgrößten Bierkonzerns AB InBev und zeitweise fünftgrößter Bierproduzent der Welt, spiegelt die internationale Entwicklung wider. Brasilien war in der zweiten Hälfte des 19. Jahrhunderts über deutsche Einwanderer mit Bier in Kontakt gekommen. Über

Jahrzehnte dominierten dabei die Brauerei Brahma aus Rio de Janeiro und Antarctica aus Sao Paolo den Markt. Ähnliche Verdrängungs- und Standardisierungsprozesse hatten über Jahrzehnte die marktbeherrschende Stellung der Brauereien Brahma aus Rio de Janeiro und Antarctica aus Sao Paolo gesichert, bevor Brahma den Konkurrenten aus Sao Paolo 1999 schluckte. Nach einer Fusion mit dem belgischen Megakonzern Interbrew kontrollierte der neue, in InBev umbenannte Megakonzern 2010 68 % des brasilianischen Biermarktes.

Den gewaltigsten Aufschwung nahm im 20. Jahrhundert China. Auch hier hatten deutsche Kaufleute um 1900 erste Großbrauereien gegründet, unter ihnen die auch heute noch populäre Tsingtao-Brauerei, die 1903 von deutschen Siedlern im für Getreide- und Hopfenanbau günstigen Nordosten des Landes eröffnet wurde. Führte Bier in der Kaiserzeit und vor allem in Maos kommunistischem China ein Schattendasein, nahm es im Zuge der marktliberalen Reformen der letzten beiden Jahrzehnte einen beispiellosen Aufstieg. Zwar liegt die konsumierte Pro-Kopf-Menge mit 22 Litern jährlich derzeit noch auf niedrigem Niveau, gleichwohl produzieren die über 500 Brauereien des Staates mit 400 Millionen Hektolitern mehr Bier als jedes andere Land.[26] Das Verlangen nach dem „westlich" konnotierten Statusprodukt Bier hat den Aufschwung vor allem heller, leichter Bierstile begünstigt. Durch die große Zahl weiblicher Biertrinker aus wohlhabenderen Gesellschaftsteilen wuchs der Sektor für alkoholfreie Biere im Land ungewöhnlich schnell.

Zwischen Wiederaufbau und Standardisierung: Bier im europäischen Vergleich

Durch die Zäsur des Zweiten Weltkriegs setzten in Europa die Standardisierungsprozesse später ein. Nach dem Ende des Hitler-Faschismus im Mai 1945 kennzeichneten Chaos und Mangel eine Übergangszeit, die bis in die späten 1940er-Jahre währte.[27] Die Versorgungslage der Bevölkerung in Deutschland, im europäischen Osten, aber auch in England war katastrophal, und die Lebensmittelproduktion und mit ihr das Brauwesen lagen weitgehend darnieder.[28]

Produktionslinie der Beijing Yanjing Großbrauerei. Durch intensive Konzernbildung und Internationalisierung des Marktes im späten 20. Jahrhundert produziert China heute mehr Bier als jedes andere Land der Welt.

Während sich Europas Osten nur langsam erholte, ging es in Westdeutschland seit der Währungsreform des Jahres 1948 und der Gründung der Bundesrepublik 1949 rasch bergauf. Das Schlagwort der „Fresswelle" charakterisierte das folgende Jahrzehnt.[29] Die größten Zuwachsraten verzeichnete das Bier: Anstatt 37 Liter pro Kopf und Jahr, wie noch 1950, tranken die Westdeutschen 1960 bereits 120 Liter – ein Wert, der bis in die 1980er-Jahre auf fast 150 Liter steigen sollte, um danach allmählich zu sinken.[30]

An die Traditionen der Kaiserzeit konnte das Bier nicht mehr anknüpfen. Es entstand eine neue spezifische Bierkultur. Zunächst wurden das Wirtshaus und mit ihm der Stammtisch wiederbelebt. Bier stand nun kaum mehr in der Kritik. Es wurde zum Symbol für Wiederaufbau, Fortschritt und Wohlstand. Man nahm es mit in Werkstatt und Fabrik. Vor allem auf den Baustellen wurde viel und gerne Bier aus den markanten braunen Halbliterflaschen getrunken. Auch in der Sphäre des Privaten spielte Bier eine große Rolle – seit der Kühlschrank die deutschen Haushalte in den 1960er-Jahren erobert hatte, auch in gekühlter Form. Der Kreis der Konsumenten weitete sich. Die gesellschaftliche Stellung der Frauen verbesserte sich allmählich, und Bier verlor seine Stellung als primäres Männergetränk. Nach den Bildungsreformen der Jahre um 1970 war Bier in der studentischen Kultur das Modegetränk schlechthin.

Die Vertriebsstruktur begünstigte die enorme Bedeutung des Bieres in der Bundesrepublik. Sie umfasste nicht nur Getränkeläden, Gaststätten und den Brauereidirektvertrieb, sondern ein dichtes Netz an Kiosken und Trinkhallen. Letztere stellten eine Sonderform der kommerziellen Gastlichkeit dar, die vor allem im Ruhrgebiet verbreitet war. Gemeinsames Biertrinken wurde zum sozialen Kitt der BRD. Lediglich die Oberschicht und das gehobene Bürgertum legten Wert auf getränkespezifische Distinktion und tranken lieber die deutschen Weißweine, die in den 1970er-Jahren allerdings eine qualitative Talsohle durchlitten.

Eine Sonderrolle spielte die Deutsche Demokratische Republik. Bier galt hier ebenfalls als Symbol des Wiederaufbaus und zugleich als demokratisches Getränk, das die Grundversorgung sicherte. Es wurde zunehmend zum politisch akzeptierten Alltagsgetränk. Bald jedoch diente Bier nicht mehr allein als Genussmittel, sondern vor allem in der Spätphase des Sozialismus auch als Droge gegen die Frustrationen des Alltags.[31]

In Westdeutschland stieg der Bierkonsum in den 1970er- und 1980er-Jahren auf ein Allzeithoch von knapp 150 Litern. Als die durchsichtigen Biergläser die alten Steinkrüge nach dem Zweiten Weltkrieg ablösten, begann der Siegeszug des Bieres Pilsner Brauart. Das goldene, klare Bier setzte sich seit den 1950ern gegen die älteren, regionalen, dunklen und trüben Sorten durch. Deutschland wurde in den 1970er-Jahren zum zweitgrößten Bierproduzenten der Welt und konnte seine Brauereivielfalt dabei bewahren.

Die Beliebtheit der hellen Einheitssorte Pilsner begünstigte auch in Belgien, dem Land der traditionsreichen Abteibiere, die Bildung von Großkonzernen. Aus der spätmittelalterlichen Artois-Brauerei war 1988 der Interbrew-Konzern, seinerzeit drittgrößter globaler Bierproduzent, hervorgegangen. 2004 fusionierte das Unternehmen mit dem brasilianischen Giganten AnBev und übernahm die weltweite

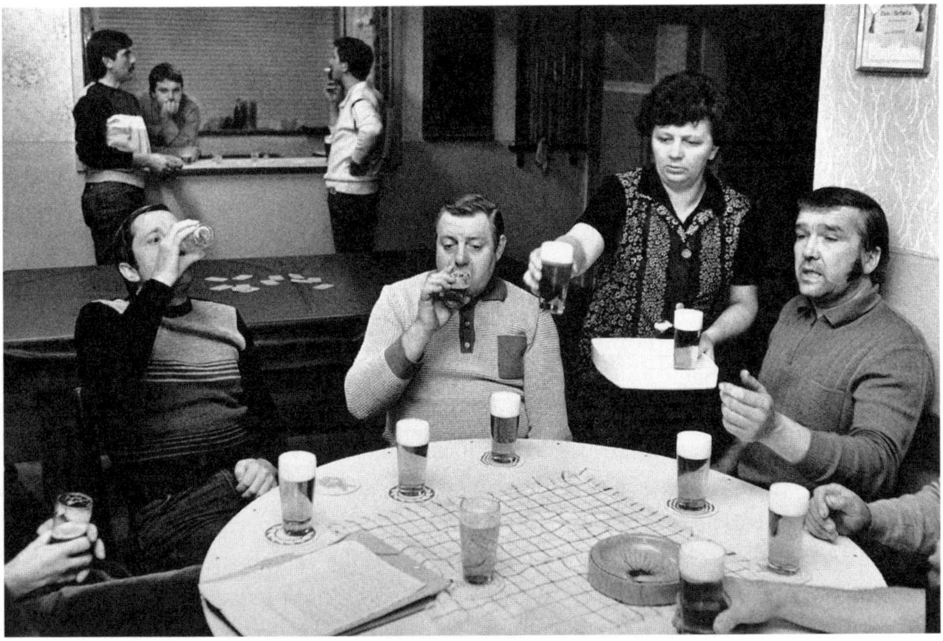

Gediegene Herrenrunde im Dorfgasthof von Klein Partwitz in der Lausitz. Deutschland, DDR, Sachsen, 1987.

Spitzenposition. Durch die Übernahme von Anheuser Busch im Jahr 2015 baute der Konzern seine marktbeherrschende Position auf dem globalen Biermarkt weiter aus.

Auch in England wuchs der Biermarkt im Verlauf des 20. Jahrhunderts. War der Bierkonsum während des Ersten Weltkrieges noch stark eingeschränkt, so verzichtete die Churchill-Regierung im Zweiten Weltkrieg demonstrativ auf eine Rationierung. Churchill forderte für jeden britischen Soldaten an der Front mindestens acht Pints Bier pro Woche.[32] Die starke, auch politisch geförderte Verankerung des Bieres in der britischen Trinkkultur tritt wohl am deutlichsten in der „Pubkultur" zu Tage. Bier war hier – weit vor Wein und Spirituosen – das zentrale Getränk: Es war hedonistisches Rauschmittel, sozialer Kitt und Türöffner für gesellschaftliche Kontakte.

In der Mitte des 20. Jahrhunderts deutete sich auch in England ein Wandel an. Zählte das Land 1945 noch über 700 Brauereien, verringerte sich die Zahl auf unter 150 in den 1970er-Jahren.[33] Dominierte in Deutschland der Konsum von Flaschenbier im privaten Rahmen die Bierkultur, setzte in England in den 1970er-Jahren eine Entwicklung ein, die vor allem in größeren Städten die gastronomische Funktion der Pubs in den Vordergrund rückte. Die Trinkgaststätten verwandelten sich in der Folge in eine Mischform aus Bar und Restaurantbetrieb. Dem Rückgang der Pubs im ländlichen Raum versuchten Verbraucherkampagnen seit den 1970er-Jahren entgegenzuwirken. Ein Beispiel ist die „Campaign for Real Ale" (CAMRA), die sich seit 1971 dem Erhalt der traditionellen britischen Pubkultur und Biervielfalt verschrieben hat.[34]

Gleichzeitig zeichnete sich eine Modifikation des Trinkverhaltens ab. Zunächst begannen die Verkaufszahlen von „verpacktem" Bier in Flaschen und Dosen aus Supermärkten ab den 1970er-Jahren zu steigen. Bier wurde mobiler, flexibler und leichter verfügbar. So eroberte es über die abgeschlossenen Sozialräume der Pubs hinaus – und auf dessen Kosten – den privaten Bereich, aber auch die britischen Freizeitkulturen. Besonders in den Städten konsumierte ein jüngeres Publikum Bier zunehmend in Clubs, Discotheken und Bars. Ohne die soziale Kontrolle, die innerhalb der traditionellen Pubkultur gegeben war, eskalierte im frühen 21. Jahrhundert mit der exzessiven Partykultur der Innenstädte auch der exzessive Alkoholkonsum. Kampagnen gegen „Binge Drinking" – das Pendant zum deutschen „Komasaufen" – begleiten einen in England nach wie vor hedonistischen Umgang mit Alkohol, bei dem Spirituosen eine wichtige Rolle spielen. Zudem begann der Bierkonsum in den 1970er-Jahren zu stagnieren, während der Konsum von Wein im selben Zeitraum um über 200 % stieg.

Modernisierungsprozesse: Die Wein-Bier-Grenze wankt

In den klassischen Wein-Ländern Italien, Spanien, Frankreich und Portugal fanden in der zweiten Hälfte des 20. Jahrhunderts ebenfalls tiefgreifende Veränderungen statt.[35] Dort brach ab den 1950er-Jahren die traditionelle Kultur des Weinkonsums, in Frankreich auch des

Branntweinkonsums, auf. Bier eroberte die Gaststätten, Bars und privaten Haushalte. Die Modernisierungsprozesse verliefen in den vier Ländern nach ähnlichem Muster: Wein verlor an Bedeutung, und der Bierkonsum stieg, um in den 1990er-Jahren seinen Höhepunkt zu erreichen. Während in Frankreich die konsumierte Menge von Wein bereits seit den 1950er-Jahren kontinuierlich sank, konnte sich der Wein in Portugal, Italien und Spanien noch bis in die Mitte der 1970er gegenüber dem Bier behaupten. Dennoch ist auch hier eine exponentielle Ausbreitung des Bieres zu konstatieren. Tranken die Spanier in den 1950er-Jahren gerade zwei Liter pro Jahr und Kopf, lag der Konsum Mitte der 1970er bereits bei 75 Litern. Bier war nun das populärste alkoholische Getränk. Bedient wurde der Bedarf der Spanier von einer dicht konzentrierten Brauindustrie, bestehend aus nur wenigen Großkonzernen[36], die besonders auf helle Biere Pilsner, bayerischen und amerikanischen Stils setzten. Ähnlich gestaltete sich die Entwicklung in Portugal und Italien.[37]

Der deutliche Aufschwung des Bieres gründet auf der Globalisierung und Industrialisierung des Biermarktes, dessen Vertriebsnetze weltweit neue Absatzregionen erschlossen. In den 1960er- und 1970er-Jahren wurde Bier zum Symbol der Modernisierung. Besonders während der Militärdiktatur in Portugal galt Bier als internationales Getränk und wurde bei der Jugend zum Inbegriff freiheitlicher Lebensweise und damit zum politischen Instrument. In Spanien war es der Massentourismus, der den Bierkonsum stark steigen ließ. Ausgehend von den großen Urlaubsorten auf den Balearen und entlang der Costa Brava drang Bier noch rascher als in den Nachbarländern in die einheimische Trinkkultur vor. Auch aufgrund seines gegenüber dem Wein niedrigeren Alkoholgehalts spielt Bier in Spanien heute eine wichtige Rolle als Begleitgetränk zu Mahlzeiten und wird gemeinhin mit Familienfeiern und Freizeitkonsum assoziiert.[38]

Anders gestaltete sich der Aufschwung in Frankreich. Nach der weitgehenden Zerstörung der Brauindustrie in den Weltkriegen bestimmten vor allem importierte Biere und eine kleine Zahl von Großbrauereien den Biermarkt. Erst ab den 1970er-Jahren dynamisierte sich die Entwicklung durch eine Gründungswelle von lokalen Kleinbrauereien. Als Innovationszentren fungierten die beiden traditionellen Biertrinkerregionen Frankreichs, das Elsass sowie Nord-Pas-de-Calais. War im Elsass vor allem die starke deutsche Prägung der Trinkkultur ausschlaggebend, konnte das lokal produzierte Bier in der alten Bergbauregion Nord-Pas-de-Calais an seine bis in die frühe Neuzeit zurückreichende Tradition als Arbeitergetränk anknüpfen. Da die Kohleindustrie ihre Bedeutung dort aber verloren hatte, stand die neue Leidenschaft für Bier auch unter anderen Vorzeichen: An den neuen französischen Bieren machten sich lokale Identitäten und ein demonstrativer Stolz auf die Traditionen der Region fest.[39]

Im kommunistisch geprägten Osteuropa verlief die Entwicklung weniger dynamisch.[40] In den 1920er-Jahren hatte Russland über Prohibitionen erfolglos versucht, den Alkoholkonsum der Bevölkerung einzudämmen. In der zweiten Hälfte des 20. Jahrhunderts zeigte sich die Trinkkultur Russlands abermals von politischen Eingriffen geprägt, die in Richtung des Wodka zielten – denn sein Konsum war das Hauptproblem. Sie beinhalteten die Einführung staatlicher Monopole, Steuererhöhungen, schärfere Alkoholgesetze und breit angelegte Anti-Alkoholkampagnen. Das während der kommunistischen Ära produzierte russische Zhigulevskoye-Bier erfreute sich mangels Qualität ohnehin nur geringer Beliebtheit. Tschechische und deutsche Importbiere konnten sich nur Funktionäre leisten. Es verwundert daher nicht, dass der russische Pro-Kopf-Bierkonsum bis 1990 nie über 25 Liter pro Jahr klettern konnte.[41]

Erst nach der politischen Wende von 1990 verändert sich das russische Trinkverhalten. Ausgehend von den Großstädten verdoppelte sich der Bierkonsum zwischen 1994 und 2001.[42] In finanziell besser gestellten Milieus wurde das Bier, das seit dieser Zeit von internationalen Konzernen, vor allem der Carlsberg Group, verkauft wird, zum kulturellen Distinktionsprodukt. Im sinkenden Konsum der reinen Alkoholmenge in den russischen Städten macht sich der Wandel von einer Branntwein- zu einer Bierkultur mitteleuropäischer und amerikanischer Prägung deutlich bemerkbar. Bier gerät dabei nicht nur zum Statussymbol westlich konnotierten Lebensstils, sondern auch zum kulturellen Abgrenzungsmoment gegenüber dem hohen Konsum von billigen und extrem gesundheitsschädlichen Schnäpsen, die seit den Wirtschaftskrisen der Jahrtausendwende die ländlichen Teile

Russlands dominieren. Das wesentlich weniger berauschende Bier erfreut sich vor allem in den Sommermonaten als hedonistisches Freizeitgetränk in Parks oder bei Sportevents großer Beliebtheit. Auch durch die rasante Expansion der 1990 in St. Petersburg gegründeten Brauerei Baltika bildet Bier heute nach Wodka das zweitpopulärste alkoholische Getränk. Dabei hat es die russische Werbeindustrie geschafft, dem Bier eine kulturelle Wertigkeit als traditionell russisches Nationalgetränk zu verleihen, dessen Konsum die nationale Wirtschaft und Gesellschaft stützt.[43] Mit einer neuen Alkoholgesetzgebung vervierfachte sich 2013 die Steuer auf Bier und gebot dem rasanten Wachstum Einhalt.

Eine Sonderrolle spielte die Tschechoslowakei. Sie konnte ihre ausgeprägte und gesellschaftlich stark verankerte Bierkultur auch im Sozialismus bewahren und über Brauereineugründungen und technologischen Fortschritt sogar erweitern. Quer durch alle Bevölkerungsschichten wurde Bier in den prächtigen Trinkhallen Prags und der böhmischen Kurorte ebenso getrunken wie auf den Festen der Studenten, die während der Zeit der Hopfenernte als Arbeitsbrigaden eingesetzt wurden.[44] Wenngleich seit 1990 in Tschechien ein ähnlicher Konzentrations- und Standardisierungsprozess wie in anderen europäischen Ländern zu beobachten ist, sind die Biere Pilsner Brauart noch immer ein bedeutender Teil der nationalen Identität Tschechiens.[45] Mit 144 Litern pro Kopf und Jahr ist Tschechien weiterhin das Biertrinkerland Nummer eins.[46]

Craft Bier und globaler Einheitstrunk: Bierkultur zu Beginn des 21. Jahrhunderts

In den USA schwand die Marktmacht des transnationalen Bier-Imperiums seit den späten 1980er-Jahren. Besonders in der wichtigen Gruppe der unter 30-jährigen verlor Bier stark an Bedeutung. Der nach dem Zweiten Weltkrieg ausgeprägte Massengeschmack der standardisierten American Lagers büßte an Popularität ein, während andere alkoholische Getränke, etwa Wein, an Beliebtheit gewannen. Außerdem gerieten die industriellen Großbrauereien aufgrund ihrer nivellierten Produktlinien immer stärker in die Kritik von Bierliebhabern und breiten Konsumentenschichten.[47]

Eine erneute Demokratisierung und Ausdifferenzierung der amerikanischen Bierkultur zeichnete sich an der Westküste auf dem Höhepunkt der kalifornischen Gegenkulturen bereits Mitte der 1960er-Jahre ab. 1965 kaufte der wohlhabende Stanford-Absolvent und Firmenerbe Fritz Maytag die Anchor Brewery in San Francisco. Sie war eine jener traditionsreichen Kleinbrauereien, die im Zuge der Konzernbildung von der Schließung bedroht waren. In San Francisco war die 1874 vom Deutschen Georg Breckle gegründete Anchor Brewery zudem die letzte verbliebene Brauerei aus der Zeit des Goldrausches des 19. Jahrhunderts. Maytag erlernte in Eigenregie das Brauerhandwerk und recherchierte in Europa nach in Vergessenheit geratenen Biersorten. 1971 ging Anchor mit der neuen Version eines Dampfbieres, einer amerikanischen Spezialität aus der Zeit vor der Prohibition, auf den Markt. 1974 folgten der erste Porter – im Herkunftsland England längst zur Randnotiz verkommen – und in der Folge andere ungewöhnliche Bierstile.[48] Weitere Kleinbrauereien – oder „Mikrobrauereien", wie sie bald bezeichnet wurden, folgten noch in den 1970er-Jahren, so die New Albion Brewery[49] in Sonoma, Kalifornien oder 1980 die populäre Sierra Nevada Brauerei in Chico.

Einen Wendepunkt für die amerikanischen Mikrobrauereien bedeutete eine Deregulierung des Biermarktes, die Präsident Jimmy Carter 1978 unterzeichnete. Sie legalisierte die Heimbrauerei und erlaubte Haushalten mit zwei Erwachsenen die steuerfreie Herstellung von rund 750 Litern Bier pro Jahr – ein Energieschub für eine schnell wachsende neue Szene von Bierenthusiasten. Aus den 89 Brauereien, die 1979 den Biermarkt der USA untereinander aufteilten, sollten bis ins Jahr 2013 wieder 2.416 Brauereien werden, darunter 2.360 Kleinbrauereien. Während die Absätze der großen Konzerne einbrachen, verzeichneten die kleinen Bierrebellen teils zweistellige jährliche Zuwachsraten – wenngleich auf wesentlich niedrigerem Niveau. Zu den wichtigsten Zentren der amerikanischen „Craft Beer"-Kultur zählen die Küstenstädte, im Besonderen Portland, Oregon, wo Craft Beer über einen Marktanteil von 40 % verfügt.

In England setzte nahezu zeitgleich eine ähnliche Entwicklung ein.

Als einer der Startpunkte der neuen englischen Bierkultur gilt die Gründung der Litchborough Brewery durch Bill Urquart im Jahr 1974[50]. Die Förderung von traditionellen, fassgereiften Bieren und dem klassischen Ausschankverfahren wurde durch die 1971 gegründete Campaign For Real Ale (CAMRA) getragen.[51] Mit den Zielen, die Rechte der Konsumenten, die Pubkultur und die Qualität und Vielfalt von Bier und Cider zu schützen, gelang der CAMRA eine außergewöhnlich erfolgreiche Wiederbelebung der englischen Bierkultur. Der Schwerpunkt lag dabei, anders als in den USA, weniger auf ungewöhnlichen Sorten, sondern auf klassischen englischen Ales als Gegenentwurf zu den Massenbieren der Konzerne.

Mit der Deregulierung des Flugmarktes um 1978 wurden Interkontinentalflüge erschwinglich. Europäische Reisende kamen nun mit der vielfältigen amerikanischen Craft-Beer-Kultur in Verbindung. Eine kuriose Wechselwirkung setzte ein: Hatten die ersten amerikanischen Kleinbrauer vergessene Rezepte aus Europa importiert und so die US-Bierkultur auf vielfältige Weise wiederbelebt, brachten nun viele Reisenden genau jene ursprünglich europäischen, traditionellen Sorten wieder zurück nach Europa. Als frühe Craft-Beer-Nationen fungierten hier ausgerechnet die skandinavischen Länder Schweden und Dänemark sowie das klassische Weinland Italien. Die traditionell weniger zentralisierte Bierkultur Deutschlands, wo in Landesteilen wie Oberfranken oder Altbayern viele kleine Landbrauereien das Brauereisterben der 1970er und 1980er überlebt hatten, folgte erst in den 2010er-Jahren. Umso dynamischer vollzog sich anschließend der Trend zum Craft Beer, der sich – begünstigt durch Steuervergünstigungen für Kleinbrauereien bis 5.000 Hektoliter pro Jahr – in der Gründung von zahlreichen Minibrauereien niederschlug.

Der internationale Trend zum Craft Beer, der inzwischen auch Staaten wie Kambodscha, China oder Argentinien erfasst hat, beinhaltet weit mehr als eine bloße Denomination für Kleinbrauereien. Schon allein die Regularien, welche Brauerei sich „Craft-Beer-Brauerei" nennen darf, sind höchst umstritten. In der von Großkonzernen geprägten amerikanischen Braulandschaft gesteht die US Brewers Association noch Brauereien mit einem jährlichen Ausstoß von bis zu 1,8 Millionen Litern die Bezeichnung Craft Beer zu[52] – aus europäischer Perspektive eine irrsinnige Menge, die den Begriff als leere Marketinghülse erscheinen lässt. Auch in anderer Beziehung gerät der Begriff unter Druck. Standen die ersten Mikrobrauereien noch für Vielfalt, Erfindertum und einen „do-it-yourself-Ethos", setzt nun auch im Craft-Bier-Segment verstärkt eine Konzernbildung ein. Produzenten wie die Schotten BrewDog oder Mikkeler aus Dänemark expandieren mit eigenen Brewpubs längst weltweit und erzielen Umsätze in Millionenhöhe. Der Umsatz von Sierra Nevada, dem zweitgrößten Craft-Beer-Hersteller in den USA, lag 2014 bei 250 Millionen Dollar – keine Spur mehr von „Mikro". Zuletzt sorgte die Übernahme einzelner Craft-Beer-Brauereien durch größere Konzerne für Aufsehen. Als im November 2015 der Konzern Constellation Brands die von zwei Studenten gegründete Kleinbrauerei Ballast Point aus San Diego für eine Milliarde Dollar übernahm, diagnostizierten einige Wirtschaftsanalytiker eine große „Craft-Beer-Blase".[53] Das Forbes Magazin dagegen sah in den jungen Craft-Beer-Brauereien der USA die „heißesten" neuen Start-Up-Unternehmen.[54]

Trotz schwammiger Mengenbezeichnungen und zunehmender Angleichung an konventionelle Marktmechanismen offenbart der weltweite Erfolg von Craft Beer das Bedürfnis der Biertrinker nach vielfältigen, unterscheidbaren Sorten auf traditionaler und ökologisch verträglicher Grundlage. Mit Craft Beer hat sich die Kultur des Biertrinkens im 21. Jahrhundert verändert. Die Gleichsetzung von Bier als Arbeitergetränk bricht zunehmend auf. Als Teil des Lifestyles junger, erlebnisorientierter Bevölkerungsteile erobert Craft Beer von den Städten aus die Freizeit- und Konsumkulturen der Moderne. Im Zuge rasant wachsender Wissensbestände erreicht die Diskussion über Bier breitere Bevölkerungsteile. Das Getränk gewinnt an Exklusivität und wird erneut zum Prestigeprodukt, über das sich ein junges, industriekritisches Publikum kulturell verortet. Craft Beer verändert aber auch das Trinkverhalten weg von einem Konsum, der auf das Löschen von Durst oder Rausch abzielt. Im Vordergrund steht der reflektierte Konsum diverser Bierstile, der bei den beliebten „Bier-Tastings" oft mit Diskussionen über die geschmacklichen Eigenheiten, die verwendeten Hopfensorten oder die Geschichte der Bierstile einhergeht.

Der Symbolwert von Bier und seine kulturellen Wertzuschreibungen durchlaufen so zu Beginn des 21. Jahrhunderts einen weiteren Paradigmenwechsel: Weltgewandtheit, Industriekritik, aber auch Vielfalt, ökologisches Bewusstsein und ein Interesse für Tradition und hochwertige Zutaten zählen nun zum symbolischen Portfolio, das mit dem India-Pale-Märzen aus handwerklicher Produktion konsumiert wird.

Die Ästhetisierung des Bieres: Labels, Slogans und sich wandelnde Lebensstile

Wenn Negri und Hardt in Bezug auf die Gesellschaften des 21. Jahrhunderts den Begriff „Empire" verwenden, konstatieren sie damit auch einen grundlegenden Wandel in der Arbeits- und Konsumwelt. Ein Charakteristikum des transnationalen Imperiums sei die wachsende Rolle von „immaterieller Arbeit". Diese sei eine abstrakte Form von Arbeit, die sich beispielsweise als wachsendes Wissenskapital bemerkbar macht, das zwischen Produzenten und Konsumenten ausgehandelt wird. Die Information auf der einen Seite, etwa über Trinkgewohnheiten und Konsumentenverhalten, wird hier ebenso zur Arbeit wie die Anhäufung von Experten-, Marken- und Liebhaberwissen zum Thema Bier auf der anderen Seite.

Die Veränderung der Ernährungskulturen im 21. Jahrhundert geht so einher mit einer neuen Ausdifferenzierung und Aushandlung von Ernährungswissen, das gleichzeitig verwirrt und für Transparenz sorgt. Die neue „immaterielle Arbeit" als Charakteristikum des Empire ist laut Hardt und Negri aber auch bestimmt von Erlebnismomenten, die auf ein Gefühl der persönlichen Befriedigung und des Wohlbefindens, sowohl beim Arbeitenden als auch beim Konsumenten abzielen. Die Arbeit selbst, der Job, wird ebenso Teil der unterschiedlichen Lebensstile der modernen Erlebnisgesellschaft wie der Konsum bestimmter Nahrungsmittel oder Biersorten.

Das Gefühl des Besonderen, das befriedigende Gefühl des Erlebnisses[55] äußerte sich dabei schon am Ende des 19. Jahrhunderts in einer umfassenden Ästhetisierung des Bieres. Die Medien dafür waren Werbeanzeigen, Verpackungen und das Labeling der Brauereien. Als eine der ersten großen Brauereien setzte die Dubliner Guinness-Brauerei so etwa bereits im Jahr 1840 auf Papierlabel.[56] Da die Brauerei zu dieser Zeit ihr Bier nicht selbst abfüllte, sondern an verschiedene Abfüller lizenzierte, die alle ihre eigenen Guinness-Label druckten, entstand bald eine bunte Etiketten-Vielfalt. Mit der Einführung der Trademark-Rechte 1862 im Vereinigten Königreich und Irland zählte Guinness zu den Pionieren, die sich ein eigenes Labeldesign – die bekannte „Guinness-Harfe“ – rechtlich sichern ließen.[57] Besonders die Plakate von James Gilroy aus dieser Zeit ließen den irischen Konzern zu einer der ersten visuell klar unterscheidbaren Biermarken werden. Gilroys prägnante Slogans, wie „Guinness is good for you!“ oder „My Goodness! My Guinness!“ finden in Kombination mit dem beliebten Werbemotiv des Tukans noch heute Verwendung in der populären Kultur, auf Shirts, Plakaten und nostalgischen Blechschildern.[58]

Fortschrittliche Drucktechniken und neue Möglichkeiten der Farblithographie eröffneten kreative Wege, die von renommierten Plakatkünstlern wie Alfons Mucha zur Gestaltung von Etiketten und Postern genutzt wurden. Als Pionier in der Werbeästhetik des Bieres positionierte sich Anheuser Busch. Nach der Übernahme von Budweiser in den 1890er-Jahren bewarb die Großbrauerei aus St. Louis die neue Marke mit einem spektakulären Gemälde von General Custers letzter Schlacht am Little Bighorn.

Neben den großformatigen Lithographien, die rasch zu begehrten Sammlerstücken wurden, forcierten die amerikanischen Großbrauereien die Vermarktung ihrer Biere durch eine breite Palette von Merchandise-Artikeln wie Aschenbechern oder speziellen Gläsern, die die Markenbindung der Konsumenten festigen sollten.[59]

Die Ästhetisierung des Bieres ging in den 1950er- und 1960er-Jahren in den Industrienationen mit neuen Vertriebsformen einher. In den neuen Supermärkten konkurrierten die überregionalen Biersorten nun direkt miteinander. Lebensmittel wurden nicht mehr von der Marktfrau ausgewählt oder von der Verkäuferin über die Theke des Tante-Emma-Ladens gereicht, sondern der Biertrinker selbst musste sich im wachsenden Angebot der Supermärkte für eine von Dutzenden, scheinbar identischen Biermarken entscheiden. Um die Gunst des Kunden zu gewinnen, reichten Geschmackskonservatismus und traditionelle Markenbindung allein nicht mehr aus. Die sichtbare, äußere

Verpackung des Bieres gewann dramatisch an Bedeutung. Logos und Labels von Brauereien konstituierten tragfähige Markenidentitäten, die anschlussfähig für die sich wandelnden Lebensstile und Bedürfnisse der Konsumenten der Nachkriegszeit sein mussten.[60]

In der Zeit nach dem Zweiten Weltkrieg entdeckten die Bierproduzenten der USA die Möglichkeiten der neuen Massenmedien TV und Radio sowie den wachsenden Markt gedruckter Magazine für die Positionierung ihrer Marken. Während die Werbung in der unmittelbaren Nachkriegszeit versuchte, Bier als gesundes Getränk der gemäßigten Trinker auch den Vertretern der Prohibition schmackhaft zu machen, avancierten mit der Verbreitung des Fernsehers große Sportveranstaltungen zu beliebten Werbeplattformen für Bier. Sponsoring von Großveranstaltungen taucht in dieser Zeit als neues Marketingmodell im Portfolio der Großbrauereien auf. Ab den 1970er-Jahren begannen so die Werbebudgets der US-Megabrauereien exponentiell zu steigen. 2007 lagen etwa die Werbeausgaben von Anheuser Busch bei 1,36 Milliarden US Dollar.

Die Ikonographie, die sich in der Ästhetisierung des Bieres ausprägt, spiegelt die kulturellen Wertvorstellungen ihrer Gesellschaften wider. Sowohl bei europäischen als auch bei den amerikanischen Biermarken manifestiert sich dabei das Spannungsfeld von Empire und Multitude, von traditionellen und konventionellen Marken zum einen und jungen Craft-Marken zum anderen, auch visuell in den Etiketten und Werbekampagnen der einzelnen Brauereien. Vergleicht man die Werbespots von großen deutschen Biermarken wie Becks, Bitburger, Warsteiner oder Radeberger aus den letzten zehn Jahren, so zeigt sich, dass deren Bildsprache von Panoramaschwenks über unberührte Landschaften und stürmische Küstenstreifen sowie von Hinweisen auf die Ursprünglichkeit und Reinheit der verwendeten Zutaten geprägt war. Verweise auf die lange Brautradition der einzelnen Konzerne suggerieren ein hohes Wissen über Brautechnik und gleichzeitig Beständigkeit in einer sich verändernden Welt. Goldene Schriften auf den Labels, oft in historisierenden Schriftarten, unterstützen den Anspruch auf Tradition und exklusive Herstellungsweisen. „Erleben Sie das Bier, das die Pilsner Brauart in Deutschland mitbegründete“[61], verkündete etwa ein Radeberger Werbespot aus dem Jahr 2014 vor Bildern der Dresdner Semperoper und inszeniert sich so zugleich im Olymp nationaler Hochkultur. Blühende Alpenlandschaften und Biergartengemütlichkeit prägen hingegen die Fernsehspots der bayerischen Marken, etwa Paulaner, Erdinger oder Franziskaner. Die Message ist die gleiche: Es geht um Tradition als Garant für hohe Qualität und Regionalität als Zeichen der Ursprünglichkeit und Unverwechselbarkeit. Verweise auf das Bayerische Reinheitsgebot runden das Bild eines unveränderlichen, verlässlichen Getränks in Zeiten von Lebensmittelskandalen und Industriekritik ab.

Eine völlig andere Bildsprache sprechen dagegen die bunten Labels der neueren Craft-Beer-Generation. In ihrer Ikonographie setzen Firmen wie BrewDog und Mikkeller oder auch die Craft-Beer-Linie der bayerischen Rhaner-Brauerei auf abstrakte, künstlerische Ausdrucksformen, die den Bruch mit der Tradition auch label-ästhetisch nachvollziehen. Mit der Vielfalt der Etiketten, die gegenwärtig teils einem Design-Wettbewerb gleicht, gehen pfiffige Markenbezeichnungen und Sortennamen einher. Hier werben Eulen für ein „Hitachino Nest Espresso Stout", hier wird ein Bier aus Hopfenpflanzen, die vor der Ernte ihr Geschlecht veränderten, als „non-binary, postgender beer"[62] vermarktet. Die Labels spiegeln so die weit auseinander driftenden kulturellen Normvorstellungen der Trinker in Bezug auf Bier, aber auch das Spannungsfeld zwischen Großkonzernen und Kleinbrauereien im 21. Jahrhundert.

Eine dritte interessante Linie im Bereich der Biernamen und Marketinginstrumente haben südeuropäische und außereuropäische Brauereien zu bieten. Hier wird das Getränk noch immer mit den klassischen Biertrinkerregionen im Europa nördlich der Alpen assoziiert. Italienische oder spanische Biermarken werben gezielt mit der Herkunft aus diesem Raum. Unterstützt wird dieses „nationale Branding" durch historisierende, „gotisch" anmutende Schriftarten. Auch sind viele Biernamen in Deutsch oder dementsprechenden anderen Sprachen gehalten, um so für Qualität zu bürgen.[63] Die antiken kulturellen Grenzen von Wein und Bier sind also in der Bierwerbung noch immer präsent.

Moralisierung und Gesundheitsdiskurs: Bier als Suchtmittel und Medizin

So omnipräsent uns die Ästhetisierung der Ernährungskultur im 21. Jahrhundert scheint: Gerade beim Thema Bier hat sie Grenzen, die gesellschaftlich und politisch hart verteidigt werden. Die skandinavischen Länder etwa verzichten völlig auf Alkoholwerbung, um vor allem Jugendliche zu schützen. Dies nicht umsonst, denn gerade die Ikonographie der Bierwerbung blendet die negativen Folgen für Körper und Gesundheit konsequent aus. Zuletzt untersagte im August 2015 das Landgericht Ravensburg einer lokalen Brauerei, ihr Bier mit dem Begriff „bekömmlich“ zu bewerben.

War Bier über Jahrtausende als nährstoffreiches, sättigendes Getränk hoch geschätzt, so beginnen sein kalorischer Gehalt und seine alkoholische Wirkung im ausgehenden 20. Jahrhundert im Widerspruch zu sich verändernden kulturellen Wertigkeiten im Bereich der Ernährung zu stehen. Neue Gesundheitsdiskurse und ein neues Körperideal der Lebensstilgesellschaften führen zu einem Konsumwandel; Bier gerät seit den 1990er-Jahren zunehmend in die Defensive.

Dabei verfügt Bier tatsächlich über eine Reihe von Eigenschaften, die es auch für gesundheitsbewusste gesellschaftliche Milieus attraktiv werden ließe. Besonders die medizinische Wirkung des Hopfens kann als Argument für einen maßvollen Konsum dienen. Bereits im Jahr 1160 beschäftigte sich Hildegard von Bingen mit der positiven Wirkung von Hopfen: „Mit seiner Bitterkeit hält er gewisse Fäulnisse von den Getränken fern, denen er beigegeben wird, so dass sie um so haltbarer sind.“[64] Über die spätmittelalterlichen Klöster Mitteleuropas und die Kräuterbücher des Humanismus und der Renaissance erreichte der Hopfen als Arzneipflanze schließlich auch breitere Bevölkerungsteile.

Seine Nützlichkeit bei der Behandlung von Frauenleiden bestätigte die moderne Gynäkologie ab den 1950er-Jahren. Auch seine entspannende und beruhigende Wirkung machen sich Homöopathie und Medizin bis heute zu Nutzen. Über seinen Grundbestandteil Gerste liefert das Bier außerdem Silizium, das für Wachstum und Aufbau der Knochen förderlich ist. Die im Bier enthaltenen Stoffe Calcium, Magnesium, Phosphor und Kalium verstärken den Effekt. Interessant ist, dass Bier mit 6mg Silizium auf 100g einen höheren Gehalt als Muttermilch aufweist.[65]

Einzelne Studien[66] zeigen weiter, dass ein Bierkonsum von nicht mehr als 0,5 bis zwei Litern pro Woche die Wahrscheinlichkeit Nierensteine zu entwickeln um 41 % verringert. Eine Langzeitstudie mit 120.000 Krankenschwestern aus der Zeit zwischen 1998 und 2008 ergab, dass Probanden, die zwei bis vier Biere pro Woche tranken, im Vergleich zu denjenigen, die niemals Bier tranken, ein um 31 % reduziertes Risiko hatten, an rheumatischer Arthritis zu erkranken.[67] Und wie andere, in Maßen genossene Alkoholika – das bedeutet 20 Gramm Alkohol pro Tag für Männer bzw. 10 Gramm pro Tag für Frauen – verringert Bier nach unterschiedlichen Studien das Risiko einer Herz-Gefäß-Erkrankung um 43 %.[68]

All diesen – in der Forschung keineswegs unumstrittenen – positiven Effekten des maßvollen Bierkonsums steht eine Reihe unerwünschter Wirkungen gegenüber. So führt Bier im Übermaß genossen zu Rauschzuständen sowie zu körperlicher und psychischer Abhängigkeit. Es fördert Übergewicht gepaart mit anderen negativen Folgen für Kreislauf und Organismus. Der regelmäßige Konsum von Bier steht sogar im Verdacht, das Krebsrisiko zu erhöhen. Nicht zuletzt ist die soziale Ächtung des öffentlichen Rausches ein starkes Argument gegen das Bier, das wohl zu den sinkenden Konsumzahlen in Deutschland und anderen Industrienationen beiträgt.

Als Reaktion darauf führten amerikanische Brauereien bereits in den 1970er-Jahren eine Reihe von „Light-Bieren“ ein. Zu den ersten und erfolgreichsten Anbietern zählt der Brauereiriese Miller. 1973 übernahm er die Marke „Meister Brau Lite“ und schuf daraus die neue Marke „Miller Lite“. In einer bis dato beispiellos erfolgreichen TV-Marketingkampagne, die den gesundheitlichen Vorteil von Miller Lite („Tastes great, less filling“) unterstrich[69], etablierte sich Miller Lite aus dem Stand als die bekömmlichere Variante von regulären Lagerbieren. Rasch folgten die Konkurrenten Coors mit einer Lite-Variante im Jahr 1978 und Budweiser 1982 mit dem extrem populären „Bud Lite“, das ab den späten 1990er-Jahren sogar zum am meisten konsumierten amerikanischen Bier überhaupt avancierte.[70]

Erste alkoholfreie Biere gab es ebenfalls ab den 1970er-Jahren. Die Bezeichnung ist dabei in unterschiedlichen Ländern unterschiedlich deklariert. In Deutschland und den USA dürfen Biere bis 0,5 % Alkohol als „alkoholfrei“ beworben werden. Da die Herstellung technisch aufwendiger und weniger rentabel ist, findet es sich üblicherweise vor allem im Portfolio der großen Produzenten. Im Weltmarkt nimmt es weniger als 1 % der Verkäufe ein.[71] Der Vorteil von alkoholfreiem Bier liegt in seinem isotonischen Effekt. Die Zusammensetzung der Nährstoffe in diesem Bier gleicht dem Verhältnis im menschlichen Blut; alkoholfreies Bier ist dadurch sehr bekömmlich. Seine Mineralstoffe können besser aufgenommen werden, was es zum beliebten Sportlergetränk macht. Seine antioxidierenden Polyphenole wirken entzündungshemmend, antiseptisch und fangen freie Radikale ab, wodurch es sich positiv auf das Immunsystem auswirkt und womöglich sogar Krebserkrankungen vorbeugen kann.

10.000 Jahre Bier

Versuch einer Bilanz

Am Schluss unserer Zeitreise bleibt uns nichts weiter, als dem Bier eine unglaubliche Erfolgsbilanz zu bescheinigen: Es begleitete die Geschichte des Menschen seit seiner Sesshaftwerdung, und die Bierherstellung verbreitete sich rascher als die meisten anderen Kulturtechniken. Das Getränk überwand Wüsten, Ozeane, Gebirge und alle geographischen Grenzen. Gleichzeitig überwand das Bier viele religiöse Schranken, die für andere Bestandteile der Ernährungskultur weit undurchlässiger waren. Dass der Bierkonsum dabei nicht zum klassischen sozialen Totalphänomen mutierte, liegt an zwei Faktoren. Zum einen war er Ausdruck ökonomischer Potenz: Die einkommensschwachen Schichten waren meist vom Bierkonsum ausgeschlossen. Zum anderen berauscht Bier, und viele männlich dominierte Gesellschaften billigten es Frauen deshalb zunächst nicht zu. Frauen mussten sich das Recht auf Bier erkämpfen. Vor diesem Hintergrund ist Biergeschichte immer auch Emanzipationsgeschichte. Dass Bier heute vor allem im Einflussbereich des Islam tabuisiert ist, dürfte historisch gesehen Episode bleiben.

Derzeit ist ein globaler Trend zu konstatieren: Ernährung wird immer stärker personalisiert, und die Ernährung verschmilzt immer mehr mit den Bereichen Gesundheit und Medizin. Gleichwohl wird Bier nach wie vor konsumiert. Es ist sogar weltweit auf dem Vormarsch. In den alten Bierkulturen ist es in neuem Gewand zum Trend geworden. Ein Paradoxon? Kaum. Denn Bier ist zum einen Chiffre für Tradition und damit mit besonderer kultureller Wertigkeit ausgestattet. Zum anderen steht es in Verbindung mit einem universellen Wunsch, der durchaus als anthropologische Grundkonstante angesehen werden kann: In allen Gesellschaften hat ein großer Teil der Mitglieder das Bedürfnis, sich gelegentlich oder regelmäßig mittels psychotroper Substanzen zu berauschen – was wir an dieser Stelle nicht bewerten, sondern konstatieren. Dabei verfügt Bier über den Vorzug, gewachsener Bestandteil vor allem der europäischen Kulturen zu sein. Den Umgang mit ihm haben die meisten kulturell gelernt. Zum anderen ist Bier, so man seine alkoholische Wirkung sucht, gut zu dosieren. Und schließlich sind gesundheitsschädliche Wirkungen weit weniger ausgeprägt als bei anderen Rauschmitteln; ihnen stehen sogar gesundheitsfördernde Wirkungen gegenüber.

Bierkultur im 21. Jahrhundert: Ein Blick in die Zukunft

Nie war das Bier globaler, industrieller und standardisierter als heute. Und doch: Nie waren gleichzeitig die Vielfalt der Sorten wie auch das Bewusstsein für Regionalität und Tradition in Bezug auf das Getränk ausgeprägter. Zwischen dem Empire der multinationalen Konzerne und dem bunten Markt der Kleinbrauereien wird sich die Bierkultur auch im 21. Jahrhundert weiter ausdifferenzieren.

Dabei wird das Spannungsfeld zwischen globalen und lokalen Produzenten von einer Reihe neuer Akteure geprägt werden, die bereits im letzten Jahrzehnt zur Weltspitze aufgeschlossen haben. Zuvorderst wird China auf den Biermarkt des 21. Jahrhunderts einwirken.[1] Mit dem wachsenden Wohlstand, der wirtschaftlichen Entwicklung und der Öffnung Chinas in Richtung Europa und USA dürfte der im Moment noch niedrige Pro-Kopf-Konsum von 24 Litern pro Jahr in den nächsten Jahrzehnten wohl deutlich steigen.[2] Auch infolge der Übernahme „westlicher“ Konsummuster im Zuge von Tourismus und wirtschaftlichen Beziehungen kommt Bier hier – in einem der ältesten Bierländer der Erde – nun die Rolle eines Modernisierungssymbols zu. Wie rotes Fleisch steht auch Bier in China für „westliche“ Lebensstile und den damit verbundenen Status. Ähnliche Entwicklungen lassen sich im Milliardenland Indien und in Russland erwarten, wo der führende Braukonzern Baltika im letzten Jahrzehnt den Weg von der Wodka- zur Biernation geebnet hat. Durch die wachsende Rolle von Bier als Alltags- und Freizeitgetränk und durch die starke gesellschaftliche Verankerung öffentlichen und privaten Alkoholkonsums ist Russland nach China, den USA und Brasilien heute der weltweit viertgrößte Biermarkt.[3]

Am anderen Ende des Spektrums differenziert sich die Sortenvielfalt in der Craft-Beer-Szene offenbar weiter aus: Neu gezüchtete Hopfensorten erweitern dort die Aromenvielfalt, und neue Regionen und historische Rezepte treten in den Fokus. Eine inspirierende Rolle könnten künftig etwa traditionelle afrikanische und südamerikanische Biere spielen. Auf diese Weise werden neue Bierstile, Hybridformen und Kreuzungen traditioneller Stile die Geschmacksvielfalt der Bierwelt im 21. Jahrhundert bereichern.

Mit der fortschreitenden Individualisierung wird auch das Wissen über Bier in der Gesellschaft weiter steigen. Mit den Craft-Bieren als exklusivem Prestigeprodukt lifestyleorientierter Bevölkerungsteile wird sich in den nächsten Jahrzehnten wohl ein Bier-Expertentum ausprägen, das auf absehbare Zeit mit dem der Weinkultur zu vergleichen sein dürfte. Mit der wachsenden Bedeutung eines Segmentes des Biermarktes als Status- und Prestigeprodukt könnten dann auch neue hochpreisige Sorten auf den Markt kommen. Fassgereifte Stile oder Biere, die unter Verwendung exklusiver Zutaten gebraut wurden, könnten dann zum Beispiel das wachsende Bedürfnis einzelner Bevölkerungsteile nach Distinktion befriedigen.

Dem entgegenlaufend besteht die Gefahr, dass der Craft-Beer-Sektor unter hohen ideologischen Druck gerät. Die großen multinationalen Konzerne haben bereits begonnen, unabhängige Craft-Beer-Produzenten zu übernehmen, oder – wie etwa Bitburger oder Becks in Deutschland – selbst „handwerklich gebraute" Biere auf den Markt zu werfen. Die Craft-Beer-Szene wird vor der Herausforderung stehen, einerseits der Konzernbildung mit Kreativität zu begegnen und ihre Unabhängigkeit zu behaupten, zum anderen wird der Begriff Craft Beer im Zuge der intensiven Ökonomisierung der Szene selbst Gefahr laufen, inhaltlich leer und damit obsolet zu werden. Eine weitere Tendenz wird dabei auch die Übernahme alkoholfreier oder alkoholarmer Bierstile unter dem Banner Craft Beer sein. Kalorienreduzierte, leichtere „IPAs" oder glutenfreie „Session Ales" werden das kulturelle Bedürfnis nach exklusiven Konsummustern und gesundheitsorientierten Lebensstilen gleichermaßen befriedigen – und dies nicht mehr allein in den Industrienationen Nordamerikas und Europas.

Bier, so könnte ein Fazit lauten, ist heute mehr als der kleinste Nenner einer globalen Genuss- und Konsumkultur. Im Rahmen seiner neuen Varianten steht es gleichzeitig für den Wunsch nach individuellem und personalisiertem Konsum. Und es ist als einziges Nahrungsmittel Teil jenes globalen Lebensstils, dessen Geburtswehen derzeit zu beobachten sind. Dabei bleibt zu konstatieren, dass wissenschaftliche Blicke in die Zukunft kaum möglich sind, da aus eben dieser ja noch keine Daten vorliegen. Und so könnte es geschehen, dass Bier wieder stärker tabuisiert wird oder neuen Regionalisierungs- und Nationalisierungstendenzen unterliegt; die Globalisierung wäre dann unter dem Aspekt des Bierkonsums eine Chimäre.

Unter all diesen Entwicklungen, Verwerfungen und Facetten ist das Reinheitsgebot eine Episode. Gleichzeitig ist es ein Mythos, der dafür steht, dass Bier nicht nur das bislang erfolgreichste Getränk der Menschheitsgeschichte darstellt, sondern in seinen traditionellen Bezügen und seiner reinen Gestalt auch Ausdruck von Sehnsucht ist, die das Bier eben auch zu stillen vermag.

Anmerkungen

1. Erfolgsprodukt und Megaphänomen
Einführung in die Kulturgeschichte des Bieres

[1] Vgl. http://science.nasa.gov/science-news/science-at-nasa/2001/ast21sep_1/, zuletzt abgerufen am 20. 11. 2015

[2] Vgl. Lampert/Thamm, „Tabak-, Alkohol- und Drogenkonsum von Jugendlichen in Deutschland. Ergebnisse des Kinder- und Jugendgesundheitsurveys (KiGGS)“, S. 600–608

[3] Vgl. http://de.statista.com/statistik/daten/studie/166861/umfrage/bieraus stoss-entwicklung-weltweit-seit-1998/, zuletzt abgerufen am 25. 11. 2015

[4] Vgl. zu Stand und Strukturen der Kulturgeschichtsforschung Maurer, *Kulturgeschichte. Eine Einführung;* Hardtwig/Wehler, *Kulturgeschichte heute*

[5] Vgl. Albrow, *Das globale Zeitalter*

[6] Vgl. zum Folgenden Heimerdinger, „Schmackhafte Symbole und alltägliche Notwendigkeit. Zu Stand und Perspektiven volkskundlicher Nahrungsforschung“ S. 205–218; Hirschfelder, „Europäischer Alltag im Fokus der Kulturanthropologie/Volkskunde“, S. 135–173

[7] Vgl. Veblen, *The Theory of the Leisure Class*, S. 95

[8] Tokarev, „Zur Methodik der ethnographischen Erforschung der Nahrung“, S. 297–302, hier 299

[9] Speckle, *Streit ums Bier in Bayern. Wertvorstellungen um Reinheit, Gemeinschaft und Tradition*

[10] Vgl. Dallmeier (Hg.), „Die Lebensverhältnisse der mittleren Oberpfalz um 1860: Die Stadt Amberg und das Landgericht Amberg in den bayerischen Physikatsberichten“

[11] Vgl. Hirschfelder, „Rausch und Sucht in der Vormoderne. Zwischen kulturellem Zwang und individueller Freiheit“, S. 195–218

[12] Brühl-Cramer, *Ueber die Trunksucht und eine rationelle Heilmethode derselben*

[13] Vgl. Hirschfelder, *Alkoholkonsum am Beginn des Industriezeitalters (1700–1850). Vergleichende Studien zum gesellschaftlichen und kulturellen Wandel*, S. 5–15

[14] Vgl. Tappe, *Auf dem Weg zur modernen Alkoholkultur: Alkoholproduktion, Trinkverhalten und Temperenzbewegung in Deutschland vom frühen 19. Jahrhundert bis zum Ersten Weltkrieg*

2. Rituelles Nahrungsmittel und Kulturgetränk
Die Biergeschichte als Zivilisationsgeschichte

[1] Maul, *Das Gilgamesch-Epos,* S. 9–15; Sallaberger, *Das Gilgamesch-Epos. Mythos, Werk und Tradition*
[2] Erdkamp, „Introduction: Food and Commensality in the Ancient Near East", S. 1–5; vgl. Steinert, *Aspekte des Menschseins im Alten Mesopotamien,* S. 21
[3] Zitiert nach: Maul, *Das Gilgamesch-Epos,* S. 58
[4] Zur Kultur des Natufien siehe: Ofer, „The Natufian culture in the Levant, threshold to the origins of agriculture", S. 159–177
[5] Hayden u. a., „What Was Brewing in the Natufian? An Archaeological Assessment of Brewing Technology in the Epipaleolithic", S. 102–150
[6] Vgl. Braidwood u. a., *Did Man once live on Beer alone?,* S. 515–526; Katz/Maytag, „Brewing an Ancient Beer", S. 24–33
[7] Vgl. Hayden u. a., „What Was Brewing in the Natufian? An Archaeological Assessment of Brewing Technology in the Epipaleolithic", S. 102–150, hier S. 140
[8] Siehe die kritische Diskussion in Joffe, „Alcohol and Social Complexity in Ancient Western Asia", S. 297–322
[9] Zu den frühen Gesellschaften der neolithischen Revolution siehe: Brock, *Leben in Gesellschaften,* S. 221–268
[10] Vgl. Joffe, „Alcohol and Social Complexity in Ancient Western Asia", S. 297–322, besonders: S. 297–306
[11] Mit den einzelnen Schritten des Brauvorganges und seinen Techniken befasst sich ein breiter Korpus brauwissenschaftlich-technischer Fachliteratur. Als kompakte Einführung empfiehlt sich Thomas, „Beer: How it's Made – The Basics of Brewing", S. 35–47; eine vollumfängliche, detaillierte Darstellung aller braurelevanten Aspekte, Arbeitsschritte und Materialien bietet: Eßlinger, *Handbook of Brewing.*
[12] Vgl. Meußdoerffer/Zarnkow, „Starchy Raw Materials", S. 43–84; vgl. Kreisz, *„Malting"*, S. 147–164
[13] Vgl. Krottenthaler/Back/Zarnkow, „Wort Production", S. 165–206
[14] Vgl. Krottenthaler, „Hops", S. 85–104
[15] Vgl. Tenge, „Yeast", S. 119–146
[16] Vgl. Eßlinger, „Fermentation, Maturation and Storage", S. 207–224
[17] Vgl. Lindemann, „Filtration and Stabilization", S. 225–234
[18] Vgl. Blüml, „Filling", S. 275–320
[19] Katz/Maytag „Brewing an Ancient Beer", S. 24–33, hier S. 24. Übersetzung des Autors aus dem Englischen
[20] Vgl. Jennings u. a., „‚Drinking Beer in a blissful Mood'. Alcohol Production, Operational Chains, and Feasting in the Ancient World", S. 275–303, hier

S. 278; vgl. Meußdoerffer, *„A Comprehensive History Of Beer Brewing"*, S. 1–42, hier: S. 3–4

[21] Vgl. Stika, „Beer in Prehistoric Europe", S. 55–56

[22] Vgl. Hornsey, *A History Of Beer And Brewing*, S. 119, S. 125 f.

[23] Vgl. Meußdoerffer, „A Comprehensive History Of Beer Brewing", S. 1–42, hier: S. 4–5

[24] Bamforth, „Beer: A proud past and a promising future", S. 26–29, hier S. 26. Übersetzung des Autors aus dem Englischen

3. Zwischen Euphrat und Tigris
Mesopotamien als frühes Land des Bieres

[1] Für einen Überblick zur Geschichte des alten Mesopotamien siehe: Frahm, *Geschichte des alten Mesopotamien*

[2] Vgl. Hrouda, *Mesopotamien,* S. 7–8

[3] Grundlegend zum Thema Bier in Mesopotamien: Röllig, *Das Bier im Alten Mesopotamien*

[4] Spode, „Alkoholika (Bier, Spirituosen, Wein)", S. 25–80, hier S. 35

[5] Vgl. Wagner, *Das große Buch vom Bier*, S. 47

[6] Vgl. Dubach, *Trunkenheit im Alten Testament*, S. 170

[7] Übersetzung nach: Farber-Flügge, *Der Mythos ‚Inanna und Enki' unter besonderer Berücksichtigung der Liste der m e*, S. 21

[8] Vgl. Dubach, *Trunkenheit im Alten Testament*, S. 170–171

[9] Vgl. ebd., S. 171–172

[10] Übersetzung nach: Sallaberger, „Bierbrauen in Versen", S. 291–328, hier S. 323, V. 69–79

[11] Übersetzung: TUAT II, S. 679 f. zitiert nach: Dubach, *Trunkenheit im Alten Testament*, S. 171

[12] Damerow, Peter „Sumerian Beer: The Origins of Brewing Technology in Ancient Mesopotamia", in: *Cuneiform Digital Library Journal*, 2012 (2), S. 1–20. URL: http://www.cdli.ucla.edu/pubs/cdlj/2012/cdlj2012_002.html Stand: 22. 10. 2015, S. 1–20

[13] Ebd., S. 5

[14] Vgl. Powell, S. 100–101; Damerow, „Sumerian Beer", S. 7–8

[15] Vgl. Röllig, „Die Anfänge der Braukunst im Zweistromland", S. 9–14, hier S. 10–11

[16] Zitiert nach: ebd., S. 9–14, hier S. 11

[17] Für einen Überblick zur spätsumerischen Zeit siehe: Sallaberger/Westenholz, „Mesopotamien: Akkade-Zeit und UR III-Zeit"

[18] Strophen IV-XII, V. 13–48 der Ninkasi-Hymne, Übersetzung nach: Sallaberger, „Bierbrauen in Versen", S. 291–328, hier S. 305 f., V. 69–79

[19] Vgl. ebd., S. 291–328, hier S. 308

[20] Damerow schlägt vor, dass das Korn wohl ausgebreitet, mit Erde bedeckt und mittels Wässerung zur Keimung gebracht wurde. Vgl. Damerow, „Sumerian Beer", S. 1–20, hier S. 15

[21] Vgl. Sallaberger, „Bierbrauen in Versen", S. 291–328, hier S. 294

[22] Sallaberger verweist darauf, dass im Originaltext kein Vergleich stattfindet. Vielmehr wird das Bier in einem literarischen Bild mit den Flüssen gleichgesetzt: „das Bier ‚ist' Euphrat und Tigris". Sallaberger, „Bierbrauen in Versen", S. 291–328, hier S. 295

[23] Vgl. Zarnkow/Otto/Einwag, „Interdisciplinary Investigations into the Brewing Technology of the Ancient Near East and the Potential of the Cold Mashing Process", S. 48–50

[24] Vgl. Zarnkow u. a., „Interdisziplinäre Untersuchungen zum altorientalischen Bierbrauen in der Siedlung von Tall Bazi/Nordsyrien vor rund 3200 Jahren", S. 3–25

[25] Vgl. Zarnkow/Otto/Einwag, „Interdisciplinary Investigations into the Brewing Technology of the Ancient Near East and the Potential of the Cold Mashing Process", S. 47–54

[26] Vgl. ebd., S. 47–54

[27] Vgl. Damerow, „Sumerian Beer", S. 1–20, hier S. 17

[28] Vgl. Hornsey, *A History Of Beer And Brewing*, S. 78

[29] Vgl. Allred, *Beer and Women in Mesopotamia*, S. 4

[30] Vgl. Röllig, „Die Anfänge der Braukunst im Zweistromland", S. 10

[31] Zitiert nach: Allred, *Beer and Women in Mesopotamia*, S. 3

[32] Zitiert nach: Borger, *Der Codex Hammurapi*, S. 55 (§ 108)

[33] Vgl. ebd., § 110

[34] Röllig, *Das Bier im Alten Mesopotamien*, S. 48

[35] Zitiert nach: Allred, *Beer and Women in Mesopotamia* URL: http://www.nelc.ucla.edu/people/faculty/allred/Allred_CV_2011.pdf Stand: 8. Mai 2015, S. 4–7

4. Das alte Ägypten
Bier und die Ordnung der Welt

[1] Zu Meketre und den Ausgrabungen im Folgenden: Winlock, *Models Of Daily Life in Ancient Egypt. From The Tomb Of Meket-Re At Thebes*, besonders S. 9–15; Roehrig, „Life Along The Nile. Three Egyptians Of Ancient Thebes", S. 5–23

[2] Zum Mittleren ägyptischen Reich siehe: Bommas, *Das alte Ägypten* S. 47–69

[3] Vgl. Samuel, „Beer", S. 171

[4] Papyrus Chester Beatty IV, Übersetzung des Autors aus dem Englischen

[5] „The Satire on the Trades: The Instruction of Dua-Kethy“, S. 431–437, hier S. 436. Übersetzung des Autors aus dem Englischen
[6] Vgl. Samuel, „Beer“, S. 171
[7] Für einen Überblick zum Alten Ägypten siehe: Hornung, *Grundzüge der ägyptischen Geschichte;* Shaw, *The Oxford History of Ancient Egypt;* Clauss, *Das Alte Ägypten*
[8] Zur Bedeutung des Nils im Alten Ägypten siehe: Kubisch, *Das alte Ägypten,* S. 87–121; Falck u. a., *Das Leben am Nil und der Alltag im Alten Ägypten*
[9] Vgl. Assmann, *Ma'at. Gerechtigkeit und Unsterblichkeit im Alten Ägypten;* Bonnet, „Maat“, S. 430–434
[10] Vgl. Assmann, *Tod und Jenseits im Alten Ägypten*
[11] Zitiert nach: ebd., S. 206
[12] Zitiert nach: ebd.
[13] Zitiert nach: ebd., S. 446
[14] Diodoros, *Griechische Weltgeschichte,* S. 36
[15] Vgl. Meußdoerffer/Zarnkow, *Das Bier. Eine Geschichte von Hopfen und Malz,* S. 30, S. 94–95
[16] URL http://www.sunkingbrewing.com/osiris-pale-ale.html Stand 10. Oktober 2015
[17] Papyrus Anastasi I, zitiert nach: Assmann, *Tod und Jenseits im Alten Ägypten,* S. 340
[18] Zitiert nach: Lieven, „Wein, Weib und Gesang – Rituale für die Gefährliche Göttin“, S. 47–55, hier S. 48
[19] Vgl. Geller, „From Prehistory to History: Beer in Egypt“, S. 19–26
[20] Vgl. Hornsey, *A History Of Beer And Brewing,* S. 45–48, S. 63–64
[21] Beschwerdebrief von Prehotep an seinen Vorgesetzten, den Sekretär der Stätten der Maat (Gräberverwaltung) Kenhischapschaf. Ostrakon aus Deir el-Medinah (oDM 303), 19. Dynastie, um 1200 v. Chr.
[22] Samuel, „Investigation of Ancient Egyptian Baking and Brewing Methods by Correlative Microscopy“, S. 488–490, hier S. 488
[23] Vgl. Samuel/Bolt, „Rediscovering ancient Egyptian beer“, S. 27–32, hier S. 31
[24] Samuel, Beer, S. 172
[25] Vgl. Hornsey, *A History Of Beer And Brewing,* S. 45–48, S. 63–64
[26] Vgl. Samuel, „Beer“, S. 171
[27] Vgl. Samuel, „Brewing and Baking in Ancient Egyptian Art“, S. 173–181
[28] Ein weiteres Beispiel dafür findet sich etwa auch in einer Gruppe von Holzfiguren aus dem Grab von Sebekhetepi. Sebekhetepi war ein Beamter, der während der Zeit des mittleren Königreiches (ca. 2125–1795 v. Chr.) im mittelägyptischen Beni Hasan, nahe Memphis, begraben wurde. Neben anderen üblichen Grabbeigaben findet sich auch hier ein Modell, das ähnlich der Brauerei Meketres, eine Verbindung von gebackenem Brot zum Brauvorgang nahelegt.

[29] Einen Abriss der konventionellen Forschungsaussagen zum Thema Brautechnik in Ägypten findet sich bei: Samuel, „Brewing and Baking", S. 537–576; Daneben: Hornsey, *A History Of Beer And Brewing*, S. 56–62
[30] Zum Thema Bouza vgl. Hornsey, *A History Of Beer And Brewing*, S. 45–48
[31] Vgl. Samuel, „Brewing and Baking", S. 537–576, hier S. 538–539
[32] Zur altägyptischen Spätzeit siehe: Hornung, *Grundzüge der ägyptischen Geschichte*, S. 115–134. Zur Eroberung Ägyptens durch Alexander den Großen siehe: Hölbl, Geschichte des Ptolemäerreiches. *Politik, Ideologie und religiöse Kultur von Alexander dem Großen bis zur römischen Eroberung*
[33] Vgl. Murray, „Cereal Production And Processing"
[34] Zitiert nach: Hornsey, *A History Of Beer And Brewing*, S. 35. Übersetzung des Autors aus dem Englischen
[35] Vgl. Hornsey, *A History Of Beer And Brewing*, S. 45
[36] Zitiert nach: ebd., S. 33. Übersetzung des Autors aus dem Englischen
[37] Zitiert nach: ebd., S. 36. Übersetzung des Autors aus dem Englischen
[38] Meußdoerffer/Zarnkow, *Das Bier. Eine Geschichte von Hopfen und Malz*. S. 32

5. Nord gegen Süd? Bier als kultureller Indikator der antiken Welt

[1] Bei der „Lega Nord" handelt es sich um eine dem rechten Parteienspektrum angehörige Gruppierung, die u.a. durch fragwürdige Vorschläge im Bereich der Einwanderungspolitik oder einen mit dem „Keltentum" werbenden Wahlkampf für Diskussionsstoff sorgte.
[2] Riehl, *Die Pfälzer. Ein rheinisches Volksbild*, S. 249
[3] Spode, „Zur historischen Topographie des Trinkens", S. 20–46, hier S. 20
[4] Vgl. Montanari, *Der Hunger und der Überfluß. Kulturgeschichte der Ernährung in Europa*, S. 15–22
[5] Vgl. Medina, „Europe North and South, Beer and Wine: Some Reflections about Beer and Mediterranean Food", S. 71–80
[6] Tacitus, *Germania*. Kapitel 23
[7] Ebd.
[8] Vgl. Bengtson, *Griechische Geschichte. Von den Anfängen bis in die Römische Kaiserzeit;* Sommer, *Römische Geschichte*
[9] Folgender Überblick über die Wertigkeit des Bieres folgt in weiten Teilen dem Standardwerk zum Thema Bier in der Antike: Nelson, *The Barbarian's Beverage. A History Of Beer In Ancient Europe*. Nelsons Überblick gründet im Besonderen auf literarischen Quellen und spannt einen Bogen von der europäischen Jungsteinzeit ins frühe Mittelalter.
[10] Herodot, *Historien* 2.77.4

[11] Vgl. Meußdoerffer/Zarnkow, *Das Bier. Eine Geschichte von Hopfen und Malz*, S. 36

[12] Vgl. Nelson, *The Barbarian's Beverage. A History Of Beer In Ancient Europe*, S. 13–14

[13] Ebd., S. 16–17

[14] Übersetzung nach Heimeran, *Archilochos: Griechisch und Deutsch*, S. 33

[15] Xenophon, *Anabasis*, Buch 5, 4. Übersetzung nach: *Xenophons Werke. Griechisch und Deutsch*, S. 231

[16] Nelson, *The Barbarian's Beverage. A History Of Beer In Ancient Europe*, S. 28

[17] Aischylos, *Die Schutzflehenden*. Übersetzung nach: Griechische Tragiker. Aischylos, Sophokles, Euripides, S. 75–109

[18] Nelson, *The Barbarian's Beverage. A History Of Beer In Ancient Europe*, S. 32–34

[19] Ebd., S. 38–41

[20] Theophrastos, *Naturgeschichte der Gewächse*. Zitiert nach: Meußdoerffer/Zarnkow, *Das Bier. Eine Geschichte von Hopfen und Malz*, S. 37

[21] Nelson, *The Barbarian's Beverage. A History Of Beer In Ancient Europe*, S. 35–36

[22] Vgl. Meußdoerffer/Zarnkow, *Das Bier. Eine Geschichte von Hopfen und Malz*, S. 13

[23] Stika, „Früheisenzeitliche Met- und Biernachweise aus Süddeutschland", S. 113–121, hier S. 114

[24] Ebd., S. 118–119

[25] Ebd., S. 119. Als „Hochdorfer Keltenbräu" hat die Stuttgarter Hofbräu AG das Bier nach einem adaptierten Rezept verschiedentlich nachgebraut.

[26] Dionysios von Halikarnassos, *Antiquitates Romanae XIII*, 11. Eigene Übersetzung

[27] Nelson, *The Barbarian's Beverage. A History Of Beer In Ancient Europe.*, S. 46. Tatsächlich führten griechische Händler von der Handelsstadt Massilia (dem heutigen Marseille) bereits um 600 v. Chr. Wein in Südgallien ein.

[28] Poseidonios (nach Athenaios 4,36,4)

[29] Caes. bell. Gall. 2.15.4

[30] Tacitus, *Germania*, Kapitel 22

[31] Vgl. Hopf/Wiegelmann, „Bier", S. 530–537, hier S. 532 und 535

[32] Hopf/Wiegelmann, „Bier", S. 530–537, hier S. 533–535. Die Etymologie von „bior" und „ealu" ist nicht eindeutig zu klären. Mögliche Herleitungen von „bior" ergeben sich aus dem vulgärlateinischen „biber" (Trunk), dem indoeuropäischem Wortstamm „bheura" (Gerste) oder in Bezug auf den bei Germanen üblichen Bierzusatz Honig „beo" (Biene). Ob „ealu" auf das Würzkraut Alaun hinweist, bleibt ebenso unsicher. Vgl. Nelson, *The Barbarian's Beverage. A History Of Beer In Ancient Europe*, S. 83

[33] Medina, „Europe North and South, Beer and Wine: Some Reflections about Beer and Mediterranean Food", S. 71–80. Medina führt als schlagkräftigen Beleg die Ikonographie der Bieretiketten und -brauereien in Italien an. So zeichneten sich zahlreiche Brauereien durch „nordisch" klingende Namen und „nordische" Bildmotivik und Schriftarten aus.
[34] Vgl. Wassenberg, *Skaldenmet – Bier und Met in der nordischen Mythologie*, S. 75–85; Meußdoerffer/Zarnkow, *Das Bier. Eine Geschichte von Hopfen und Malz*, S. 41–42; Wiegelmann, „Bier", in: *Reallexikon der Germanischen Altertumskunde*. S. 530–537, hier S. 536
[35] Plinius der Ältere, *Naturalis historia XXII*, 149. Vgl. Nelson, *The Barbarian's Beverage. A History Of Beer In Ancient Europe*, S. 70–71
[36] Ulpian, *Digesten*. Vgl. dazu: Horak, F.: Artikel „Ulpianus", in: *KIP 5*, Sp. 1042
[37] Vgl. Hirschfelder, *Europäische Esskultur. Geschichte der Ernährung von der Steinzeit bis heute*, S. 90–91
[38] Ruprechtsberger, „Wirtin, füll' die Flasche mit Bier! Bier in griechisch-römischer Zeit: Ein Überblick", S. 15–24, hier S. 19–20
[39] Die Preisberechnungen entstammen im Folgenden: Ruprechtsberger, „Wirtin, füll' die Flasche mit Bier! Bier in griechisch-römischer Zeit: Ein Überblick", S. 15–24, hier S. 19–20; vgl. auch: Nelson, *The Barbarian's Beverage. A History Of Beer In Ancient Europe*, S. 71

6. Rückkehr des Archaischen Bier im frühmittelalterlichen Europa

[1] „Vitae Columbani abbatis discipulorum eius libri II.", S. 211 ff. Übersetzung bei Dirlmeier/Sprigade, „Jonas von Susa", S. 18–23
[2] Kaiser, *Das römische Erbe und das Merowingerreich*, S. 47 f.; vgl. zum Charakter der Epoche auch Fourace u. a. (Hg.), *The New Cambridge Medieval History*
[3] Buchner, *Gregor von Tours. Zehn Bücher Geschichten*, S. 169, S. 205; Rösener, *Agrarwirtschaft, Agrarverfassung und ländliche Gesellschaft im Mittelalter*, S. 4, S. 52 f.
[4] Hopf/Wiegelmann „Bier", S. 530–533, hier S. 532; Lietz, „Die Roh- und Zusatzstoffe in der Geschichte der Bierbereitung", S. 133–195, hier S. 154–156
[5] Geary, *Die Merowinger. Europa vor Karl dem Großen*, S. 54
[6] Hopf/Wiegelmann, „Bier", S. 533–537, hier S. 536
[7] Ebd.
[8] Vgl. Konen, „Bierhandel im römischen Kaiserreich. Einige Überlegungen zu Volumen, Reichweite und Bedeutung", S. 187–206, bes. S. 188
[9] Sommer, *Wirtschaftsgeschichte der Antike*, S. 84

[10] Geary, *Die Merowinger. Europa vor Karl dem Großen*, S. 24
[11] Vgl. auch Gelfert, *Kleine Kulturgeschichte Großbritanniens. Von Stonehenge bis zum Millennium Dome*, S. 33
[12] Vgl. Fergus, *A Guide to Early Irish Law*
[13] Ausführlichere Informationen zur Nutzung des Hopfens finden sich im Rahmen der Schilderung der hoch- und spätmittelalterlichen Bierkultur im folgenden Kapitel.
[14] Vgl. Binding, *Deutsche Königspfalzen. Von Karl dem Großen bis Friedrich II. (765–1240)*
[15] Bautz, „Arnulf, Bischof von Metz, Heiliger", Sp. 246–247
[16] „Scriptores rerum Germanicarum in usum scholarum separatim editi 25: Einhardi Vita Karoli Magni", S. 28–29; Übersetzung bei Einhardus: *Vita Karoli Magni. Das Leben Karls des Großen*, S. 47
[17] Spode, *Alkohol und Zivilisation. Berauschung, Ernüchterung und Tischsitten in Deutschland bis zum Beginn des 20. Jahrhunderts*, S. 25
[18] Ebd., S. 20
[19] Ebd., S. 46
[20] Schuler, „Gastlichkeit in karolingischen Benediktinerklöstern", S. 21–28, hier S. 26f.
[21] Schedl, *Der Plan von St. Gallen. Ein Modell europäischer Klosterkultur*, S. 38, S. 48
[22] Geschichte und Struktur der Hopfenbierbrauerei werden im anschließenden Kapitel beschrieben und belegt.
[23] Simek, *Die Wikinger*. Vgl. auch Scheller, „Wikinger und Normannen", S. 209–217
[24] „Pars III auctore Hincmaro", S. 66. Für den Hinweis danke ich Prof. Rudy Simek, Bonn.
[25] Nösges, „Das Prümer Urbar von 983/1222", S. 17–117, bes. S. 40, passim; vgl. zu den Mengenangaben Noback/Noback, *Vollständiges Taschenbuch der Münz-, Maass- und Gewichts-Verhältnisse, der Staatspapiere, des Wechsel- und Bankwesens und der Usanzen aller Länder und Handelsplätze*, S. 91
[26] Rösener, *Agrarwirtschaft, Agrarverfassung und ländliche Gesellschaft im Mittelalter*, S. 72–75
[27] Die Umbrüche werden in der Forschung gegenwärtig kontrovers diskutiert, ohne dass ein Ende dieser Diskussionen in Sicht wäre. Vgl. dazu Comet, „Die Vorherrschaft des Getreides – Landschaft und Ackergeräte", S. 156–167, hier S. 167; Brombacher u.a., „Mittelalterliche Kulturpflanzen aus der Schweiz und Liechtenstein. Eine Übersicht der archäobotanischen Nachweise", S. 95–111; Houtte, „Europäische Wirtschaft und Gesellschaft von den großen Wanderungen bis zum Schwarzen Tod", S. 1–150, hier S. 11
[28] Hartmann, „Bischof Burchard von Worms 1000–1025"

[29] Embach, „Die Schriften Hildegards von Bingen. Studien zu ihrer Überlieferung und Rezeption im Mittelalter und in der Frühen Neuzeit“

7. Bier erobert die Stadt
Professionelles Brauwesen im Hoch- und Spätmittelalter

[1] Hersfeld, *Annalen*, S. 213; vgl. Kaiser, *Trunkenheit und Gewalt im Mittelalter*, S. 183 f.

[2] Vgl. Kaiser, Reinhold, *Trunkenheit und Gewalt im Mittelalter*, S. 296 f., S. 203 f.

[3] Offenbarung 20, 7–10; vgl. Offenbarung 20, 1–3; vgl. Rippmann, Vorspeise, S. 8 f.; Eickhoff, *Kaiser Otto III. Die erste Jahrtausendwende und die Entfaltung Europas*, S. 291–303

[4] Vgl. zu den Grundstrukturen der hier behandelten Epoche: Dinzelbacher, *Europa im Hochmittelalter 1050–1250. Eine Kultur- und Mentalitätsgeschichte;* Grabmayer, *Europa im späten Mittelalter 1250–1500. Eine Kultur- und Mentalitätsgeschichte;* Watts, *The Making of Polities: Europe, 1300–1500*

[5] Vgl. Moraw, *Von offener Verfassung zu gestalteter Verdichtung. Das Reich im späten Mittelalter. 1250–1490*

[6] Vgl. Hartmann, *Der Investiturstreit*

[7] Vgl. Behringer, *Kulturgeschichte des Klimas. Von der Eiszeit bis zur globalen Erwärmung*, S. 103–105

[8] Vgl. Ennen, *Die europäische Stadt des Mittelalters*, S. 77 ff.; Isenmann, *Die deutsche Stadt im Mittelalter 1150–1550. Stadtgestalt, Recht, Verfassung, Stadtregiment, Kirche, Gesellschaft, Wirtschaft*, S. 676–679

[9] Vgl. Higounet, *Die deutsche Ostsiedlung im Mittelalter;* vgl. Winter, „Met“, Sp. 568

[10] Vgl. Hornsey, *A History Of Beer And Brewing*, S. 282–284

[11] Zitate nach Montanari, *Der Hunger und der Überfluß. Kulturgeschichte der Ernährung in Europa*, S. 85 f.; vgl. Abel, *Stufen der Ernährung. Eine historische Skizze*, S. 7; vgl. Montanari, „Hungerleben“, S. 18–24

[12] Vgl. Blanckenburg, *Die Hanse und ihr Bier. Brauwesen und Bierhandel im hansischen Verkehrsgebiet*, S. 173 ff.

[13] Vgl. *Diplomatum regum et imperatorum Germaniae 2: Ottonis II. et III. diplomata (Monumenta Germaniae Historica)*, S. 100; Herborn, „Bierbrauen im Mittelalter“, S. 451–456, hier S. 451

[14] Ebd.

[15] Vgl. Tirillini, *Chemical composition and fungicidal activity of the essential oil of Laserpitium garganicum from Italy. Chemistry of Natural Compounds*, S. 103–105

[16] Vgl. Hirschfelder, *Europäische Esskultur. Geschichte der Ernährung von der Steinzeit bis heute*, S. 135 f.
[17] Vgl. ebd.; vgl. Blanckenburg, *Die Hanse und ihr Bier. Brauwesen und Bierhandel im hansischen Verkehrsgebiet*, S. 174 f.
[18] Vgl. Barth u. a., *Der grosse Hopfenatlas: Geschichte und Geographie einer Kulturpflanze;* vgl. Konersmann, „Hopfen", Sp. 649–650
[19] Vgl. Hornsey, *A History Of Beer And Brewing*, S. 303–310
[20] Vgl. Stille, *Krankheit und Arznei. Die Geschichte der Medikamente*, S. 70
[21] Vgl. Herborn, „Bierbrauen im Mittelalter", S. 451–456, hier S. 454
[22] Vgl. Irsigler, „‚Ind machden alle lant beirs voll'. Zur Diffusion des Hopfenbierkonsums im westlichen Hanseraum", S. 377–397; vgl. Herborn, „Bierbrauen im Mittelalter", S. 451–456, hier S. 453
[23] Vgl. Herborn, „Bierbrauen im Mittelalter", S. 451–456, hier bes. S. 454
[24] Vgl. ebd.
[25] Vgl. Hemgesberg, *Natürlich gesund mit Hopfen. Eine uralte Zier-, Kultur-, Nutz-, und Heilpflanze mit zunehmender Bedeutung.*
[26] Vgl. Wiegelmann, „Bier", Sp. 530–537
[27] Vgl. Teich, *Bier, Wissenschaft und Wirtschaft in Deutschland 1800–1914. Ein Beitrag zur deutschen Industrialisierungsgeschichte*, S. 18 f.
[28] Vgl. Blanckenburg, *Die Hanse und ihr Bier. Brauwesen und Bierhandel im hansischen Verkehrsgebiet*, S. 175 ff.; Herborn, „Bierbrauen im Mittelalter", S. 451–456, hier S. 454 f.
[29] Blanckenburg, *Die Hanse und ihr Bier. Brauwesen und Bierhandel im hansischen Verkehrsgebiet*, S. 178 f.
[30] Zitat in: Bitsch, „Gesundheitsschädigung und Täuschung im mittelalterlichen Lebensmittelverkehr", S. 191–200, hier S. 191, zit. nach Pfeiffer-Strobl
[31] Alle Belege bei Hackel-Stehr, *Das Brauwesen in Bayern vom 14. bis 16. Jahrhundert, insbesondere die Entstehung und Entwicklung des Reinheitsgebotes (1516)*, S. 93 f.
[32] Vgl. Hornsey, *A History Of Beer And Brewing*, S. 285–286
[33] Vgl. Isenmann, *Die deutsche Stadt im Mittelalter 1150–1550. Stadtgestalt, Recht, Verfassung, Stadtregiment, Kirche, Gesellschaft, Wirtschaft*, S. 153; Romer, „Privilegium immunitatis", Sp. 229–230; vgl. Meußdoerffer/Zarnkow, *Das Bier. Eine Geschichte von Hopfen und Malz*, S. 56 f.; Teich, *Bier, Wissenschaft und Wirtschaft in Deutschland 1800–1914. Ein Beitrag zur deutschen Industrialisierungsgeschichte*, S. 16 f.
[34] Vgl. Paczensky/Dünnebier, *Kulturgeschichte des Essens und Trinkens*, S. 184
[35] Vgl. exemplarisch Spode, *Die Macht der Trunkenheit. Kultur- und Sozialgeschichte des Alkohols in Deutschland*, S. 46: „Im 10. Jahrhundert betrug die tägliche Bierration eines Fraters im St. Gallener Kloster fünf Maß, wobei je nach Jahreszeit noch Obst- und Traubenwein hinzukam. Etwa die gleiche Menge beanspruchten die Hofdamen der Reichsregentin Agnes von Poitou

als Reisedeputat: nämlich fünf Maß Bier, anderthalb Maß Wein und ein Maß Met." Vgl. dazu kritisch Hirschfelder, „Bemerkungen zu Stand und Aufgaben volkskundlich-historischer Alkoholforschung der Neuzeit", S. 87–127

36 Vgl. Gechter, *Kirche und Klerus in der stadtkölnischen Wirtschaft im Spätmittelalter,* S. 108 ff.; Fischer/Herborn, „Geschichte des rheinischen Brauwesens", S. 50 f.

37 Vgl. Plümer, „Bier und Brauwesen", Sp. 135–140, hier Sp. 138

38 Zitat in: Meußdoerffer/Zarnkow, *Das Bier. Eine Geschichte von Hopfen und Malz*, S. 60 f.

39 Vgl. Bernard, *L'aventure des bastides du Sud-ouest;* Friedman, *Florentine New Towns: Urban Design in the Late Middle Ages*

40 Vgl. Ennen, *Die europäische Stadt des Mittelalters*, S. 77 ff.; Isenmann, *Die deutsche Stadt im Mittelalter 1150–1550. Stadtgestalt, Recht, Verfassung, Stadtregiment, Kirche, Gesellschaft*, S. 794 f., S. 936 f.

41 Vgl. Randt, „Politische Geschichte von 1327–1526", S. 157–237, hier S. 176 f.

42 Vgl. Blanckenburg, *Die Hanse und ihr Bier. Brauwesen und Bierhandel im hansischen Verkehrsgebiet*

43 Vgl. Heege/Roth Heege, „Einbeck im Mittelalter. Eine archäologisch historische Spurensuche"

44 Zit. nach Plümer, „Bier und Brauwesen", Sp. 135–140, hier Sp. 137

45 Vgl. ebd.

46 Vgl. Hornsey, *A History Of Beer And Brewing*, S. 295–296

47 Vgl. Blanckenburg, *Die Hanse und ihr Bier. Brauwesen und Bierhandel im hansischen Verkehrsgebiet,* S. 356 f., S. 360

48 Vgl. Plümer, „Bier und Brauwesen", Sp. 140

49 Vgl. Meußdoerffer/Zarnkow, *Das Bier. Eine Geschichte von Hopfen und Malz*, S. 63

50 Vgl. Teich, *Bier, Wissenschaft und Wirtschaft in Deutschland 1800–1914. Ein Beitrag zur deutschen Industrialisierungsgeschichte*, S. 20 f.

51 Schier, Kurt: *Egils Saga. Die Saga von Egil Skalla-Grimsson*, hg. und übersetzt von Kurt Schier, München 1996, Kap. 71. Für den Hinweis danke ich Prof. Rudy Simek, Bonn.

52 Vgl. Paczensky/Dünnebier, *Kulturgeschichte des Essens und Trinkens,* S. 184

53 Vgl. Hirschfelder, „Das Wassertrinken. Prolegomena zu einer Kulturgeschichte", S. 325–350

54 Vgl. Paczensky/Dünnebier, *Kulturgeschichte des Essens und Trinkens*, S. 183

55 Vgl. Wilson, *Food & Drink in Britain – from the Stone Age to recent times,* S. 374

56 Peyer, *Von der Gastfreundschaft zum Gasthaus. Studien zur Gastlichkeit im Mittelalter,* S. 81, S. 83

[57] Irsigler, „Über Stadtentwicklung: Beobachtungen am Beispiel von Ardes (1983)“, S. 169–185, hier S. 173 f.
[58] Vgl. Peyer, *Gastfreundschaft, Taverne und Gasthaus im Mittelalter. Studien zur Gastlichkeit im Mittelalter*, S. 53, S. 100
[59] Vgl. Plümer, „Bier und Brauwesen“, Sp. 135–140, hier Sp. 137–138
[60] Vgl. Clark, *The English Alehouse. A social history 1200–1830*
[61] Vgl. Peyer, *Von der Gastfreundschaft zum Gasthaus. Studien zur Gastlichkeit im Mittelalter*, S. 103
[62] Vgl., Hirschfelder, *Europäische Esskultur. Geschichte der Ernährung von der Steinzeit bis heute*, S. 145
[63] Vgl. Peyer, *Von der Gastfreundschaft zum Gasthaus. Studien zur Gastlichkeit im Mittelalter*, S. 240; Paczensky/Dünnebier, *Kulturgeschichte des Essens und Trinkens*, S. 184
[64] Der *Morgensprache* genannte Ratsbeschluss beklagte am 16. Januar 1456, „dat in der verkeuffere ind vurkeufferschen huysere, die biertavernen uphaldent ind beir verkouffent, vijell suntliche, schentliche ind unmynschliche sachen nacht ind dach gehandelt ind ouch roekeloisse, wilde, unnutze geselschafft van manne ind frauwen upgehalden ind geherbergt werden ind vergaderen, da unse here got ind sijne heiligen wenich mit geert werden.“ In: Stein, *Akten zur Geschichte der Verfassung und Verwaltung der Stadt Köln*, S. 374 f.
[65] Fischer/Herborn, „Geschichte des rheinischen Brauwesens“, S. 9–118, hier S. 51; Hirschfelder, *Europäische Esskultur. Geschichte der Ernährung von der Steinzeit bis heute*, S. 145
[66] Vgl. Gustafsson, „Abstinenz/Abstinenzbewegungen“, S. 392–398, hier S. 393 f.
[67] Vgl. Hirschfelder/Winterberg, „... weil man das Wasser trinken kann? Aspekte kultureller Wertigkeit und sozialer Distinktion“, in: *Purer Genuss? Wasser als Getränk, Ware und Kulturgut*, S. 109–131, hier S. 110
[68] Hartmann von Aue, *Iwein*, S. 17. In einer moderneren Übersetzung heißt es: „Ein einziger Becher voll Wein, das sage ich Euch, reizt zu mehr Worten und größerer Kühnheit als vierzig und noch vier voll Wasser und Bier“; Hartmann von Aue, *Iwein*, V. 818–822, S. 59. Im Kommentar weist Mireille Schnyder darauf hin, dass Bier häufig mit Wasser verdünnt wurde. Vgl. ebd., S. 559
[69] Zit. nach Marquardt, *Das höfische Fest im Spiegel der mittelhochdeutschen Dichtung 1140–1240*, S. 183 f.
[70] Vgl. Hirschfelder, „Rausch und Sucht in der Vormoderne. Zwischen kulturellem Zwang und individueller Freiheit“, S. 195–218
[71] Vgl. ebd.
[72] Vgl. Hirschfelder, „Bemerkungen zu Stand und Aufgaben volkskundlich-historischer Alkoholforschung der Neuzeit“, S. 87–127; vgl. etwa Legnaro,

„Alkoholkonsum und Verhaltenskontrolle – Bedeutungswandel zwischen Mittelalter und Neuzeit in Europa“, S. 153–176, hier S. 161

73 Legnaro, „Alkoholkonsum und Verhaltenskontrolle – Bedeutungswandel zwischen Mittelalter und Neuzeit in Europa“, S. 153–176, hier S. 158

74 Vgl. Legnaro, „Alkoholkonsum und Verhaltenskontrolle – Bedeutungswandel zwischen Mittelalter und Neuzeit in Europa“, S. 153–176, hier S. 161

75 Vgl. Hirschfelder, „Reu- und Trauertrinken im Regierungsbezirk Aachen. Das Beispiel einer entgleisten Totenfeier im Jahr 1823“, S. 205–219, hier S. 205

76 Vgl. Paczensky/Dünnebier, *Kulturgeschichte des Essens und Trinkens.* S. 216f.

77 Vgl. Clemens, *Trier – Eine Weinstadt im Mittelalter;* Matheus, *Weinproduktion und Weinkonsum im Mittelalter;* Pauly, *Luxemburg im späten Mittelalter, Weinhandel und Weinkonsum*

78 Vgl. Paczensky/Dünnebier, *Kulturgeschichte des Essens und Trinkens,* S. 160. Die Angaben beziehen sich auf St. Gallen an der Wende zum 2. Jahrtausend.

79 Zit. nach Abel, „Wandlungen des Fleischverbrauchs und der Fleischversorgung in Deutschland seit dem ausgehenden Mittelalter“, S. 415f.

8. Technik, Krieg und Neue Welt
Die heterogene Bierkultur der frühen Neuzeit

1 Vgl. zu den Merkmalen der Epoche Völker-Rasor (Hg.): *Frühe Neuzeit;* Vogler, „Europa – ein Kontinent der Vielfalt. Charakteristik der Epoche“, S. 13–44

2 Hackel-Stehr, *Das Brauwesen in Bayern vom 14. bis 16. Jahrhundert, insbesondere die Entstehung und Entwicklung des Reinheitsgebotes (1516),* S. 21

3 Vgl. ebd., S. 24ff.

4 Meußdoerffer/Zarnkow, *Das Bier. Eine Geschichte von Hopfen und Malz,* S. 90f.

5 Ebd., S. 91

6 Zitat nach: Lewandowski/Schmid, *Das Haus Wittelsbach. Die Familie, die Bayern erfand. Geschichte, Traditionen, Schicksale, Skandale,* S. 74–76

7 Pfister, *Wetternachhersage: 500 Jahre Klimavariationen und Naturkatastrophen (1496–1995),* bes. S. 53; vgl. Hirschfelder, Extreme Wetterereignisse und Klimawandel als Perspektive kulturwissenschaftlicher Forschung, S. 5–25; Behringer, „Bier“, Sp. 182–190, hier Sp. 183

8 Konersmann, „Hopfen“, Sp. 649

9 Zur Verschiebung der Wein-Bierkonsumzonen in Europa vgl. Landsteiner, „Wenig Brot und saurer Wein. Kontinuität und Wandel in der zentraleuropäischen Ernährungskultur im letzten Drittel des 16. Jahrhunderts“, S. 87–147, hier S. 134–142; Irsigler, „Ind machden alle lant beirs voll“. Zur Diffusion des

Hopfenbierkonsums im westlichen Hanseraum, S. 377–398; Behringer, „Bier“, Sp. 182–190, hier Sp. 185

[10] Zitat nach: Moshamm, *Ueber das Bierbraurecht in Baiern*, S. 15

[11] Vassen, *Wirtschafts- und Verfassungsgeschichte der Stadt Jülich vom großen Stadtbrande 1547 bis zum Einzug der Franzosen 1794*, S. 115

[12] Ebd., S. 120

Blanckenburg, Christine von: *Die Hanse und ihr Bier. Brauwesen und Bierhandel im hansischen Verkehrsgebiet*, Köln u. a. 2001, S. 175 ff.

[13] Behringer, „Bier“, Sp. 182–190, hier Sp. 185

[14] Meußdoerffer/Zarnkow, *Das Bier. Eine Geschichte von Hopfen und Malz*, S. 82 f.

[15] Biendl/Pinzl, *Arzneipflanze Hopfen. Anwendungen, Wirkungen, Geschichte;* vgl. Konersmann, „Hopfen“, Sp. 649

[16] Konersmann, „Hopfen“, Sp. 649

[17] Ankermüller, *Hopfenbau in Altbayern. Studien zur herrschaftlich-staatlichen und privaten, praktischen und theoretischen Einflußnahme auf den Hopfenbau in Altbayern von Kurfürst Max III. Joseph bis zum Tode von König Max I. (1745–1825);* Pinzl, *Die Hopfenregion. Hopfenanbau in der Hallertau – eine Kulturgeschichte*

[18] Ratsedikt von 1709. Historisches Archiv der Stadt Köln, Edikte 4, Bl. 130

[19] Ratsedikt von 1755. Historisches Archiv der Stadt Köln, Edikte 6, Bl. 248

[20] Hirschfelder, „Zwischen Öffentlichkeit und Privatsphäre. Bemerkungen zum Kölner Gastgewerbe in der Frühen Neuzeit“, S. 321–336, bes. S. 331 f.

[21] Meußdoerffer/Zarnkow, *Das Bier. Eine Geschichte von Hopfen und Malz*, S. 94

[22] Blanke, „Reformation und Alkohol“; vgl. Hirschfelder/Trummer, „Essen und Trinken“, URL: http://ieg-ego.eu/de/threads/hintergruende/essen-und-trinken/gunther-hirschfelder-manuel-trummer-essen-und-trinken

[23] Zit. nach Drescher, *Martin Luthers Werke. Kritische Gesamtausgabe*, S. 257

[24] Meußdoerffer/Zarnkow, *Das Bier. Eine Geschichte von Hopfen und Malz*, S. 92 f.

[25] Blanke, „Reformation und Alkoholismus“, S. 75–89, bes. S. 75

[26] *D. Martin Luthers Sämtliche Deutsche Schrifften und Wercke, Neunter Theil*, S. 605

[27] Gustafsson, „Abstinenz/Abstinenzbewegungen“, S. 392–398, bes. S. 395

[28] Meußdoerffer/Zarnkow, *Das Bier. Eine Geschichte von Hopfen und Malz*, S. 93

[29] Meußdoerffer/Zarnkow, *Das Bier. Eine Geschichte von Hopfen und Malz*, S. 94

[30] Vgl. zum Prozess der Reformation und den gesamteuropäischen Dimensionen MacCulloch, *Die Reformation 1490–1700*

[31] Vgl. zum Charakter des 17. Jahrhunderts Münch, *Das Jahrhundert des*

Zwiespalts. Deutsche Geschichte 1600–1700; vgl. zum Krieg Arndt, *Der Dreißigjährige Krieg 1618–1648*
[32] Vgl. Behringer, „Bier", Sp. 185 f.
[33] Vgl. Tilly, *Die europäische Revolution*, S. 231
[34] Vgl. Meußdoerffer/Zarnkow, *Das Bier. Eine Geschichte von Hopfen und Malz*, S. 104
[35] Meußdoerffer/Zarnkow, *Das Bier. Eine Geschichte von Hopfen und Malz*, S. 102
[36] Clark, *The English Alehouse. A Social History 1200–1830;* Behringer, „Bier", Sp. 187
[37] Hirschfelder, *Europäische Esskultur. Geschichte der Ernährung von der Steinzeit bis heute*, S. 156
[38] Vgl. Menninger, *Genuss im kulturellen Wandel. Tabak, Kaffee, Tee und Schokolade in Europa (16.–19. Jahrhundert)*, S. 320–347
[39] Vgl. Hirschfelder/Trummer, *Essen und Trinken*, URL: http://ieg-ego.eu/de/threads/hintergruende/essen-und-trinken/gunther-hirschfelder-manuel-trummer-essen-und-trinken
[40] Ebd.
[41] Vgl. Harwich, *Histoire du chocolat*, S. 237–275, S. 355–371
[42] Vgl. Meußdoerffer/Zarnkow, *Das Bier. Eine Geschichte von Hopfen und Malz*, S. 105
[43] Vgl. Bock, *Frauen in der europäischen Geschichte. Vom Mittelalter bis zur Gegenwart;* Duby/Perrot, *Geschichte der Frauen*
[44] Vgl. Ranke, „Bier", Sp. 310
[45] Vgl. Behringer, *Löwenbräu. Von den Anfängen des Münchner Brauwesens bis zur Gegenwart*, S. 75–78
[46] Vgl. Bennett, *Ale, Beer, and Brewsters in England. Women's Work in a Changing World, 1300–1600*, S. 18
[47] Vgl. ebd., S. 7
[48] Vgl. ebd., S. 122
[49] Vgl. Eckstein, „Bier", Sp. 1255–1282, bes. Sp. 1261, 1269
[50] Zitat nach: Behringer, „Hexenverfolgungen im Spiegel zeitgenössischer Publizistik. Die ‚Erweytterte Unholden Zeytung' von 1590", S. 339–360, hier S. 353
[51] Vgl. zum Phänomen der Hexerei Dillinger, *Hexen und Magie. Eine historische Einführung;* für eine Zusammenfassung des Einzelbelegs s. Meußdoerffer/Zarnkow, *Das Bier. Eine Geschichte von Hopfen und Malz*, S. 96; Werner u. a., *Mythos Bier. Geschichten rund ums Bier*, S. 66–69
[52] Zitat und Übersetzung nach Herborn, „Das Lachen im 16. Jahrhundert. Die Chronik des Hermann von Weinsberg als Quelle für eine Gemütsäußerung", S. 9–30, bes. S. 22
[53] Vgl. Heckendorn, *Wandel des Anstands im französischen und deutschen*

Sprachgebiet, S. 197, Anm. 338; Denecke, *Beiträge zur Entwicklungsgeschichte des gesellschaftlichen Anstandsgefühls in Deutschland*, S. 181

[54] Ethophilius, Neues wohleingerichtetes Complementier- und Sittenbuch, S. 77

[55] Archenholz, *England und Italien*, S. 9f.; vgl. zur kulturwissenschaftlichen Klassifizierung und Auswertung von Tagebüchern Schulze, *Ego-Dokumente. Annäherung an den Menschen in der Geschichte;* vgl. zur Interpretation dieser Quelle Hirschfelder, „Women's Drinking Usages on the Eve of the Industrial Revolution: The Example of Manchester", S. 62–88

[56] Vgl. Hirschfelder, *Alkoholkonsum am Beginn des Industriezeitalters (1700–1850),* S. 140–174, bes. S. 147–149

[57] Meußdoerffer/Zarnkow, *Das Bier. Eine Geschichte von Hopfen und Malz*, S. 110–112

[58] Zur Stereotypisierung unterschiedlichen Trinkverhaltens nördlich und südlich der Alpen vgl. etwa Montanari, *Der Hunger und der Überfluß. Kulturgeschichte der Ernährung in Europa*, S. 132–134

[59] Vgl. Dabove, „Italy", S. 498-500

[60] Ebd., S. 499

[61] Vgl. Unger, *Beer in the Middle Ages and the Renaissance*, S. 66–74

[62] Vgl. Morell/Myrdal, *The Agrarian History of Sweden. From 4000 BC to AD 2000*, S. 148–149

[63] Vgl. Krasvov, „Alcohol, Consumption of (Russia)", S. 13–16

[64] Vgl. Hermann, *Statistische Schilderung von Rußland, in Rücksicht auf Bevölkerung, Landesbeschaffenheit, Naturprodukte, Landwirthschaft, Bergbau, Manufakturen und Handel*, S. 343–349

[65] Vgl. Della Reese, „Beer, Corn and Maple", S. 153

[66] Hornsey, *A History of Beer and Brewing*, S. 25–28; „Brewing", S. 276–278

[67] Ausführliche Berichte über die Verbreitung und soziokulturelle Bedeutung von *Chicha* finden sich bei Jennings/Bowser, *Drink, Power, and Society in the Andes.*

[68] Vgl. Abbott, „American Indian and Alaska Native Aboriginal Use of Alcohol in the United States", S. 1–13

[69] Vgl. La France, „Beer", S. 141–153, hier S. 146

[70] Vgl. Jackson, *The World Guide to Beer*, S. 208

[71] Vgl. La France, „Beer", S. 141–153, hier S. 148

[72] Vgl. zum Folgenden Kümin/Tlusty, *The World of the Tavern. Public Houses in Early Modern Europe;* Hirschfelder, „Nicht daheim und doch zu Hause. Das Gasthaus der Vor- und Frühmoderne im Spannungsfeld von Privatsphäre und öffentlichem Raum", S. 155–157

[73] Vgl. Hirschfelder, „Zwischen Öffentlichkeit und Privatsphäre. Bemerkungen zum Kölner Gastgewerbe in der Frühen Neuzeit", S. 321–336

[74] Eine von dem Aachener Geschichtsschreiber Meyer verfertigte Zusammen-

stellung der seit dem Jahre 1656 in der Reichsstadt Aachen erlassenen obrigkeitlichen Verordnungen, in: *Beiträge zur Geschichte der Aachener Patrizier-Familien*, S. 421

[75] Vgl. Behringer, *Löwenbräu. Von den Anfängen des Münchner Brauwesens bis zur Gegenwart*, S. 48–79, bes. S. 75

[76] Vgl. Behringer, „Bier", Sp. 182–190, hier Sp. 186

[77] Vgl. ebd., Sp. 184

9. Bier geht um die Welt Industrialisierung, Nationalisierung und Technisierung im 19. Jahrhundert

[1] Vgl. Osterhammel, *Die Verwandlung der Welt. Eine Geschichte des 19. Jahrhunderts;* Freytag/Petzold, *Das „lange" 19. Jahrhundert. Alte Fragen und neue Perspektiven*

[2] Vgl. Blocker/Fahey/Tyrell (Hg.), *Alcohol and Temperance in Modern History: An International Encyclopedia*, S. 92–93

[3] Vgl. Hornsey, *A History Of Beer And Brewing*, S. 472–474. Der Beginn des 19. Jahrhunderts zeichnete sich in der englischen Bierkultur durch eine ganze Reihe Steuerreformen aus. Bereits 1802 wurde die Unterscheidung zwischen schwachen und starken Bieren gekippt, um den weit verbreiteten Betrug mit als stärker ausgewiesenen Bieren einzudämmen. Der „Beerhouse Act" des Duke of Wellington öffnete schließlich 1830 den Markt, indem er gegen Lizenz jedermann erlaubte, Bier zu brauen und zu verkaufen. Das Ziel war es, die Konkurrenz unter den Brauereien zu befördern, die Bierpreise zu senken und so Bier auch den ärmeren Gesellschaftsteilen zugänglich zu machen, zum Teil, um diese vom Gin fernzuhalten. In der Folge des Beerhouse Act verdoppelte sich die Zahl der kommerziellen Braustätten in England innerhalb kürzester Zeit.

[4] Vgl. Blocker/Fahey/Tyrell (Hg.), *Alcohol and Temperance in Modern History: An International Encyclopedia*, S. XXXVII

[5] Bamford, „Early Days [1848]", S. 124

[6] Briefe eines reisenden Franzosen über Deutschland an seinen Bruder in Paris, 67.–69. Brief, S. 350 ff.

[7] Vgl. Tilly, „Industrialisierung als historischer Prozess", URL: http://www.ieg-ego.eu/tillyr-2010-de URN: urn:nbn:de:0159-20101025 166 Stand: 12. 11. 2015

[8] Vgl. „Porter", S. 660–663

[9] Vgl. Hornsey, *A History of Beer and Brewing*, S. 485–508; Meußdoerffer/Zarnkow, *Das Bier. Eine Geschichte von Hopfen und Malz*, S. 110

[10] Tatsächlich ist die Entstehung von Porter sogar diesen „Pantschereien" zu verdanken. So waren die ersten Porterbiere wohl alte Braunbiere, die nach

Zugabe von frischem, jungem Bier verkauft wurden. In sogenannten Blending Houses wurde zudem Porter auch durch Zugabe stärkerer Sorten verstärkt. Ein Verfahren, das aus der Herstellung von Portwein bekannt ist, woher wohl der Name „Porter" stammt. Eine weitere, populäre Herleitung bringt das Porter-Bier mit den Lastträgern Londons, den Porters, in Verbindung, zu deren Lieblingsgetränken das kräftige Ale zählte. Tatsächlich galt Porter bis ins 19. Jahrhundert eher als Bier der arbeitenden Schichten. Vgl. „Porter", S. 660–663

11 Vgl. Hornsey, *A History Of Beer And Brewing*, S. 451–454. Einen ersten „Attemporator" entwickelte der irische Kaufmann John Long 1790 gemeinsam mit dem Alkoholbrenner Harris aus Bristol. Die Apparatur bestand aus einer Kupferspule, durch die kaltes Wasser zirkulierte.

12 Vgl. Foster, „English Pale Ale", S. 324–325

13 Vgl. Hornsey, *A History Of Beer And Brewing*, S. 523–525

14 Vgl. Glover, „Mild Ale", S. 587–588. Das Mild Ale des 19. Jahrhunderts ist meist nicht mit den heutigen „Mild Ales" zu vergleichen. Letztere bezeichnen oft lediglich sanft eingehopfte, weniger bittere Biere.

15 Zitiert nach Hornsey, *A History Of Beer And Brewing*, S. 523

16 Vgl. Meußdoerffer/Zarnkow, *Das Bier. Eine Geschichte von Hopfen und Malz*, S. 110–113

17 Accum, *Über die Verfälschung der Nahrungsmittel und von den Küchengiften, oder von den betrügerischen Verfälschungen des Brodes, Bieres, Weins, der Liqueurs, des Thees, Kaffees, Milchrahms, Confekts, Essigs, Senfs, Pfeffers, Käse, Olivenöls, der eingelegten Gemüse und Früchte und anderer in der Haushaltung gebräuchlichen Artikel, und von den Mitteln, dieselben zu entdecken*, S. 123–125, S. 130

18 Archenholz, *England und Italien*, S. 16 f.

19 Vgl. Monckton, *A History of the English Public House*, S. 79 f.; Hornsey, *A History Of Beer And Brewing*, S. 472–474

20 Engels, „Die Lage der arbeitenden Klasse in England", S. 225–506, bes. S. 239, S. 353 f.

21 Vgl. Monckton, *A History of the English Public House*, S. 81

22 Vgl. Hirschfelder, *Alkoholkonsum am Beginn des Industriezeitalters (1700–1850). Vergleichende Studien zum gesellschaftlichen und kulturellen Wandel*. Band 1, S. 180

23 Venedey, *England*, S. 316

24 Redford/Stafford Russell, *The History of Local Government in Manchester*, S. 212. Im Gegensatz zu dem heute meist alkoholfreien Softdrink gleichen Namens handelte es sich in diesem Fall um ein fermentiertes, alkoholhaltiges Ginger Beer.

25 Accum, *Über die Verfälschung der Nahrungsmittel und von den Küchengiften, oder von den betrügerischen Verfälschungen des Brodes, Bieres, Weins, der*

Liqueurs, des Thees, Kaffees, Milchrahms, Confekts, Essigs, Senfs, Pfeffers, Käse, Olivenöls, der eingelegten Gemüse und Früchte und anderer in der Haushaltung gebräuchlichen Artikel, und von den Mitteln, dieselben zu entdecken, S. 139

[26] Vgl. Meußdoerffer/Zarnkow, *Das Bier. Eine Geschichte von Hopfen und Malz*, S. 107–109

[27] Vgl. Dorsch, *Statistique du Département de la Roer*, S. 112

[28] Vgl. Hirschfelder, „Fruchtwein und Schnaps, Bürgertochter und Fabrikmädchen. Weiblicher Alkoholkonsum als Indikator des Rollenverständnisses an der Schwelle zum Industriezeitalter", S. 282–294

[29] Vgl. ebd. S. 282–294

[30] *Schilderung der Stadt Aachen zum Unterrichte und zur Erbauung der Reisenden, der Spieler, der GeschichtSchreiber und der Philosophen. Aus dem Französischen übersetzt*, S. 208 f.

[31] Vgl. Hirschfelder, *Europäische Esskultur. Geschichte der Ernährung von der Steinzeit bis heute*, S. 173 f.; Tappe, *Auf dem Weg zur modernen Alkoholkultur: Alkoholproduktion, Trinkverhalten und Temperenzbewegung in Deutschland vom frühen 19. Jahrhundert bis zum Ersten Weltkrieg*

[32] Vgl. ebd., S. 89–90

[33] Vgl. Hirschfelder, *Alkoholkonsum am Beginn des Industriezeitalters (1700–1850). Vergleichende Studien zum gesellschaftlichen und kulturellen Wandel*, Band 2, S. 25 ff.

[34] Vgl. ebd., S. 73–78

[35] Vgl. Unger (Hg.), *Hannover 1882. Ein Führer durch die Stadt und ihre Bauten*, S. 11

[36] Vgl. Behringer, *Löwenbräu. Von den Anfängen des Münchner Brauwesens bis zur Gegenwart*, S. 294; Schäder, *Münchner Brauindustrie 1871–1945. Die wirtschaftsgeschichtliche Entwicklung eines Industriezweiges*, S. 47

[37] Biere auf der Grundlage untergäriger Hefe vertragen während der Gärung – im Gegensatz zu obergärigen Sorten – lediglich Temperaturen um die 5–7 °C.

[38] Vgl. im Folgenden Laturell, *Volkskultur in München*

[39] Vgl. Bernhard, *Das Biedermeier. Kultur zwischen Wiener Kongress und Märzrevolution*, S. 177

[40] Vgl. Speckle, *Streit ums Bier in Bayern: Wertvorstellungen um Reinheit, Gemeinschaft und Tradition*, S. 185

[41] Bayerische Biergartenverordnung vom 20. April 1999 (GVBl S. 142)

[42] Vgl. Speckle, *Streit ums Bier in Bayern: Wertvorstellungen um Reinheit, Gemeinschaft und Tradition*. S. 188–189

[43] Vgl. Zobeltitz, *Chronik der Gesellschaft unter dem letzten Kaiserreich*, S. 221 f.

[44] Vgl. Lummel, „Erlebnisgastronomie um 1900. Das ‚Haus Vaterland' in Berlin", S. 193–206

[45] Konsumstatistik aus dem Standardwerk: Struwe, *Die Entwicklung des Baye-*

rischen Braugewerbes im neunzehnten Jahrhundert, S. 65. Zitiert nach Tappe, *Auf dem Weg zur modernen Alkoholkultur*, S. 79

46 Vgl. ebd., S. 85

47 Aachener Stadt-Zeitung No. 22, 22. 1. 1840

48 Nasse, „Zur Therapie des Branntweinmißbrauchs", S. 621–643

49 Vgl. Pinzl, „Hopfenanbau". URL: http://www.historisches-lexikon-bayerns.de/artikel/artikel_45725 Stand: 7. 9. 2015; vgl. Ankermüller, *Hopfenbau in Altbayern. Studien zur herrschaftlich-staatlichen und privaten, praktischen und theoretischen Einflußnahme auf den Hopfenbau in Altbayern von Kurfürst Max III. Joseph bis zum Tode von König Max I. (1745–1825);* vgl. Tappe, *Auf dem Weg zur modernen Alkoholkultur*, S. 73

50 Rudhart, *Ueber den Zustand des Königreichs Bayern nach amtlichen Quellen*, S. 90

51 Vgl. Meußdoerffer/Zarnkow, *Das Bier. Eine Geschichte von Hopfen und Malz*, S. 114

52 Vgl. Behringer, *Löwenbräu. Von den Anfängen des Münchner Brauwesens bis zur Gegenwart*, S. 117

53 Im Folgenden vgl. Urbanek, „Sedlmayr, Gabriel der Jüngere", S. 125–126, Onlinefassung: URL http://www.deutsche-biographie.de/pnd137335024.html

54 Vgl. Wagner-Braun, „Münchens Finanzgewerbe zwischen Staatswirtschaft und Industrialisierung", S. 41–90, hier: S. 68

55 Vgl. Meußdoerffer/Zarnkow, *Das Bier. Eine Geschichte von Hopfen und Malz*, S. 117–118

56 Vgl. Urbanek, „Sedlmayr, Gabriel der Jüngere", S. 125–126, Onlinefassung: URL http://www.deutsche-biographie.de/pnd137335024.html

57 Vgl. Behringer, *Löwenbräu. Von den Anfängen des Münchner Brauwesens bis zur Gegenwart*, S. 126–136

58 Vgl. Meußdoerffer/Zarnkow, *Das Bier. Eine Geschichte von Hopfen und Malz*, S. 116–117

59 Zitiert nach Behringer, *Löwenbräu. Von den Anfängen des Münchner Brauwesens bis zur Gegenwart*, S. 142

60 Vgl. Meußdoerffer/Zarnkow, *Das Bier. Eine Geschichte von Hopfen und Malz*, S. 116

61 Vgl. Seidl, „helles", S. 429–431

62 Booth, *The Art Of Brewing*

63 Anteil an dieser Einschätzung hatte unter anderem auch das bei englischen Brauern der Zeit einflussreiche Werk Justus von Liebigs (1803–1873), der den bayerischen untergärigen Bieren eine höhere Stabilität und Lagerfähigkeit als den englischen und französischen Bieren zusprach. Vgl. Liebig, *Die Chemie in ihrer Anwendung auf Agricultur und Physiologie*

64 Vgl. Urbanek, „Sedlmayr, Gabriel der Jüngere", S. 125–126, Onlinefassung: URL http://www.deutsche-biographie.de/pnd137335024.html

[65] Vgl. im Folgenden: Seidl, „German Pilsner", S. 386–388
[66] Vgl. „Arbeitsgemeinschaft Verbrauchs- und Medienanalyse. (n. d.). Ranking der beliebtesten Biersorten in Deutschland (Konsum mindestens mehrmals im Monat) in Deutschland in den Jahren 2013 und 2014", URL http://de.statista.com/statistik/daten/studie/171623/umfrage/mehrmals-im-monat-konsumierte-biersorten/ Stand: 24. 11. 2015
[67] Vgl. Meußdoerffer/Zarnkow, *Das Bier. Eine Geschichte von Hopfen und Malz*, S. 123
[68] Vgl. ebd., S. 120
[69] Wiesmann, *Bier und wir. Geschichte der Brauereien und des Bierkonsums in der Schweiz*, S. 72
[70] Vgl. Starke, *Vom Brauerhandwerk zur Brauindustrie: die Geschichte der Bierbrauerei in Dresden und Sachsen 1800–1914*, S. 297–299
[71] Vgl. Wiesmann, *Bier und wir. Geschichte der Brauereien und des Bierkonsums in der Schweiz*, S. 78
[72] Vgl. Meußdoerffer/Zarnkow, *Das Bier. Eine Geschichte von Hopfen und Malz*, S. 120
[73] Zum India Pale Ale im Folgenden: vgl. Brown, „India Pale Ale", S. 482–486; Hornsey, *A History Of Beer And Brewing*, S. 525–528
[74] Vgl. Geyikdagi, *Foreign Investment in the Ottoman Empire: International Trade and Trade Relations 1854–1914*, S. 133
[75] Zitiert nach: Gietl, „Fleischkonsum zwischen Ethnizität und Ethik – Das Beispiel Istanbul", S. 291–308, hier S. 297–298
[76] Zitiert nach: Köse, *Westlicher Konsum am Bosporus. Warenhäuser, Nestlé und Co. im späten Osmanischen Reich*, S. 161
[77] Zitiert nach: ebd., S. 162–164
[78] Zitiert nach: Samsinger, „Vor allem bewundern wir an dem Türken die Menschenwürde", S. 299–331, hier S. 314
[79] Im Folgenden: Diel, „Johann Georg Fix. Griechenland 1854 mit bayerischem Bier erobert"
[80] Ow, *Aufzeichnungen eines Junkers am Hofe zu Athen*, S. 84
[81] Vgl. Darby, *Greece: Economic geography, ports, and communications*, S. 134
[82] Vgl. Spode, „Alkoholische Getränke", S. 25–80, hier S. 41
[83] Vgl. Schäder, *Münchner Brauindustrie 1871–1945. Die wirtschaftliche Entwicklung eines Industriezweiges*, S. 230, S. 237
[84] Vgl. Engelhardt, *Cervezas Moritz. Deutsches Bier für Barcelona*. URL http://www.selection-online.com/o3_ub_dt_4110_artikel_detail.php?id=150 und http://moritz.com/es/seccion/historia-de-la-fabrica-moritz- Stand 2. Dezember 2015
[85] Vgl. *Bayerisches Brauer-Journal: Zeitschrift für Brauerei und Mälzerei: amtliches Organ der vom Bayerischen Staate unterstützten Versuchsanstalt für Bierbrauerei zu Nürnberg*, S. 480

[86] Vgl. Spode, „Alkoholische Getränke“, S. 25–80, hier S. 41
[87] Vgl. Morell/Myrdal, *The Agrarian History of Sweden. From 4000 BC to AD 2000*, S. 148–149
[88] Vgl. Kissmeyer, „Carlsberg Group“, S. 223–225; Eiken, „Denmark“, S. 284–285
[89] Vgl. Ekelin, „Sweden“, S. 777–779; Thunaeus, *Ölets historia i Sverige*, S. 218–227
[90] Vgl. Spode, „Alkoholische Getränke“, S. 25–80, hier S. 41
[91] Vgl. „Beer“, S. 84–94
[92] Vgl. La France, „Beer“, S. 141–153, hier S. 146
[93] Vgl. „AB InBev“, S. 1–2
[94] Vgl. Hirschfelder, *Alkoholkonsum am Beginn des Industriezeitalters (1700–1850). Vergleichende Studien zum gesellschaftlichen und kulturellen Wandel*, Band 1, S. 252–255
[95] Vgl. Hirschfelder, *Alkoholkonsum am Beginn des Industriezeitalters (1700–1850). Vergleichende Studien zum gesellschaftlichen und kulturellen Wandel*, Band 2, S. 219 ff.
[96] Vgl. Tappe, *Auf dem Weg zur modernen Alkoholkultur: Alkoholproduktion, Trinkverhalten und Temperenzbewegung in Deutschland vom frühen 19. Jahrhundert bis zum Ersten Weltkrieg*, S. 85
[97] Vgl. Margolina, *Wodka – Trinken und Macht in Russland*, S. 32, S. 106 f.
[98] Vgl. Brühl-Cramer, *Ueber die Trunksucht und eine rationelle Heilmethode derselben*
[99] Liebheit, *Polizeiverordnungen für die Stadt und den Regierungsbezirk Aachen*, S. 91 f.

10. „GlobALE“ Mainstream kontra Biervielfalt im 20. und 21. Jahrhundert

[1] Deutsche Website des AB-Inbev-Konzerns. URL http://www.ab-inbev.de/marken.html Stand: 1. Dezember 2015; Internationale Website des AB-Inbev-Konzerns. URL http://www.ab-inbev.com Stand: 1. Dezember 2015. Dazu diverse Pressemeldungen, z. B.: dpa, „Beck’s-Brauer AB Inbev zurrt Milliardenangebot für SABMiller fest“.
[2] Statistiken auf der Website der US Brewers Association. URL: https://www.brewersassociation.org Stand: 2. Dezember 2015
[3] Vgl. Hardt/Negri, *Empire. Die Neue Weltordnung*. Michael Hardt und Antonio Negri verstehen unter dem Begriff Empire eine neue transnationale und globale Ordnung. Dabei identifizieren die am Marxismus geschulten Philosophen ein wesentliches Element in der weitreichenden Homogenisierung und

Standardisierung von Produktions- und Vertriebsbedingungen – einer globalen Expansion und Nivellierung, wie sie im 20. und 21. Jahrhundert exemplarisch im Bereich der Bierindustrie zu konstatieren ist: Die Unternehmensgeschichte des einführenden Beispiels AB InBev liefert dafür den eindrücklichsten Beleg.

4 Vgl. Hardt/Negri, *Multitude. Krieg und Demokratie im Empire*

5 Korff, „Globale Integration und lokale Fragmentierung. Das Konfliktpotential von Globalisierungsprozessen", S. 316

6 Vgl. u. a. Beck, *Das Zeitalter der Nebenfolgen und die Politisierung der Moderne*, S. 19–112

7 Vgl. Villa, „Miller Brewing Company", S. 589

8 Vgl. Villa, „Molson Coors Brewing Company", S. 596

9 Vgl. Rorarbaugh, „Alcohol, Consumption of, by Indices (United States)", S. 18–20

10 Zum Thema Prohibition in den USA im Folgenden: Hindy, „The United States", S. 808–811; Brown, „Prohibition", S. 666–671

11 United States Brewers Association (Hg.), 1979 Brewers Almanac, S. 12–13

12 Vgl. Glover, *Brewing for Victory: Brewers, Beers and Pubs in World War II*

13 Vgl. zu Struktur und Charakter der Eopche: Iriye/Osterhammel (Hg.), *Geschichte der Welt 1870–1945. Weltmärkte und Weltkriege.*

14 Torp, *Konsum und Politik in der Weimarer Republik*, S. 258 f.

15 Spiekermann, *Bruch mit der alten Ernährungslehre*, 1999, S. 4

16 Vgl. zur ambivalenten Rolle der Frau in der Weimarer Republik: Bridenthal u. a., *When Biology became Destiny;* Schwarz, *Die Landfrauenbewegung in Deutschland;* Brändli, „Sie rauchen wie ein Mann, Madame", S. 83 ff.

17 Proctor, *The Nazi War on Cancer*, S. 120 ff.

18 Gerlach, *Krieg, Ernährung, Völkermord*

19 Spiekermann, *Versorgung in der Volksgemeinschaft*, S. 10 f.; Kaplan, *Geschichte des jüdischen Alltags in Deutschland: vom 17. Jahrhundert bis 1945*, S. 426 f.

20 Bester Überblick über die Ernährungswirtschaft in Deutschland unter der Diktatur Hitlers: Corni/Gies, *Brot, Butter, Kanonen;* vgl. Wiggen-Jux, *Die Versorgung der Kölner Zivilbevölkerung mit Lebensmitteln und Gebrauchsgegenständen im Zweiten Weltkrieg*, S. 23 ff., S. 48 ff.; Ambrosius, *Von Kriegswirtschaft zu Kriegswirtschaft*, S. 326 ff.

21 Kappert, *Gemeinschaftsverpflegung im fünften Kriegsjahr*, S. 381

22 Lill, *Gaudi, Trachten, Hakenkreuze – und die Maß Bier für 90 Pfennige*. Obwohl er sich selbst dort nie blicken ließ, war das Oktoberfest für Adolf Hitler etwas „Heiliges". Doch die Pflege der Münchner Tradition bedeutete für die Nazis keineswegs, dass Schausteller und Zeltwirte unantastbar waren.

23 Hindy, „The United States", S. 808–811

24 Brown, „Prohibition", S. 666–671, hier S. 670–671

[25] „Morale is a Lot of Little Things“, advertising proof sheet, June 1942: Orig.: „People can take the big bad things … the bitter news, the bombings even … if only a few of the little, familiar, comforting good things are left.“
[26] Vgl. Robertson, „China“, S. 244–246
[27] Vgl. Schröter, *Von der Teilung zur Wiedervereinigung*, S. 360 ff.
[28] Vgl. Hirschfelder, *Europäische Esskultur*, S. 234 f.
[29] Andersen, *Der Traum vom guten Leben*, S. 34 ff.; Protzner, Vom Hungerwinter bis zum Beginn der „Freßwelle“, S. 25–29
[30] Winkel, *Vom Gourmand zum Gourmet*, S. 34; Brändli, „Sie rauchen wie ein Mann, Madame“, S. 83 ff.; vgl. Speckle, *Streit ums Bier in Bayern*, S. 67 ff.
[31] Kaminsky, „Mehr produzieren, gerechter verteilen, besser leben“, S. 12–20; Merkel, *Utopie und Bedürfnis. Die Geschichte der Konsumkultur in der DDR.*
[32] Vgl. Brown, „In Britain Beer Is More Than Just A Drink“
[33] Vgl. BBPA Statistical Handbook 2003, S. 92
[34] Vgl. Collinson/Macbeth, „The Thirst for Tradition: Beer Production and Consumption in the United Kingdom“, S. 89–100
[35] Im Folgenden vgl. Hupkens u. a., „Alcohol consumption in the European Community: uniformity and diversity in drinking patterns“, S. 1391–1404; Pyörälä, „Trends in alcohol consumption in Spain, Portugal, France and Italy from the 1950s to the 1980s“, S. 469–477
[36] Vgl. „Spain“, S. 748–751
[37] Pyörälä, „Trends in alcohol consumption in Spain, Portugal, France and Italy from the 1950s to the 1980s“, S. 469–477, hier S. 475
[38] Die spanische Generalsekretärin für Landwirtschaft und Ernährung Garcia Tejerina, zitiert nach: URL http://www.wikispanishfood.com (Informationsportal der spanischen Ernährungsindustrie) Stand: 23. 12. 2015
[39] Vgl. Markowski, „France“, S. 373–375
[40] Im Folgenden vgl. Snow, „Drinking and Drunkenness in Russia and the Soviet Union. A Review Essay“, S. 7–15
[41] Vgl. Saunders, „Russia“, S. 1087–1092, hier S. 1091
[42] Vgl. Perlman, „Drinking in transition: trends in alcohol consumption in Russia 1994–2004“, URL http://www.biomedcentral.com/1471-2458/10/691 Stand: 12. 12. 2015
[43] Vgl. Saunders, „Russia“, S. 1087–1092, hier S. 1091
[44] Vgl. Oliver, „Czech Republic“, S. 277–278; Parizkova/Vlkova, „Beer In The Czech Republic“, S. 101–110
[45] Vgl. Saunders, „Czech Republic“, S. 447–448
[46] Brewers of Europe, „Pro-Kopf-Konsum von Bier in Europa nach Ländern im Jahr 2014 (in Liter)“, auf: *Statista – Das Statistik-Portal*. URL http://de.statista.com/statistik/daten/studie/29727/umfrage/pro-kopf-verbrauch-an-bier-in-europa/ Stand: 14. Dezember 2015

[47] Im Folgenden vgl. Acitelli, *The Audacity of Hops: The History of America's Craft Beer Revolution;* Ogle, *Ambitious Brew: the story of American beer,* S. 291–299

[48] Vgl. Brooks, „Anchor", S. 52; zur Geschichte auch die Website der Anchor Brewery: URL http://www.anchorbrewing.com/brewery/our_history Stand: 30. November 2015

[49] Vgl. Acitelli, *The Audacity of Hops: The History of America's Craft Beer Revolution,* S. 335; vgl. Holl, John, „New Albion Brewing" URL http://www.craftbeer.com/featured-brewery/new-albion-brewing Stand: 30. November 2015

[50] Vgl. Boston, *Beer And Skittles,* S. 104–105; Glover, *The Lost Beers & Breweries of Britain*

[51] Zur Geschichte von CAMRA, vgl. Website von CAMRA: URL http://www.camra.org.uk/key-events-in-camra-s-history Stand: 30. November 2015

[52] Die Regularien im Detail auf der Website der US Brewers Association: URL https://www.brewersassociation.org/statistics/craft-brewer-defined/ Stand: 30. November 2015

[53] Vgl. Davis, Noah „The Craft Beer Market Has Exploded, And Now Brewers Are Worried About A Collapse", auf: Business Insider, 14. Dezember 2013. URL http://www.businessinsider.com/alchemist-craft-beer-market-boom-bubble-outlook-2013–12?IR=T Stand: 12. 12. 2015

[54] Vgl. Solomon, Brian „America's Hottest Startups Are Craft Breweries", auf: Forbes, 22. 6. 2015. URL http://www.forbes.com/sites/briansolomon/2015/06/22/americas-hottest-startups-are-craft-breweries/ Stand: 12. 12. 2015

[55] Hirschfelder, „Das Bild unserer Lebensmittel zwischen Inszenierung, Illusion und Realität", S. 7–34

[56] Evans, „Label", S. 528

[57] Vgl. Hughes, *„A Bottle of Guinness Please": The Colourful History of Guinness*

[58] Vgl. Mansfield, *The Search For God and Guinness. A Biography of the Beer that changed the World,* S. 229–233; Strachan/Nally, *Advertising, Literature and Print Culture in Ireland, 1891–1922,* S. 3–4

[59] Vgl. Mosher, „advertising", S. 16–18

[60] Vgl. Hirschfelder, *Europäische Esskultur,* S. 246

[61] Website von Radeberger: URL http://www.radeberger.de/de/radeberger-presse/neuer-tv-spot/ Stand: 29. November 2015

[62] Bei diesem „non-binary, postgender beer" handelt es sich um ein Kölsch der schottischen Craft Beer-Firma und Marketingexperten BrewDog. URL https://www.brewdog.com/lowdown/blog/no-label Stand: 29. November 2015

[63] Vgl. Medina, „Europe North and South, Beer and Wine: Some Reflections about Beer and Mediterranean Food", S. 71–80, hier S. 74–75

[64] Hildegard von Bingen: Physica. Zitiert nach: Biendl/Pinzl, *Arzneipflanze Hopfen. Anwendungen – Wirkungen – Geschichte*, S. 21
[65] Casey/Bamforth, „Silicon in beer and brewing“, S. 784–788; Heseker, „Silizium: Vorkommen, Funktionen, physiologische und gesundheitliche Aspekte“, S. 64–65
[66] Ferraro/Taylor/Gambaro/et. al., „Soda and Other Beverages and the Risk of Kidney Stone“
[67] Lu/Solomon/Costenbader/et. al., „Alcoholconsumption and Risk of Incident Rheumatoid Arthritis in Women: A prospective Study“
[68] Costanzo/Castelnuovo/Donati/et. al., „Wine, beer or spirit drinking in relation to fatal and non-fatal cardiovascular events: a meta-analysis“, S. 833–850
[69] Vgl. Mosher, „advertising“, S. 16–18
[70] Vgl. Villa, „Light Beer“, S. 546–548
[71] Vgl. Thomas, „Non-alcoholic Beer“, S. 612–613

10.000 Jahre Bier
Versuch einer Bilanz

[1] Vgl. Bai/Huang/Rozelle/Boswell: „Beer Battles in China: The Struggle Over the World's Largest Beer Market“, S. 287–286
[2] Vgl. Colen/Swinnen, „Beer Drinking Nations. The Determinants of Global Beer Consumption“, S. 7
[3] Vgl. Deconinck, „From Vodka to Baltika: A Perfect Storm in the Russian Beer Market“, S. 287–307; Lincoln, „Russia“, S. 704–705

Literaturverzeichnis

Abbott, Patrick J., „American Indian and Alaska Native Aboriginal Use of Alcohol in the United States“, in: *American Indian and Alaska Native Mental Health Research*, Bd. 7, ²1996, S. 1–13.

Abel, Wilhelm, *Stufen der Ernährung. Eine historische Skizze*, Göttingen 1981.

Abel, Wilhelm, „Wandlungen des Fleischverbrauchs und der Fleischversorgung in Deutschland seit dem ausgehenden Mittelalter“, in: *Berichte über die Landwirtschaft*, Bd. 22, 1937, S. 411–452.

Accum, Friedrich, *Über die Verfälschung der Nahrungsmittel und von den Küchengiften, oder von den betrügerischen Verfälschungen des Brodes, Bieres, Weins, der Liqueurs, des Thees, Kaffees, Milchrahms, Confekts, Essigs, Senfs, Pfeffers, Käse, Olivenöls, der eingelegten Gemüse und Früchte und anderer in der Haushaltung gebräuchlichen Artikel, und von den Mitteln, dieselben zu entdecken*, nach der zweiten Ausgabe aus dem Englischen übersetzt von L. Cerutti und mit einer Einleitung versehen von C. G. Kühn, Leipzig 1822.

Acitelli, Tom, *The Audacity of Hops: The History of America's Craft Beer Revolution*, Chicago 2013.

Agstner, Rudolf/Samsinger, Elmar (Hg.), *Österreich in Istanbul. K. (u.) K. Präsenz im Osmanischen Reich*, Wien/Münster 2010.

Aischylos, *Die Schutzflehenden*. Übersetzung nach: Griechische Tragiker. Aischylos, Sophokles, Euripides, Stuttgart/Hamburg 1961.

Albrow, Martin, *Das globale Zeitalter*, Frankfurt 2007.

Allred, Lance, *Beer and Women in Mesopotamia* (Onlineausgabe).

Ambrosius, Gerald: Von Kriegswirtschaft zu Kriegswirtschaft. In: Michael North (Hg.): *Deutsche Wirtschaftsgeschichte. Ein Jahrtausend im Überblick*, München 2000, S. 282–350.

Andersen, Arne: *Der Traum vom guten Leben*, Frankfurt/New York 1997.

Ankermüller, Christine, *Hopfenbau in Altbayern. Studien zur herrschaftlich-staatlichen und privaten, praktischen und theoretischen Einflußnahme auf den Hopfenbau in Altbayern von Kurfürst Max III. Joseph bis zum Tode von König Max I. (1745–1825)*, München 1996.

„Arbeitsgemeinschaft Verbrauchs- und Medienanalyse. (n. d.). Ranking der beliebtesten Biersorten in Deutschland (Konsum mindestens mehrmals im Monat) in Deutschland in den Jahren 2013 und 2014“, in: *Statista – Das Statistik-Portal* (Onlineausgabe).

Archenholz, Johann Wilhelm von, *England und Italien*, 3. Theil, Leipzig 1787.

Arndt, Johannes, *Der Dreißigjährige Krieg 1618–1648*, Stuttgart 2009.

Assmann, Jan, *Ma'at. Gerechtigkeit und Unsterblichkeit im Alten Ägypten*, München 1995.

Assmann, Jan, *Tod und Jenseits im Alten Ägypten*, München 2003.

Aurifaber, Johann, *Colloquia Oder Tischreden Doct. Mart: Luthers / So er in vielen Jaren/gegen Gelarten leuten/auch frembden Gesten/vnd seinen Tischgesellen geführet/Nach den Heubtstücken vnserer Christlichen Lere/zusammen getragen/Und itzt Auffs newe Corrigieret*, Eisleben (?) 1570.

Bai, Junfei/Huang Jikun/Rozelle Scott/Boswell Matt, „Beer Battles in China: The Struggle Over the World's Largest Beer Market", in: Swinnen, Johan F. M. (Hg.), *The Economics of Beer*, Oxford 2011, S. 287–296.

Bamford, Samuel, „Early Days [1848]", in: H. Dunkley (Hg.), *Bamford's Passages in the Life of a Radical and Early Days in Two Volumes*, Vol. 1., London 1893.

Bamforth, Charles, „Beer: A proud past and a promising future", in: *The Brewer International*, 1(2), 2001, S. 26–29.

Barth, Heinrich J., u. a., *Der große Hopfenatlas: Geschichte und Geographie einer Kulturpflanze*, Nürnberg 1994.

Bautz, Friedrich Wilhelm, „Arnulf, Bischof von Metz, Heiliger", in: *Biographisch-Bibliographisches Kirchenlexikon*, Bd. 1, Hamm 1975, S. 246–247.

Bayerische Biergartenverordnung vom 20. April 1999 (GVBl S. 142).

Bayerisches Brauer-Journal, Zeitschrift für Brauerei und Mälzerei: amtliches Organ der vom Bayerischen Staate unterstützten Versuchsanstalt für Bierbrauerei zu Nürnberg, Bd. 10, Nürnberg 1900.

British Beer and Pub Association: *Statistical Handbook*, London 2003.

Beck, Ulrich, „Das Zeitalter der Nebenfolgen und die Politisierung der Moderne", in: Beck, Ulrich/Giddens, Anthony/Lash, Scott, *Reflexive Modernisierung. Eine Kontroverse*, Frankfurt/M. 1996, S. 19–112.

Behringer, Wolfgang, „Hexenverfolgungen im Spiegel zeitgenössischer Publizistik. Die ‚Erweytterte Unholden Zeytung' von 1590", in: *Oberbayerisches Archiv 109/2*, 1984, S. 339–360.

Behringer, Wolfgang, *Löwenbräu. Von den Anfängen des Münchner Brauwesens bis zur Gegenwart*, München 1991.

Behringer, Wolfgang, „Bier", in: *Enzyklopädie der Neuzeit, Bd. 2*, Stuttgart/Weimar 2005, Sp. 182–190.

Behringer, Wolfgang, *Kulturgeschichte des Klimas. Von der Eiszeit bis zur globalen Erwärmung*, München 2008.

Bengtson, Hermann, *Griechische Geschichte. Von den Anfängen bis in die Römische Kaiserzeit*, München 2009.

Bennett, Judith M., *Ale, Beer, and Brewsters in England. Women's Work in a Changing World, 1300–1600*, Oxford 1990.

Bernard, de Gilles, *L'aventure des bastides du Sud-ouest*, Toulouse 1993.

Bernhard, Marianne, *Das Biedermeier. Kultur zwischen Wiener Kongress und Märzrevolution*, Düsseldorf 1983.

Beschwerdebrief von Prehotep an seinen Vorgesetzten, den Sekretär der Stätten der Maat (Gräberverwaltung) Kenhischapschaf. Ostrakon aus Deir el-Medinah (oDM 303), 19. Dynastie, um 1200 v. Chr.

Biendl, Martin/Pinzl, Christoph, *Arzneipflanze Hopfen. Anwendungen, Wirkungen, Geschichte*, Wolnzach 2007.

Biendl, Martin/Pinzl, Christoph, *Arzneipflanze Hopfen. Anwendungen, Wirkungen, Geschichte*, Wolnzach ²2013.

Binding, Günther, *Deutsche Königspfalzen. Von Karl dem Großen bis Friedrich II. (765–1240)*, Darmstadt 1996.

Bitsch, Irmgard, „Gesundheitsschädigung und Täuschung im mittelalterlichen Lebensmittelverkehr", in: Bitsch, Irmgard u. a. (Hg.), *Essen und Trinken in Mittelalter und Neuzeit*, Sigmaringen 1987, S. 191–200.

Blanckenburg, Christine von, *Die Hanse und ihr Bier. Brauwesen und Bierhandel im hansischen Verkehrsgebiet*. Köln u. a. 2001.

Blanke, Fritz, „Reformation und Alkoholismus", in: *Zwingliana 9/2*, 1949, S. 75–89.

Blocker, Jack S./Fahey, David M./Tyrell, Ian (Hg.), *Alcohol and Temperance in Modern History: An International Encyclopedia*, Bd. 1. Oxford u. a. 2003.

Blüml, Susanne, „Filling", in: *Eßlinger, Hans Michael, Handbook of Brewing: Processes, Technology, Markets*, Weinheim 2009, S. 275–320.

Bock, Gisela, *Frauen in der europäischen Geschichte. Vom Mittelalter bis zur Gegenwart*, München 2005.

Bommas, Martin, *Das alte Ägypten*, Darmstadt 2012.

Bonnet, Hans, „Maat", in: *Reallexikon der ägyptischen Religionsgeschichte*, Frankfurt, New York ³2000, S. 430–434.

Booth, David, *The Art Of Brewing*, London 1834 [1829].

Borger, Rylke, *Der Codex Hammurapi: Texte aus der Umwelt des Alten Testaments*, Bd. I, Gütersloh 1982–1985.

Boston, Richard, *Beer And Skittles*, London 1976.

Braidwood Robert J. u. a., „Did Man once live on Beer alone?", in: *American Anthropologist*, 1953, S. 515–526.

Brändli, Sabina: „Sie rauchen wie ein Mann, Madame". Zur Ikonographie der rauchenden Frau im 19. und 20. Jahrhundert, in: Thomas Hengartner, Christoph Maria Merki (Hg.), *Tabakfragen. Rauchen aus kulturwissenschaftlicher Sicht*, Zürich 1996, S. 83–109.

„Brewing", in: *Dictionary of Daily Life of Indians of the Americas A–Z*, Bd. 1, Newport Beach 1981, S. 276–278.

Bridenthal, Renate, Grossmann, Atina, Kaplan, Marion (Hg.): *When Biology became Destiny. Women in Weimar and Nazi Germany*, New York 1984.

Briefe eines reisenden Franzosen über Deutschland an seinen Bruder in Paris, übers. v. Kaspar Riesbeck, Zweyter Band, ²1784, abgedruckt in: Bayer, Josef, *Köln um die Wende des 18. und 19. Jahrhunderts*, Köln 1912.
Brock, Ditmar, *Leben in Gesellschaften: Von den Ursprüngen bis zu den alten Hochkulturen*, Wiesbaden 2006.
Brombacher, Christoph u.a., „Mittelalterliche Kulturpflanzen aus der Schweiz und Liechtenstein. Eine Übersicht der archäobotanischen Nachweise", in: Boe, Guy de/Verhaeghe, Frans (Hg.), *Environment and Subsistence in Medieval Europe*, Zellik 1997, S. 95–111.
Brooks, Jay, „Anchor", in: Oliver, Garrett (Hg.), *The Oxford Companion to Beer*, Oxford 2012, S. 51–52.
Brown, Pete, „In Britain Beer Is More Than Just A Drink", in: *The Guardian*, 22. März 2013.
Brown, Pete, „India Pale Ale", in: Oliver, Garrett (Hg.), *The Oxford Companion to Beer*, Oxford 2012, S. 482–486.
Brown, Pete, „Prohibition", in: Oliver, Garrett (Hg.), *The Oxford Companion to Beer*, Oxford 2012, S. 666–671.
Brühl-Cramer, Carl von, *Ueber die Trunksucht und eine rationelle Heilmethode derselben*, Berlin 1819.
Buchner, Rudolf, *Gregor von Tours. Zehn Bücher Geschichten, Bd. 1: Buch 1–5* (Ausgewählte Quellen zur deutschen Geschichte des Mittelalters 2), Darmstadt 1959.
Bückle, Jörg, „Labeling", in: Eßlinger, Hans Michael, *Handbook of Brewing: Processes, Technology, Markets*, Weinheim 2009, S. 321–338.
Caesar, Gaius Julius, *De Bello Callico / Der Gallische Krieg*, herausgegeben und übersetzt von Marieluise Deißmann, Stuttgart 2010.
Casey, Troy R./Bamforth, Charles W., „Silicon in beer and brewing", in: *Journal of the Science of Food and Agriculture*, 90/5, 2010, S. 784–788.
Clark, Peter, *The English Alehouse. A social history 1200–1830*, London u.a. 1983.
Clauss, Manfred, *Das Alte Ägypten*, Berlin 2001.
Clemens, Lukas, *Trier - Eine Weinstadt im Mittelalter*, Trier 1993.
Colen, Liesbeth/Swinnen, Johan, „Beer Drinking Nations. The Determinants of Global Beer Consumption", in: *American Association of Wine Economists (AAWE) Working Paper, 79*, 2011, S. 1–39.
Collinson, Paul/Macbeth, Helen, „The Thirst for Tradition: Beer Production and Consumption in the United Kingdom", in: Schiefenhövel, Wulf/Macbeth, Helen (Hg.), *Liquid Bread. Beer and Brewing in Cross-Cultural Perspective*, New York/Oxford 2011, S. 89–100.
Comet, Georges, „Die Vorherrschaft des Getreides – Landschaft und Ackergeräte", in: Rippmann, Dorothee/Neumeister-Taroni, Brigitta (Hg.),

Gesellschaft und Ernährung um 1000. Eine Archäologie des Essens, Vevey 2000, S. 156–167.

Corni, Gustavo, Gies, Horst: *Brot, Butter, Kanonen. Die Ernährungswirtschaft in Deutschland unter der Diktatur Hitlers*, Berlin 1997.

Costanzo, Simona/Castelnuovo, Augusto Di/Donati, Maris Benedetta/et. al., „Wine, beer or spirit drinking in relation to fatal and non-fatal cardiovascular events: a meta-analysis", in: *European Journal of Epidemiology*, 26/11, November 2011, S. 833–850.

Dabove, Lorenzo, „Italy", in: *The Oxford Companion of Beer*, Oxford/New York 2012, S. 498–500.

Dallmeier, Martin (Hg.), *Die Lebensverhältnisse der mittleren Oberpfalz um 1860: Die Stadt Amberg und das Landgericht Amberg in den bayerischen Physikatsberichten*, Kallmünz, 2010.

Damerow, Peter, „Sumerian Beer: The Origins of Brewing Technology in Ancient Mesopotamia", in: *Cuneiform Digital Library Journal*, 2012, 2 (Onlineausgabe).

Darby, Henry Clifford, *Greece: Economic geography, ports, and communications*. East Lansing 1945.

Deconinck, Koen, „From Vodka to Baltika: A Perfect Storm in the Russian Beer Market", in: Swinnen, J. F. M. (Hg.), *The Economics of Beer*, Oxford 2011, S. 287–307.

Della Reese, Esther, „Beer, Corn and Maple", in: *The Oxford Encyclopedia of Food and Drink in America*, Bd. 2, Oxford ²2004, S. 153.

Denecke, Arthur, *Beiträge zur Entwicklungsgeschichte des gesellschaftlichen Anstandsgefühls in Deutschland*, Dresden 1891.

Diel, Alfred, „Johann Georg Fix. Griechenland 1854 mit bayerischem Bier erobert", in: Arbeitsgemeinschaft für Heimatforschung und Heimatpflege Kahlgrund e. V., Sitz Alzenau (Hg.): *Unser Kahlgrund 2004. Heimatjahrbuch für den ehemaligen Landkreis Alzenau*. 49. Jahrgang, Karlstein/Main 2004, S. 8.

Dillinger, Johannes, *Hexen und Magie. Eine historische Einführung*, Frankfurt/New York 2007.

Dinzelbacher, Peter, *Europa im Hochmittelalter 1050–1250. Eine Kultur- und Mentalitätsgeschichte*, Darmstadt 2003.

Diodoros, *Griechische Weltgeschichte*. Gesamtausgabe. Buch 1–10, Teil 1 (Buch 1–3), übersetzt v. G. Wirth, eingeleitet u. kommentiert v. Th. Nothers, Stuttgart 1992.

Diplomatum regum et imperatorum Germaniae 2: Ottonis II. et III. diplomata (Monumenta Germaniae Historica), hg. von Theodor Sickel, Hannover 1893.

Dirlmeier, Camilla/Sprigade, Klaus, „Jonas von Susa", in: *Quellen zur Geschichte der Alamannen, Bd. 3: Von Marius von Avenches bis Paulus Diaconus*

(Kommission für Alamannische Altertumskunde 5), Sigmaringen 1979, S. 19–22.

Dorsch, Anton-Joseph, *Statistique du Département de la Roer*, Köln 1804.

dpa, „Beck's-Brauer AB Inbev zurrt Milliardenangebot für SABMiller fest", in: Süddeutsche Zeitung, 11. November 2015.

Drescher, Karl (Hg.), *Martin Luthers Werke. Kritische Gesamtausgabe, Bd. 51*, Weimar 1914.

Dubach, Manuel, *Trunkenheit im Alten Testament: Begrifflichkeit – Zeugnisse – Wertung*. Stuttgart 2009.

Duby, Georges/Perrot, Michelle, *Geschichte der Frauen*, Bd. 3: Frühe Neuzeit, hg. von Arlette Farge, Natalie Zemon Davies, Frankfurt a. M./New York 1994.

Eckstein, Franz, „Bier", in: Bächthold-Stäubli, Hanns/Hoffmann-Krayer, Eduard, *Handwörterbuch des deutschen Aberglaubens*, Bd. 1, Berlin/New York [3]2000, Sp. 1255–1282.

Eickhoff, Ekkehard, *Kaiser Otto III. Die erste Jahrtausendwende und die Entfaltung Europas*, Stuttgart 1999.

Eiken, Jens, „Denmark", in: Oliver, Garrett (Hg.), *The Oxford Companion to Beer*, Oxford 2012, S. 284–285.

Einhardus, *Vita Karoli Magni. Das Leben Karls des Großen*, übersetzt von Evelyn Scherabon Firchow, Stuttgart 1995.

Ekelin, Svante, „Sweden", in: Oliver, Garrett (Hg.), *The Oxford Companion to Beer*, Oxford 2012, S. 777–779.

Embach, Michael, „Die Schriften Hildegards von Bingen. Studien zu ihrer Überlieferung und Rezeption im Mittelalter und in der Frühen Neuzeit", Berlin 2003.

Engelhardt, Dirk, *Cervezas Moritz. Deutsches Bier für Barcelona* (Onlineausgabe).

Engels, Friedrich, „Die Lage der arbeitenden Klasse in England", Leipzig 1845, Neuedition in: *Karl Marx, Friedrich Engels. Werke*, Bd. 2, Berlin (Ost) 1957.

Ennen, Edith, *Die europäische Stadt des Mittelalters*, Göttingen 1987.

Erdkamp, Paul, „Introduction: Food and Commensality in the Ancient Near East", in: *A Cultural History of Food in Antiquity*, Bd. 1, London/New York 2012, S. 1–5.

Eßlinger, Hans Michael, „Fermentation, Maturation and Storage", in: Eßlinger, Hans Michael, *Handbook of Brewing: Processes, Technology, Markets*, Weinheim 2009.

Eßlinger, Hans Michael, *Handbook of Brewing: Processes, Technology, Markets*, Weinheim 2009, S 207–224.

Ethophilius, Neues wohleingerichtetes Complementier- und Sittenbuch, 6. Auflage Leipzig/Nordhausen 1762.

Evans, Jeff, „Labels“, in: Oliver, Garrett, *The Oxford Companion to Beer*, Oxford 2012, S. 528.

Falck, Martin von u. a., *Das Leben am Nil und der Alltag im Alten Ägypten*, Darmstadt 2011.

Farber-Flügge, Getrude, *Der Mythos ‚Inanna und Enki‘ unter besonderer Berücksichtigung der Liste der m e*, Rom 1973.

Fergus, Kelly, *A Guide to Early Irish Law* (Early Irish Law Series 3), Dublin 1988.

Ferraro, Pietro M./Taylor, Eric N./Gambaro, Giovanni/et. al., „Soda and Other Beverages and the Risk of Kidney Stone“, in: *Clinical Journal of the American Society of Nephrology*, Vol. 8, 2013, S. 1–7.

Fischer, Gert/Herborn, Wolfgang, „Geschichte des rheinischen Brauwesens“, in: Fischer, Gert u. a. (Hg.), *Bierbrauen im Rheinland*, Köln 1985, S. 9–118.

Foster, Terry, „English Pale Ale“, in: Oliver, Garrett (Hg.), *The Oxford Companion to Beer*, Oxford 2012, S. 324–325.

Fourace, Paul u. a. (Hg.), *The New Cambridge Medieval History*, 3 Bde., Cambridge 1995–2005.

Frahm, Eckart, *Geschichte des alten Mesopotamien*, Stuttgart 2013.

Freytag, Nils/Petzold, Dominik, *Das „lange“ 19. Jahrhundert. Alte Fragen und neue Perspektiven*, München 2007.

Friedman, David, *Florentine New Towns: Urban Design in the Late Middle Ages*, Cambridge u. a. 1988.

Fürth, H. A. Freiherr von (Hg.), *Beiträge zur Geschichte der Aachener Patrizier-Familien*, Bd. 3, Bonn 1890.

Geary, Patrick J., *Die Merowinger. Europa vor Karl dem Großen*, München ²2004.

Gechter, Marianne, *Kirche und Klerus in der stadtkölnischen Wirtschaft im Spätmittelalter*, Wiesbaden 1983.

Gelfert, Hans-Dieter, *Kleine Kulturgeschichte Großbritanniens. Von Stonehenge bis zum Millennium Dome*, München 1999.

Geller, Jeremy, *From Prehistory to History: Beer in Egypt*, in: Friedman, R./Adams, B. (Hg.), *The Followers of Horus*, Oxford 1992, S. 19–26.

Gerlach, Christian: *Krieg, Ernährung, Völkermord, Forschungen zur deutschen Vernichtungspolitik*, Hamburg 1988.

Geyikdagi, V. Necla, *Foreign Investment in the Ottoman Empire: International Trade and Trade Relations 1854–1914*, London/New York 2011.

Ghalioungi, P., „Fermented Beverages in Antiquity“, in: Gastineau, C. F./Darby, W. J./Turner, T. B. (Hg.): *Fermented Food Beverages in Nutrition*, London 1979, S. 3–19.

Gietl, Sebastian, „Fleischkonsum zwischen Ethnizität und Ethik – Das Beispiel Istanbul“, in: Hirschfelder, Gunther u. a. (Hg.), *Was der Mensch essen darf. Ökonomischer Zwang, ökologisches Gewissen und globale Konflikte*, Wiesbaden 2015, S. 291–308.

Glover, Brian, *Brewing for Victory: Brewers, Beers and Pubs in World War II.*, Cambridge 1995.

Glover, Brian, „Mild“, in: Oliver, Garrett (Hg.), *The Oxford Companion to Beer*, Oxford 2012, S. 587–588.

Glover, Brian, *The Lost Beers & Breweries of Britain*, E-Book, Gloucestershire 2013.

Grabmayer, Johannes, *Europa im späten Mittelalter 1250–1500. Eine Kultur- und Mentalitätsgeschichte*, Darmstadt 2004.

Gustafsson, Berndt, „Abstinenz/Abstinenzbewegungen“, in: *Theologische Realenzyklopädie*, Bd. 1, Berlin/New York 1977, S. 392–398.

Hackel-Stehr, Karin, *Das Brauwesen in Bayern vom 14. bis 16. Jahrhundert, insbesondere die Entstehung und Entwicklung des Reinheitsgebotes (1516)*, Berlin 1987.

Hackel-Stehr, Karin, „Zur Geschichte des Reinheitsgebotes für Bier“, in: *Brauwelt 52*, 1988, S. 2448–2472.

Hardt, Michael/Negri, Antonio, *Empire. Die Neue Weltordnung*, Frankfurt/New York 2003.

Hardt, Michael/Negri, Antonio: *Multitude. Krieg und Demokratie im Empire*, Frankfurt/New York 2004.

Hardtwig, Wolfgang/Wehler, Hans-Ulrich (Hg.), *Kulturgeschichte heute*, Göttingen 1996.

Hartmann von Aue: *Iwein*. Mittelhochdeutsch/Neuhochdeutsch, herausgegeben und übersetzt von Rüdiger Krohn, Stuttgart 2011.

Hartmann von Aue: *Iwein*. Übersetzung von Thomas Cramer. Berlin/New York 2001.

Hartmann Wilfried, *Der Investiturstreit*, München 1996.

Hartmann, Wilfried, *Bischof Burchard von Worms 1000–1025* (Quellen und Abhandlungen zur mittelrheinischen Kirchengeschichte 100), Mainz 2000.

Harwich, Nikita, *Histoire du chocolat*, Paris 1992.

Hayden, Brian u. a., „What was Brewing in the Natufian? An Archaeological Assessment of Brewing Technology in the Epipaleolithic“, in: *Journal of Archaeological Method and Theory 20* (2013), S. 102–150.

Heckendorn, Heinrich, *Wandel des Anstands im französischen und deutschen Sprachgebiet*, Bern 1970.

Heege, Andreas/Roth Heege, Eva, *Einbeck im Mittelalter. Eine archäologisch historische Spurensuche* (Studien zur Einbecker Geschichte Bd. 17), Oldenburg 2002.

Heimeran, Ernst, *Archilochus: Griechisch und Deutsch*, München 1959.

Heimerdinger, Timo, „Schmackhafte Symbole und alltägliche Notwendigkeit. Zu Stand und Perspektiven volkskundlicher Nahrungsforschung“, in: *Zeitschrift für Volkskunde* 101/2005, S. 205–218.

Hemgesberg, Hanspeter, *Natürlich gesund mit Hopfen. Eine uralte Zier-, Kultur-, Nutz-, und Heilpflanze mit zunehmender Bedeutung*, Miesbach 2013.

Herborn, Wolfgang, „Bierbrauen im Mittelalter", in: Lindgren, Uta (Hg.), *Europäische Technik im Mittelalter. 800 bis 1200. Tradition und Innovation. Ein Handbuch*, Berlin 1996, S. 451–456.

Herborn, Wolfgang, „Das Lachen im 16. Jahrhundert. Die Chronik des Hermann von Weinsberg als Quelle für eine Gemütsäußerung", in: *Rheinisch-westfälische Zeitschrift für Volkskunde 40*, 1995, S. 9–30.

Hermann, Benedikt Franz Johann, *Statistische Schilderung von Rußland, in Rücksicht auf Bevölkerung, Landesbeschaffenheit, Naturprodukte, Landwirthschaft, Bergbau, Manufakturen und Handel*, St. Petersburg, Leipzig 1790.

Herodot, *Neun Bücher der Geschichte*, nach der Übersetzung von H. Stein bearbeitet und ergänzt von W. Stammler, Essen 1984.

Hersfeld, Lambert von, *Annalen*, neu übers. von Adolf Schmidt, erläutert von Dietrich Fritze, Darmstadt 1957.

Heseker, Helmut, „Silizium: Vorkommen, Funktionen, physiologische und gesundheitliche Aspekte", in: *Ernährungs-Umschau 49/2*, 2002, S. 64–65.

Higounet, Charles, *Die deutsche Ostsiedlung im Mittelalter*, Berlin 1990.

Hindy, Steve, „The United States", in: Oliver, Garrett, *The Oxford Companion to Beer*, Oxford 2012, S. 808–811.

Hirschfelder, Gunther, „Bemerkungen zu Stand und Aufgaben volkskundlich-historischer Alkoholforschung der Neuzeit", in: *Rheinisch-westfälische Zeitschrift für Volkskunde 39*, 1994, S. 87–127.

Hirschfelder, Gunther, „Das Wassertrinken. Prolegomena zu einer Kulturgeschichte", in: *Archiv für Kulturgeschichte* 80/2, 1998, S. 325–350.

Hirschfelder, Gunther, „Fruchtwein und Schnaps, Bürgertochter und Fabrikmädchen. Weiblicher Alkoholkonsum als Indikator des Rollenverständnisses an der Schwelle zum Industriezeitalter", in: Köhle-Hezinger, Christel u. a. (Hg.), *Männlich. Weiblich. Zur Bedeutung der Kategorie Geschlecht in der Kultur*, Münster u. a. 1999, S. 282–294.

Hirschfelder, Gunther, „Women's Drinking Usages on the Eve of the Industrial Revolution: The Example of Manchester", in: Hietala, Marjatta/Nilsson, Lars (Hg.), *Women in Towns. The Social Position of European Urban Women in a Historical Context*, Helsinki/Stockholm 1999, S. 62–88.

Hirschfelder, Gunther, „Zwischen Öffentlichkeit und Privatsphäre. Bemerkungen zum Kölner Gastgewerbe in der Frühen Neuzeit", in: Mölich, Georg/Schwerhoff, Gerd, *Köln als Kommunikationszentrum. Studien zur frühneuzeitlichen Stadtgeschichte (Der Riss im Himmel. Clemens August und seine Epoche, Bd. 4)*, Köln 2000, S. 321–336.

Hirschfelder, Gunther, *Europäische Esskultur. Geschichte der Ernährung von der Steinzeit bis heute*, Frankfurt am Main 2001.

Hirschfelder, Gunther, *Alkoholkonsum am Beginn des Industriezeitalters (1700–1850). Vergleichende Studien zum gesellschaftlichen und kulturellen Wandel*, Bd. 1: Die Region Manchester, Köln u. a. 2003.

Hirschfelder, Gunther, „Nicht daheim und doch zu Hause. Das Gasthaus der Vor- und Frühmoderne im Spannungsfeld von Privatsphäre und öffentlichem Raum", in: May, Herbert/ Schilz, Andrea (Hg.), *Gasthäuser. Geschichte und Kultur (Arbeit und Leben auf dem Lande, Bd. 9)*, Bad Windsheim 2004, S. 155–164.

Hirschfelder, Gunther, *Alkoholkonsum am Beginn des Industriezeitalters (1700–1850). Vergleichende Studien zum gesellschaftlichen und kulturellen Wandel*, Bd. 2: Die Region Aachen, Köln u. a. 2004.

Hirschfelder, Gunther, „Rausch und Sucht in der Vormoderne. Zwischen kulturellem Zwang und individueller Freiheit", in: Matthiesen, Stephan/Rosenzweig, Rainer (Hg.), *Von Sinnen. Traum und Trance, Rausch und Rage aus der Sicht der Hirnforschung*, Paderborn 2007, S. 195–218.

Hirschfelder, Gunther, „Extreme Wetterereignisse und Klimawandel als Perspektive kulturwissenschaftlicher Forschung", in: *Österreichische Zeitschrift für Volkskunde 112/2*, 2009, S. 5–25.

Hirschfelder, Gunther, „Europäischer Alltag im Fokus der Kulturanthropologie/Volkskunde", in: Stephan Conermann (Hg.), *Was ist Kulturwissenschaft? Zehn Antworten aus den „Kleinen Fächern"*, Bielefeld 2012, S. 135–173.

Hirschfelder, Gunther, „Das Bild unserer Lebensmittel zwischen Inszenierung, Illusion und Realität", in: Stefan Leible (Hg.). *Lebensmittel zwischen Illusion und Wirklichkeit*, Schriften zum Lebensmittelrecht, Bd. 30, Bayreuth 2014, S. 7–34.

Hirschfelder, Gunther/Trummer, Manuel, „Essen und Trinken", in: Leibniz-Institut für Europäische Geschichte (IEG) (Hg.), *Europäische Geschichte Online (EGO)*, Mainz 2013.

Hirschfelder, Gunther/Winterberg, Lars, „… weil man das Wasser trinken kann? Aspekte kultureller Wertigkeit und sozialer Distinktion", in: Hirschfelder, Gunther/Ploeger, Angelika (Hg.), *Purer Genuss? Wasser als Getränk, Ware und Kulturgut*, Frankfurt am Main/New York 2009, S. 109–131.

Hölbl, Günther, *Geschichte des Ptolemäerreiches. Politik, Ideologie und religiöse Kultur von Alexander dem Großen bis zur römischen Eroberung*, Darmstadt 2004.

Hopf, Maria/Wiegelmann, Günter, „Bier", in: Hoops, Johannes (Hg.), *Reallexikon der Germanischen Altertumskunde*. Bd. 2, Berlin/New York ^{2}1976, S. 530–537.

Hornsey, Ian Spencer, *A History of Beer and Brewing*, Cambridge 2003.

Hornung, Erik, *Grundzüge der ägyptischen Geschichte*, Darmstadt ^{7}2011.

Houtte, Jan A. van, „Europäische Wirtschaft und Gesellschaft von den großen Wanderungen bis zum Schwarzen Tod“, in: Ders. (Hg.), *Europäische Wirtschafts- und Sozialgeschichte im Mittelalter (Handbuch der europäischen Wirtschafts- und Sozialgeschichte 2)*, Stuttgart 1980, S. 1–150.

Hrouda, Barthel: *Mesopotamien. Die antiken Kulturen zwischen Euphrat und Tigris*, München 2002.

Hughes, David, *„A Bottle of Guinness Please“: The Colourful History of Guinness*, Wokingham 2006.

Hupkens, Christianne u. a., *Alcohol consumption in the European Community: uniformity and diversity in drinking patterns*, in: *Addiction* 88/10, 1993, S. 1391–1404.

Iriye, Akira/Osterhammel, Jürgen (Hg.), *Geschichte der Welt 1870–1945. Weltmärkte und Weltkriege*, München 2012.

Irsigler, Franz, „‚Ind machden alle lant beirs voll‘. Zur Diffusion des Hopfenbierkonsums im westlichen Hanseraum“, in: Wiegelmann, Günter u. a. (Hg.), *Nahrung und Tischkultur im Hanseraum*, Münster u. a. 1996, S. 377–398.

Irsigler, Franz: „Über Stadtentwicklung: Beobachtungen am Beispiel von Ardes (1983)“, in: Henn, Voller et al. (Hg.), Miscellanae Franz Irsigler. Festgabe zum 65. Geburtstag, Trier 2006, S. 169–185.

Isenmann, Eberhard, *Die deutsche Stadt im Mittelalter 1150–1550. Stadtgestalt, Recht, Verfassung, Stadtregiment, Kirche, Gesellschaft, Wirtschaft*, Köln u. a. ²2014.

Jackson, Michael, *The World Guide to Beer*, New York 1977.

Jennings, Justin/Bowser, Brenda J.: *Drink, Power, and Society in the Andes*, Gainesville 2008.

Jennings, Justin u. a., „‚Drinking Beer in a blissful Mood‘. Alcohol Production, Operational Chains, and Feasting in the Ancient World“, in: *Current Anthropology 46/2* (2005), S. 275–303.

Joffe, Alexander H., „Alcohol and Social Complexity in Ancient Western Asia“, in: *Current Anthropology 39/3*, 1998, S. 297–322.

Kaiser, Reinhold, *Das römische Erbe und das Merowingerreich (Enzyklopädie deutscher Geschichte 26)*, München ²1997.

Kaiser, Reinhold, *Trunkenheit und Gewalt im Mittelalter*, Köln u. a. 2002.

Kaminsky, Annette, „‚Mehr produzieren, gerechter verteilen, besser leben‘. Konsumpolitik in der DDR“, in: *Aus Politik und Zeitgeschichte 28*, 1999, S. 12–20.

Kaplan, Marion A., *Geschichte des jüdischen Alltags in Deutschland: vom 17. Jahrhundert bis 1945*, München 2003.

Kappert, Hans: *Gemeinschaftsverpflegung im fünften Kriegsjahr*, o. O. 1944.

Katz, Solomon H., Maytag, Fritz, „Brewing an Ancient Beer“, in: *Archeology 44/4*, 1991, S. 24–27.

Kissmeyer, Anders, „Carlsberg Group“, in: Oliver, Garrett (Hg.), *The Oxford Companion to Beer*, Oxford 2012, S. 223–225.

Konen, Heinrich, „Bierhandel im römischen Kaiserreich. Einige Überlegungen zu Volumen, Reichweite und Bedeutung“, in: Edelmann-Singer, Babett/Konen, Heinrich (Hg.), *Salutationes. Beiträge zur alten Geschichte und ihrer Diskussion*, Berlin 2013, S. 187–206.

Konersmann, Frank, „Hopfen“. In: *Enzyklopädie der Neuzeit*, Bd. 5, Stuttgart 2007, Sp. 649.

Korff, Rüdiger, „Globale Integration und lokale Fragmentierung. Das Konfliktpotential von Globalisierungsprozessen“, in: Clausen, Lars (Hg.), *Gesellschaften im Umbruch. Verhandlungen des 27. Kongresses der DGS*, Frankfurt am Main 1996, S. 309–323.

Köse, Yavuz, *Westlicher Konsum am Bosporus. Warenhäuser, Nestlé und Co. im späten Osmanischen Reich*, München 2010.

Krasvov, Ivan, „Alcohol, Consumption of (Russia)“, in: *Alcohol and Temperance in Modern History. An International Encyclopedia*, Bd. 1, Santa Barbara 2003, S. 13–16.

Kreisz, Stefan, „Malting“, in: Eßlinger, Hans Michael, *Handbook of Brewing: Processes, Technology, Markets*, Weinheim 2009, S. 147–164.

Krottenthaler, Martin/Back, Werner/Zarnkow, Martin, „Wort Production“, in: Eßlinger, Hans Michael, *Handbook of Brewing: Processes, Technology, Markets*, Weinheim 2009, S. 165–206.

Krottenthaler, Martin/Glas, Karl, „Brew Water“, in: Eßlinger, Hans Michael, *Handbook of Brewing: Processes, Technology, Markets*, Weinheim 2009, S. 105–118.

Krottenthaler, Martin, „Hops“, in: Eßlinger, Hans Michael, *Handbook of Brewing: Processes, Technology, Markets*, Weinheim 2009, S. 85–104.

Kubisch, Sabine, *Das alte Ägypten*, Stuttgart 2008.

Kümin, Beat/Tlusty, Ann B., *The World of the Tavern. Public Houses in Early Modern Europe*, Aldershot 2002.

La France, Peter, „Beer“, in: *The Oxford Encyclopedia of Food and Drink in America*, Bd. 2, Oxford ^{2}2004, S. 141–153.

Lampert, Thomas/Thamm, Michael, „Tabak-, Alkohol- und Drogenkonsum von Jugendlichen in Deutschland. Ergebnisse des Kinder- und Jugendgesundheitsurveys (KiGGS)“, in: *Bundesgesundheitsblatt – Gesundheitsforschung – Gesundheitsschutz 20*, 2007, S. 600–608.

Landsteiner, Erich, „Wenig Brot und saurer Wein. Kontinuität und Wandel in der zentraleuropäischen Ernährungskultur im letzten Drittel des 16. Jahrhunderts“, in: Wolfgang Behringer u. a. (Hg.), *Kulturelle Konsequenzen der ‚Kleinen Eiszeit‘* (Veröffentlichungen des Max-Planck-Instituts für Geschichte, Bd. 212), Göttingen 2005, S. 87–147.

Laturell, Volker D., *Volkskultur in München*, München 1997.

Legnaro, Aldo, „Alkoholkonsum und Verhaltenskontrolle – Bedeutungswandel zwischen Mittelalter und Neuzeit in Europa“, in: Völger, Gisela/Welck, Karin von (Hg.), *Rausch und Realität. Drogen im Kulturvergleich,* Bd. 1, Reinbek bei Hamburg 1982, S. 153–176.

Lewandowski, Norbert/Schmid, Gregor M., *Das Haus Wittelsbach. Die Familie, die Bayern erfand. Geschichte, Traditionen, Schicksale, Skandale,* München 2014.

Liebheit, C. F., *Polizeiverordnungen für die Stadt und den Regierungsbezirk Aachen,* Aachen 1865.

Liebig, Justus von, *Die Chemie in ihrer Anwendung auf Agricultur und Physiologie,* 1840, Verlag Vieweg Braunschweig (Digitalisat und Volltext im Deutschen Textarchiv), [5]1843.

Lietz, Peter, „Die Roh- und Zusatzstoffe in der Geschichte der Bierbereitung“, in: *Jahrbuch der Gesellschaft für Geschichte des Brauwesens e. V.,* 2004.

Lieven, Alexandra von, „Wein, Weib und Gesang – Rituale für die Gefährliche Göttin“, in: Metzner-Nebelsick, Carola (Hg.), *Rituale in der Vorgeschichte, Antike und Gegenwart,* Rahden/Westf. 2003, S. 47–55.

Lill, Tobias: „Braune Wiesn. Wie Hitler das Oktoberfest stahl“, in: SPIEGEL online, 25.09.2008.

Lincoln, Anda, „Russia“, in: Oliver, Garrett (Hg.), *The Oxford Companion to Beer,* Oxford 2012, S. 704–705.

Lindemann, Bernd, „Filtration and Stabilization“, in: Eßlinger, Hans Michael, *Handbook of Brewing: Processes, Technology, Markets,* Weinheim 2009, S. 225–234.

Lu, Bing/Solomon, Daniel H./Costenbader, Karen H./u. a., „Alcoholconsumption and Risk of Incident Rheumatoid Arthritis in Women: A prospective Study“, in: *Arthritis & Rheumatology,* 66/8, 2014, S. 1998–2005.

Lummel, Peter, „Erlebnisgastronomie um 1900. Das ‚Haus Vaterland‘ in Berlin“, in: Herbert May, Andrea Schilz (Hg.), *Gasthäuser. Geschichte und Kultur,* (Arbeit und Leben auf dem Lande, Bd. 9), Bad Windsheim 2004, S. 193–206.

MacCulloch, Diarmaid, *Die Reformation 1490–1700,* München 2008.

Mansfield, Stephen, *The Search For God and Guinness. A Biography of the Beer that changed the World,* Nashville 2009.

Margolina, Sonja, *Wodka – Trinken und Macht in Russland,* Berlin 2004.

Markowski, Phil, „France“, in: Oliver, Garrett (Hg.), *Oxford Companion to Beer,* Oxford 2011, S. 373–375.

Marquardt, Rosemarie, *Das höfische Fest im Spiegel der mittelhochdeutschen Dichtung 1140–1240,* Göppingen 1985.

Matheus, Michael, *Weinproduktion und Weinkonsum im Mittelalter,* Stuttgart 2004.

Maul, Stefan, *Das Gilgamesch-Epos,* neu übersetzt und kommentiert, München 2014.

Maurer, Michael, *Kulturgeschichte. Eine Einführung,* Stuttgart 2008.

Medina, Xavier, „Europe North and South, Beer and Wine: Some Reflections about Beer and Mediterranean Food", in: Schiefenhövel, Wulf/Macbeth, Helen (Hg.): *Liquid Bread. Beer And Brewing in Cross-Cultural Perspective,* New York/Oxford 2011, S. 71–79.

Menninger, Annerose, *Genuss im kulturellen Wandel. Tabak, Kaffee, Tee und Schokolade in Europa (16.–19. Jahrhundert),* Stuttgart 2008.

Merkel, Ina, *Utopie und Bedürfnis. Die Geschichte der Konsumkultur in der DDR,* Alltag & Kultur, Bd. 6, Köln u.a. 1999.

Meußdoerffer, Franz, *„A Comprehensive History Of Beer Brewing",* in: Eßlinger, Hans Michael, *Handbook of Brewing: Processes, Technology, Markets,* Weinheim 2009, S. 1–42.

Meußdoerffer, Franz/Zarnkow, Martin, *Das Bier. Eine Geschichte von Hopfen und Malz,* München 2014.

Meußdoerffer, Franz/Zarnkow, Martin, „Starchy Raw Materials", in: Eßlinger, Hans Michael, *Handbook of Brewing: Processes, Technology, Markets,* Weinheim 2009, S. 43–84.

Mittelman, Amy, „AB InBev", in: Fahey, John/Miller, Jon, *Alcohol and Drugs in North America: a historical Encyclopedia.* Santa Barbara 2013, S. 1–4.

Monckton, Herbert Anthony, *A History of the English Public House,* London u.a. 1969.

Montanari, Massimo, „Hungerleben", in: Rippmann, Dorothee/Neumeister-Taroni, Brigitta (Hg.), *Gesellschaft und Ernährung um 1000. Eine Archäologie des Essens,* Vevey 2000, S. 18–24.

Montanari, Massimo, *Der Hunger und der Überfluß. Kulturgeschichte der Ernährung in Europa,* München 1993.

Moraw, Peter, *Von offener Verfassung zu gestalteter Verdichtung. Das Reich im späten Mittelalter. 1250–1490,* Berlin 1985.

Morell, Mats/Myrdal, Janken, *The Agrarian History of Sweden. From 4000 BC to AD 2000,* Lund 2011.

Moshamm, Franz Xaver von, *Ueber das Bierbraurecht in Baiern,* Ingolstadt 1791.

Mosher, Randy, „Advertising", in: Oliver, Garrett, *The Oxford Companion to Beer,* Oxford 2012, S. 16–17.

Münch, Paul, *Das Jahrhundert des Zwiespalts. Deutsche Geschichte* 1600–1700, Stuttgart 1999.

Murray, M. A., „Cereal Production And Processing", in: Nicholson, P. T./ Shaw, I. (Hg.), *Ancient Egyptian materials and technology,* Cambridge 2000, S. 505–536.

Nasse, Friedrich, „Zur Therapie des Branntweinmißbrauchs“, in: *Rheinische Monatsschrift für praktische Ärzte 1851*, S. 621–643.

Nelson, Max, *The Barbarian's Beverage. A History Of Beer In Ancient Europe*, London/New York 2005.

Nicholls, James, „United Kingdom“, in: Martin, Scott C., *The SAGE Encyclopedia of Alcohol. Social, Cultural, and Historical Perspectives*, Volume 3, Los Angeles u. a. 2015, S. 1303–1308.

Noback, Christian/Noback, Friedrich, *Vollständiges Taschenbuch der Münz-, Maass- und Gewichts-Verhältnisse, der Staatspapiere, des Wechsel- und Bankwesens und der Usanzen aller Länder und Handelsplätze*, Bd. 1, Leipzig 1850.

Nösges, Nikolaus, „Das Prümer Urbar von 983/1222“, in: Nolden, Reiner (Hg.), *„anno verbi incarnati DCCCXCIII conscriptum“. Im Jahre des Herrn 893 geschrieben. 1100 Jahre Prümer Urbar. Festschrift im Auftrag des Geschichtsvereins „Prümer Land“ e. V.*, Trier 1993, S. 17–117.

Ofer, Bar-Yosef, „The Natufian culture in the Levant, threshold to the origins of agriculture“, in: *Evolutionary Anthropology* 6/5 (1998), S. 153–177.

Ogle, Maureen, *Ambitious Brew: the story of American beer*, Orlando 2006.

Oliver, Garrett, „Czech Republic“, in: Oliver, Garrett (Hg.), *The Oxford Companion to Beer*, Oxford 2012, S. 277–278.

Osterhammel, Jürgen, *Die Verwandlung der Welt. Eine Geschichte des 19. Jahrhunderts*, München 2009.

Ow, Josef von, *Aufzeichnungen eines Junkers am Hofe zu Athen*, nach seinem Tode herausgegeben von J. Bar, Band I., Wien/Leipzig 1854.

Paczensky, Gert von/Dünnebier, Anna, *Kulturgeschichte des Essens und Trinkens*, München 1999.

Papyrus Chester Beatty IV. EA10684,3, British Museum.

Parizkova, Jana/Vlkova, Martina, „Beer In The Czech Republic“, in: Schiefenhövel, Wulf/Macbeth, Helen (Hg.), *Liquid Bread. Beer And Brewing in Cross-Cultural Perspective*, New York/Oxford 2011, S. 101–110.

„Pars III auctore Hincmaro“, in: Waitz, G. (Hg.), *Scriptores rerum Germanicarum in usum scholarum 5: Annales Bertiniani (Monumenta Germaniae Historica)*, Hannover 1883.

Pauly, Michel, *Luxemburg im späten Mittelalter, Weinhandel und Weinkonsum*, Bd. 2, Luxembourg 1994.

Perlman, Francesca, „Drinking in transition: trends in alcohol consumption in Russia 1994–2004“, in: *BMC Public Health* 10, 2010 (Onlineausgabe).

Peyer, Hans Conrad (Hg.), *Gastfreundschaft, Taverne und Gasthaus im Mittelalter. Studien zur Gastlichkeit im Mittelalter*, München 1983.

Peyer, Hans Conrad, *Von der Gastfreundschaft zum Gasthaus. Studien zur Gastlichkeit im Mittelalter*, Hannover 1987.

Pfister, Christian, *Wetternachhersage: 500 Jahre Klimavariationen und Naturkatastrophen (1496–1995)*, Bern 1999.

Pinzl, Christoph, *Die Hopfenregion. Hopfenanbau in der Hallertau – eine Kulturgeschichte* (Schriftenreihe des deutschen Hopfenmuseums, Bd. 3), Wolznach 2002.

Pinzl, Friedrich, „Hopfenanbau", in: *Historisches Lexikon Bayerns* (Onlineausgabe).

Plinius Secundus d. Ä., *Naturkunde Lateinisch – Deutsch, Bücher XXI/XXII, Medizin und Pharmakologie: Heilmittel aus dem Pflanzenreich*, hg. v. Roderich König und Gerhard Winkler, Düsseldorf/Zürich 19992, S. 133–246.

Plümer, Erich, „Bier und Brauwesen", in: *Lexikon des Mittelalters*, Bd. 2, München/Stuttgart 1983, Sp. 135–140.

Poseidonios, zitiert nach Athenaios von Naukratis: *Deipnosophistai* 4,36.

Powell, Marvin A./Metron Ariston, „Measure as a tool for studying beer in ancient Mesopotamia", in: Milano, L. (Hg.), *Drinking in Ancient Societies, History and Culture of Drinks in the Ancient East*, Padua 1994, S. 91–119.

Proctor, Robert N., *The Nazi War on Cancer*, Princeton/N.J. 1999.

Protzner, Wolfgang (Hg.), *Vom Hungerwinter zum kulinarischen Schlaraffenland. Aspekte einer Kulturgeschichte des Essens in der Bundesrepublik* Deutschland, Wiesbaden 1987.

Pyörälä, Eeva, „Trends in alcohol consumption in Spain, Portugal, France and Italy from the 1950s to the 1980s", in: *British Journal of Addiction 85*, 1990, S. 469–477.

Randt, Erich, „Politische Geschichte von 1327–1526", in: *Geschichte Schlesiens*, Bd. 1, hg. von Historische Kommission für Schlesien, Sigmaringen 1988.

Ranke, Kurt, „Bier", in: *Enzyklopädie des Märchens*, Bd. 2, Berlin/New York 1999, Sp. 310.

Redford, Arthur/Stafford Russell, Ina, *The History of Local Government in Manchester*, Vol. 2, London u. a. 1940.

Riehl, Wilhelm-Heinrich, *Die Pfälzer. Ein rheinisches Volksbild*, Stuttgart/Augsburg 1857 [Erstveröffentlichung 1848].

Rippmann, Dorothee, „Vorspeise", in: Rippmann, Dorothee/Neumeister-Taroni, Brigitta (Hg.), *Gesellschaft und Ernährung um 1000*. Begleitband zur Ausstellung „Les mangeurs de l'an 1000" im Alimentarium, Musée de l'Alimentation, Vevey 2000, S. 8–16.

Robertson, Bev, „China", in: Oliver, Garrett (Hg.), *The Oxford Companion to Beer*, Oxford 2012, S. 244–246.

Roehrig, Catharine, „Life Along The Nile. Three Egyptians Of Ancient Thebes", in: *The Metropolitan Museum Of Art Bulletin*, Summer 2002, S. 5–73.

Röllig, Wolfgang, *Das Bier im Alten Mesopotamien*, Berlin 1970.

Röllig, Wolfgang, „Die Anfänge der Braukunst im Zweistromland", in: Ruprechtsberger, Erwin M., *Bier im Altertum. Ein Überblick* (Linzer archäologische Forschungen, Sonderheft VIII), Linz 1992, S. 9–14.

Romer, Hermann, „Privilegium immunitatis", in: *Lexikon des Mittelalters*, Bd. 7, München/Zürich 1995, Sp. 229–230.

Rorarbaugh, W. J., „Alcohol, Consumption of, by Indices (United States)", in: Blocker, Jack/Fahey, David/Tyrrell, Ian (Hg.), *Alcohol and Temperance in Modern History. An International Encyclopedia*, Bd. 1, Oxford u.a. 2003, S. 18–20.

Rösener, Werner, *Agrarwirtschaft, Agrarverfassung und ländliche Gesellschaft im Mittelalter (Enzyklopädie deutscher Geschichte 13)*, München 1992.

Rudhart, Ignatz, *Ueber den Zustand des Königreichs Bayern nach amtlichen Quellen*. Zweyter Band, Erlangen 1827.

Ruprechtsberger, Erwin, M., *Bier im Altertum. Ein Überblick*, Linz 1992.

Ruprechtsberger, Erwin M., „Wirtin, füll' die Flasche mit Bier! Bier in griechisch-römischer Zeit: Ein Überblick", in: Ruprechtsberger, Erwin M. (Hg.), *Bier im Altertum. Ein Überblick* (Linzer archäologische Forschungen, Sonderheft VIII), Linz 1992, S. 15–24.

Sallaberger, Walther, „Bierbrauen in Versen. Eine neue Edition und Interpretation der Ninkasi-Hymne", in: Mittermayer, Catherine/Ecklin, Sabine (Hg.), *Altorientalische Studien zu Ehren von Pascal Attinger*, Göttingen 2012.

Sallaberger, Walther, *Das Gilgamesch-Epos. Mythos, Werk und Tradition*, München 2008.

Sallaberger, Walther/Westenholz, Aage, *Mesopotamien: Akkade-Zeit und UR III-Zeit*, Freiburg/Göttingen 1999.

Samsinger, Elmar, „Vor allem bewundern wir an dem Türken die Menschenwürde." Aus einem Reisehandbuch des Österreichischen Lloyd - Orientreisen um 1900, in: Agstner, Rudolf/Samsinger, Elmar (Hg.): *Österreich in Istanbul. K.(u.)K. Präsenz im Osmanischen Reich*, Wien/Münster 2010, S. 299–331.

Samuel, Delwen/Bolt, Peter, „Rediscovering ancient Egyptian beer", in: *Brewers' Guardian 124*, Dezember 1995, S. 26–31.

Samuel, Delwen, „Brewing and Baking in Ancient Egyptian Art", in: Walker, Harlan (Hg.), *Food In The Arts. Proceedings Of The Oxford Symposium On Food And Cookery 1998*, Totnes 1999, S. 173–181.

Samuel, Delwen, „Brewing and Baking", in: Nicholson, P. T./Shaw, I. (Hg.), *Ancient Egyptian materials and technology*, Cambridge 2000, S. 537–576.

Samuel, Delwen, „Beer", in: Redford, Donald B. (Hg.), *The Oxford Encyclopedia Of Ancient Egypt*, Bd. 1., Oxford 2001, S. 171–172.

Saunders, Robert, „Czech Republic", in: Martin, Scott C., *The SAGE Encyclopedia of Alcohol. Social, Cultural, and Historical Perspectives*, Bd. 1, Los Angeles u.a. 2015, S. 447–448.

Saunders, Robert, „Russia". In: Martin, Scott C.: *The SAGE Encyclopedia of Alcohol. Social, Cultural, and Historical Perspectives*, Bd. 3, Los Angeles u. a. 2015, S. 1087–1092.

Schäder, Christian, *Münchner Brauindustrie 1871–1945. Die wirtschaftsgeschichtliche Entwicklung eines Industriezweiges*, Marburg 1999.

Schedl, Barbara, *Der Plan von St. Gallen. Ein Modell europäischer Klosterkultur*, Wien u. a. 2014.

Scheller, Benjamin, „Wikinger und Normannen", in: *Migrationen im Mittelalter. Ein Handbuch*, hg. von Michael Borgolte, Berlin 2014, S. 209–217.

Schilderung der Stadt Aachen zum Unterrichte und zur Erbauung der Reisenden, der Spieler, der GeschichtSchreiber und der Philosophen. Aus dem Französischen übersetzt, Frankfurt am Main 1787.

Schröter, Harm G., „Von der Teilung zur Widervereinigung (1945–2000)", in: North, Michael (Hg.), *Deutsche Wirtschaftsgeschichte. Ein Jahrtausend im Überblick*, München 2000, S. 351–420.

Schuler, Thomas, „Gastlichkeit in karolingischen Benediktinerklöstern", in: Peyer, Hans Conrad (Hg.), *Gastfreundschaft, Taverne und Gasthaus im Mittelalter*, München 1983, S. 21–28.

Schulze, Winfried, *Ego-Dokumente. Annäherung an den Menschen in der Geschichte*, Berlin 1996.

Schwarz, Christina, *Die Landfrauenbewegung in Deutschland*, Mainz 1990.

Seidl, Conrad, „German Pilsner", in: Oliver, Garrett (Hg.), *The Oxford Companion to Beer*, Oxford 2012, S. 386–388.

Seidl, Conrad: „Helles", in: Oliver, Garrett (Hg.), *The Oxford Companion to Beer*, Oxford 2012, S. 429–431.

Shaw, Ian (Hg.), *The Oxford History of Ancient Egypt*, Oxford/New York 2004.

Simek, Rudolf, *Die Wikinger*, München [5]2009.

Snow, George, „Drinking and Drunkenness in Russia and the Soviet Union. A Review Essay", in: *Social History of Alcohol Review 17*, 1988, S. 7–15.

Sommer, Michael, *Römische Geschichte*, 2 Bde., Stuttgart 2013.

Sommer, Michael, *Wirtschaftsgeschichte der Antike*, München 2013.

Speckle, Birgit, *Streit ums Bier in Bayern. Wertvorstellungen um Reinheit, Gemeinschaft und Tradition*, Münster u. a. 2001.

Spiekermann, Uwe: Bruch mit der alten Ernährungslehre. Die Entdeckung der Vitamine und ihre Folgen. In: Internationaler Arbeitskreis für Kulturforschung des Essens. *Mitteilungen*, Heft 4, 1999, S. 16–20.

Spiekermann, Uwe, „Versorgung in der Volksgemeinschaft. Näherungen an den „deutschen" Handel in der NS-Zeit", in: *Le mouvement social* 2001.

Spode, Hasso, „Alkoholika (Bier, Spirituosen, Wein)", in: Hengartner, Thomas/ Merki, Christoph Maria (Hg.): *Genussmittel: ein kulturgeschichtliches Handbuch*, Frankfurt am Main/New York 1999, S. 25–80.

Spode, Hasso, *Alkohol und Zivilisation. Berauschung, Ernüchterung und Tischsitten in Deutschland bis zum Beginn des 20. Jahrhunderts*, Berlin 2001.

Spode, Hasso, *Die Macht der Trunkenheit. Kultur- und Sozialgeschichte des Alkohols in Deutschland*, Opladen 1993.

Spode, Hasso, „Zur historischen Topographie des Trinkens", in: von Fikentscher, Rüdiger (Hg.), *Trinkkulturen in Europa*, Halle/Saale 2008, S. 20–46.

Starke, Holger, *Vom Brauerhandwerk zur Brauindustrie: die Geschichte der Bierbrauerei in Dresden und Sachsen 1800–1914*, Köln u. a. 2005.

Stein, Walther, *Akten zur Geschichte der Verfassung und Verwaltung der Stadt Köln*, Bd. 2, Bonn 1895.

Steinert, Ulrike, *Aspekte des Menschseins im Alten Mesopotamien. Eine Studie zu Person und Identität im 2. und 1. Jt. v. Chr.*, Leiden/Boston 2012.

Stika, Hans-Peter, „Beer in Prehistoric Europe", in: Schiefenhövel, Wulf/Macbeth, Hellen (Hg.), *Liquid Bread. Beer and Brewing in Cross-Cultural Perspective* (The Anthropology of Food and Nutrition), New York/Oxford 2011, S. 55–62.

Stika, Hans-Peter, „Früheisenzeitliche Met- und Biernachweise aus Süddeutschland", in: *Archäologische Informationen 33/1*, 2010, S. 113–121.

Stille, Günther, *Krankheit und Arznei. Die Geschichte der Medikamente*, Berlin u. a. 1994.

Strachan, John/Nally, Claire, *Advertising, Literature and Print Culture in Ireland, 1891–1922*, Basingstoke/New York 2012.

Struwe, Emil, *Die Entwicklung des Bayerischen Braugewerbes im neunzehnten Jahrhundert*, Leipzig 1893.

Tacitus, Publius Cornelius, *Germania*, übersetzt und kommentiert von Arno Mauersberger. Leipzig o. J., Nachdruck Köln 2013.

Tappe, Heinrich, *Auf dem Weg zur modernen Alkoholkultur: Alkoholproduktion, Trinkverhalten und Temperenzbewegung in Deutschland vom frühen 19. Jahrhundert bis zum Ersten Weltkrieg*, Stuttgart 1994.

Teich, Mikulás, *Bier, Wissenschaft und Wirtschaft in Deutschland 1800–1914. Ein Beitrag zur deutschen Industrialisierungsgeschichte*, Wien u. a. 2000.

Tenge, Christoph, „Yeast", in: Eßlinger, Hans Michael (Hg.), *Handbook of Brewing: Processes, Technology, Markets*, Weinheim 2009, S. 119–146.

„The Satire on the Trades: The Instruction of Dua-Kethy", in: Simpson, William Kelly (Hg.), *The Literature of Ancient Egypt. An Anthology of Stories, Instructions, Stelae, Autobiographies, and Poetry*, New Haven/London ³2003, S. 431–437.

Thomas, David A., „Non-alcoholic Beer", in: Oliver, Garrett (Hg.), *The Oxford Companion to Beer*, Oxford 2012, S. 612–613.

Thomas, Keith, „Beer: How it's Made – The Basics of Brewing", in: Schiefenhövel, Wulf/Macbeth, Helen (Hg.): *Liquid bread: beer and brewing in cross-cultural perspective*, Oxford/New York 2011, S. 35–47.

Thunaeus, Harald, *Ölets historia i Sverige*, Bd. 2, Uppsala 1970.
Tilly, Charles, *Die europäische Revolution*, München 1993.
Tilly, Richard H., „Industrialisierung als historischer Prozess", in: Institut für Europäische Geschichte (IEG) (Hg.), *Europäische Geschichte Online (EGO)*, Mainz 2010 (Onlinefassung).
Tirillini, Bruno u. a., *Chemical composition and fungicidal activity of the essential oil of Laserpitium garganicum from Italy. Chemistry of Natural Compounds*, New York 2009.
Tokarev, S. A., „Zur Methodik der ethnographischen Erforschung der Nahrung", in: *Studia ethnographica in honorem Béla Gunda*. Debrecen 1971, S. 297–302.
Torp, Claudius, *Konsum und Politik in der Weimarer Republik*, Göttingen 2011.
Unger, Richard W., *Beer in the Middle Ages and the Renaissance*, Philadelphia 2004.
Unger, Theodor (Hg.): *Hannover 1882. Ein Führer durch die Stadt und ihre Bauten,* Nachdruck von 1882, Bremen 2011.
United States Brewers Association (Hg.), *Brewers Almanac*, Washington, DC 1979.
Urbanek, Peter „Sedlmayr, Gabriel der Jüngere", in: *Neue Deutsche Biographie 24*, 2010 (Onlinefassung).
Vassen, Matthias, *Wirtschafts- und Verfassungsgeschichte der Stadt Jülich vom großen Stadtbrande 1547 bis zum Einzug der Franzosen 1794*, Jülich 1926.
Veblen, Thorstein Bunde, *The Theory of the Leisure Class*, New York 1899. Dt.: *Theorie der feinen Leute: eine ökonomische Untersuchung der Institutionen,* Frankfurt am Main ³2007.
Venedey, Jakob, *England*, Bd. 3, Leipzig 1845.
Villa, Keith, „Light Beer", in: Oliver, Garrett (Hg.), *The Oxford Companion to Beer,* Oxford 2012, S. 546–548.
Villa, Keith „Molson Coors Brewing Company", in: Oliver, Garrett (Hg.), *The Oxford Companion to Beer,* Oxford 2012, S. 596.
Villa, Keith, „Miller Brewing Company", in: Oliver, Garrett (Hg.), *The Oxford Companion to Beer,* Oxford 2012, S. 589.
„Vitae Columbani abbatis discipulorum eius libri II.", in: Krusch, Bruno (Hg.), *Scriptores rerum Germanicarum in usum scholarum separatim editi 37: Ionae Vitae sanctorum Columbani, Vedastis, Iohannis (Monumenta Germaniae Historica)*, Hannover/Leipzig 1905.
Vogler, Günter, „Europa – ein Kontinent der Vielfalt. Charakteristik der Epoche", in: Blickle, Peter (Hg.), *Europas Aufbruch in die Neuzeit 1500–1650* (Handbuch der Geschichte Europas, Bd. 5), Stuttgart 2003, S. 13–44.
Völker-Rasor, Anette (Hg.), *Frühe Neuzeit*, München ²2006.

Wagner-Braun, Margarete, „Münchens Finanzgewerbe zwischen Staatswirtschaft und Industrialisierung", in: Pohl, Hans (Hg.): *Geschichte des Finanzplatzes München*, München 2007, S. 41–90.

Wagner, Christoph, *Das große Buch vom Bier. Eine Kulturgeschichte der österreichischen Bierbraukunst,* Wien/München 1984.

Wassenberg, Karl, „Skaldenmet – Bier und Met in der nordischen Mythologie", in: Fikentscher, Rüdiger (Hg.), *Trinkkulturen in Europa*, Halle/Saale 2008, S. 75–85.

Watts, John, *The Making of Polities: Europe, 1300–1500*, Cambridge 2009.

Werner, Paul u. a., *Mythos Bier. Geschichten rund ums Bier*, Berchtesgaden 2013.

Wiegelmann, Günter, „Bier", in: Hoops, Johannes (Hg.), *Reallexikon der Germanischen Altertumskunde.* Bd. 2, Berlin/New York ²1976, S. 530–533.

Wiesmann, Matthias, *Bier und wir. Geschichte der Brauereien und des Bierkonsums in der Schweiz*, Baden 2011.

Wiggen-Jux, Gabriele: *Die Versorgung der Kölner Zivilbevölkerung mit Lebensmitteln und Gebrauchsgegenständen im Zweiten Weltkrieg*, Köln 1998.

Wilson, C. Anne, *Food & Drink in Britain – from the Stone Age to recent times*, London 1973.

Winkel, Harald, „Vom Gourmand zum Gourmet", in: Protzner, Wolfgang (Hg.), *Vom Hungerwinter zum kulinarischen Schlaraffenland. Aspekte einer Kulturgeschichte des Essens in der Bundesrepublik Deutschland* (Beiträge zur Sozial- und Wirtschaftsgeschichte 35), Wiesbaden 1987, S. 31–64.

Winlock, Herbert, *Models Of Daily Life in Ancient Egypt. From The Tomb Of Meket-Re At Thebes,* Cambridge 1955.

Winter, Johanna Maria van, „Met", in: *Lexikon des Mittelalters*, Bd. 6, München/Zürich 1993, S. 568.

Xenophons Werke. Griechisch und Deutsch, mit kritischen und erklärenden Anmerkungen, Dritter Theil. Anabasis, Leipzig 1858.

Zarnkow, Martin u. a., „Interdisziplinäre Untersuchungen zum altorientalischen Bierbrauen in der Siedlung von Tall Bazi/Nordsyrien vor rund 3200 Jahren", in: *Technikgeschichte 73,* I/2006, S. 3–25.

Zarnkow, Martin/Otto, Adelheid/Einwag, Berthold: „Interdisciplinary Investigations into the Brewing Technology of the Ancient Near East and the Potential of the Cold Mashing Process", in: Schiefenhövel, Wulf/Macbeth, Helen (Hg.): *Liquid Bread. Beer and Brewing in Cross-Cultural Perspective* (The Anthropology of Food and Nutrition), New York/Oxford 2011., S. 47–54.

Zobeltitz, Fedor von, *Chronik der Gesellschaft unter dem letzten Kaiserreich,* Bd. 2: 1902–1914, Hamburg ²1922.

Bildnachweis

S. 25: Brauereiverband NRW; S. 42: akg-images / Erich Lessing; S. 47: akg-images / Erich Lessing; S. 73: akg-images / Erich Lessing; S. 85: nach Otto Wilhelm Thomé, Flora von Deutschland, Österreich und der Schweiz, Band 2, Gera 1885, Tafel XXII, www.biolib.de; S. 94: Rekonstruktionszeichnung des Klosters Sankt Gallen nach dem Grundriss des Sankt Galler Klosterplans aus dem frühen 9. Jahrhundert nach Lasius aus: J. Rudolf Rahn, Geschichte der Bildenden Künste in der Schweiz. Von den Ältesten Zeiten bis zum Schlusse des Mittelalters. Zürich 1876; S. 95: wikimedia commons; S. 105: Universitätsbibliothek Heidelberg, Cod. Pal. germ. 311 Conradus ⟨de Megenberg⟩; S. 107: Stadtbibliothek Nürnberg, Amb. 317.2, f. 20v; S. 113: wikimedia commons/ Henxter; S. 139: Rijksmuseum, Amsterdam; S. 148: akg-images / De Agostini Picture Library; S. 159: akg-images; S. 167: akg-images; S. 169: akg-images; S. 201: akg-images / Fotoe / tictoc912; S. 203: akg-images / Thomas Kläber